*Academia de Ciencias Políticas y Sociales*

**Eduardo Meier García**

# Pedro R. Tinoco (h)
# y el itinerario liberal democrático

*"Premio Doctor Pedro R. Tinoco (h)"*

*Serie Estudios*
143

CARACAS, 2022

M475

Meier García, Eduardo
    Pedro R. Tinoco (h) y el itinerario liberal democrático / Eduardo Meier García;
presentación por Enrique Urdaneta Fontiveros. -- Caracas: Academia de Ciencias
Políticas y Sociales, 2022.
    266 p.
    Serie Estudios, 143

 ISBN: 978-980-416-050-9
 Depósito legal: DC2022001381


1. TINOCO, PEDRO (h) 2. DERECHO FINANCIERO  3. HACIENDA
PÚBLICA 4. POLÍTICA PETROLERA I. Título  II. Urdaneta Fontiveros, Enrique



ACADEMIA DE CIENCIAS POLÍTICAS Y SOCIALES
Avenida Universidad, Bolsa a San Francisco,
Palacio de las Academias
Caracas 1121-A
Teléfonos: (0212) 482.88.45 - 482.86.34
Fax: (0212) 483.26.74
e-mail: academiadecienciaspoliticas@gmail.com
Página Web: www.acienpol.org.ve
Biblioteca "Andrés Aguilar Mawdsley"
Telefax: (0212) 481.60.35
Servicio on line:
Sistema de Cooperación Jurídica: www.scjuridica.org.ve
Centro de Investigaciones Jurídicas
Teléfono: (0212) 377.33.58
Servicio on line:
Proyecto Ulpiano: www.ulpiano.org.ve

Diseño de portada: Evelyn Barboza V.
Diagramación: Oralia Hernández

"la economía …es la filosofía de la vida y de la actividad humana y afecta a todos y a todo. Es la base misma de la civilización y de la propia existencia del hombre. El importante papel que las ideas económicas desempeñan en los asuntos cívicos explica por qué los gobernantes, los partidos políticos y los grupos de presión se empeñan en restringir la libertad del pensamiento económico". (…) "Las masas, el conjunto de hombres comunes, no conciben ideas, ni verdaderas ni falsas. Se limitan a elegir entre las elaboradas por los líderes intelectuales de la humanidad. Pero su elección es decisiva y determina el curso de la historia. Nada puede atajar el desastre cuando la mayoría prefiere doctrinas nocivas".

Ludwing Von Mises,
***La acción humana, Tratado de Economía*** (1949)

"La verdad es demasiado desagradable, y por eso Latinoamérica es extremadamente vulnerable a las interpretaciones históricas y a los proyectos políticos construidos sobre la mentira…"

Carlos Rangel,
***Del buen salvaje al buen revolucionario*** (1982)

"Nada ha hecho tanto daño a las garantías jurídicas de la libertad individual como ese forzado espejismo de la "justicia social" que es una excelente excusa emocional para acrecentar permanentemente el dirigismo de índole autoritaria y arbitraria".

Friedrich A. Hayek,
***¿Inflación o pleno empleo?*** (1976)

"La libertad es preciosa como el agua y, como ella, si no la guardamos, se derrama, se nos escapa y se disipa"

Octavio Paz,
***Hombres en su siglo***, (1984)

## Agradecimientos y dedicatoria

Esta investigación sobre la obra del Dr. Pedro R. Tinoco (h) se realizó en su totalidad en la Biblioteca del Dr. Tomás Enrique Carrillo Batalla, una singular biblioteca especializada en hacienda pública, historia y derecho, que reposa en la Sala de Libros Raros y Manuscritos de la Biblioteca Nacional de Venezuela, gracias a la generosa donación que hiciera su propietario en 2006.

A Dios, gracias por permitirme seguir buscando ese libro, compendio perfecto de todo lo demás.

Agradezco nuevamente a mi familia por su paciencia infinita. Esperando que este sacrificio no haya sido en vano, y que llegue el momento en que pueda compensarlos, con las oportunidades de un nuevo país que emerja de esta lucha incansable por recuperar la libertad y la dignidad humana.

A mi padre.

A la memoria de mi madre.

A las Academias Nacionales por reivindicar al país de las ideas sobre la fuerza, del esfuerzo intelectual y constructivo sobre la improvisación y la desmemoria, del diálogo y el consenso sobre el error y la violencia.

Al país de las ideas y el esfuerzo industrioso y constructivo, por su resistencia permanente contra las fuerzas de atracción del estatismo, el populismo, el colectivismo, el socialismo, el militarismo, el centralismo, el presidencialismo, el personalismo y el autoritarismo.

Agradezco a los promotores de este premio, en especial a los Individuos de Número, los Dres. Humberto Romero-Muci y Rafael Badell Madrid y a la familia y amigos del Dr. Pedro R. Tinoco (h).Merece un muy especial agradecimiento el jurado del premio integrado por los académicos Juan Cristóbal Carmona, Enrique Urdaneta Fontiveros y Gabriel Ruan Santos, que se adentraron en el territorio inhóspito de mi trabajo y regresaron de ese viaje con una muy generosa e inmerecida valoración, expresada en el Veredicto con la precisa síntesis de mis pretensiones: "analizar el pensamiento de Tinoco en los ámbitos hacendístico y financiero en el contexto político y económico de la Venezuela del siglo XX". Asimismo, vaya mi reconocimiento a los extraordinarios tributaristas que me acompañaron en este Certamen, los Profesores Leonardo Palacios Márquez y Serviliano Abache Carvajal. No es casualidad que la primera obra premiada por esta Corporación el 28 de octubre de 1917, haya sido un trabajo de nuestra disciplina, intitulado «Breves consideraciones sobre el sistema tributario de Venezuela de Rafael Martínez Mendoza».

# INDICE GENERAL

# Presentación

Cuando el Dr. Eduardo Meier García me extendió la gentil invitación a presentar este libro, lo agradecí no solo por natural cortesía y deferencia sino porque conocía muy bien el texto, pues había sido parte del jurado de la Academia de Ciencias Políticas y Sociales de Venezuela que lo galardonó con el Premio Dr. Pedro R. Tinoco (h) y lo encuentro como un trabajo valioso, de gran relevancia e indiscutible actualidad.

La constante necesidad que tenemos los abogados por acrecentar el acervo bibliográfico de nuestra profesión en temas jurídicos, estudios legislativos y análisis de normas sustantivas y de procedimiento, a veces relega la enorme importancia que supone contar con inspiradores libros que preserven la memoria de los grandes hombres que ha tenido Venezuela. Visionarios, servidores laboriosos, educadores, pensadores cuyas vidas nos permiten proyectar su tiempo hasta nuestros días e incluso el porvenir. Los materiales biográficos no abundan en nuestras colecciones. Por eso pondero el presente libro que ahora tiene el lector en sus manos, sin que sea en rigor una biografía, pero que no dudo iluminará a las nuevas generaciones con la figura y personalidad del Dr. Pedro R. Tinoco, hijo.

El Dr. Eduardo Meier García, pese a su juventud, es ya suficientemente conocido por sus dotes de inteligencia y por la calidad de sus labores en el campo de las disciplinas jurídicas como investigador, publicista y docente universitario. Cuenta con una excelente formación universitaria. Egresado de la Universidad Central de Venezuela en

1995, también hizo estudios de especialización en el extranjero: obtuvo en el Instituto de Derechos Humanos Bartolomé de las Casas de la Universidad Carlos III de Madrid, el Master en Derechos Fundamentales en 2001, el Master en Estudios Avanzados en Derechos Humanos (Sobresaliente) en 2010 y el título de Doctor en Derecho en 2013, con la máxima calificación *"Apto cum laude por unanimidad"*.

Como profesor universitario, ha dictado varios cursos sobre materias de Derecho Tributario, Derecho Internacional, Derecho Constitucional y Teoría General del Derecho, tanto a nivel de pregrado como de postgrado, en acreditados centros de estudios superiores de nuestro país como la Universidad Central de Venezuela, la Universidad Metropolitana y la Universidad Monteávila.

La producción jurídica del profesor Meier García es extensa y variada. Ha escrito alrededor de 30 libros, estudios monográficos y trabajos sobre temas de Derecho Tributario, Derecho Internacional, Derechos Humanos y Derecho Ambiental, todos caracterizados por la densidad de su contenido.

Su obra escrita ha merecido varios premios: el Premio Academia de Ciencias Políticas y Sociales de Venezuela correspondiente al período 2011-2012, por su trabajo *La eficacia de las sentencias de la Corte Interamericana de Derechos Humanos frente a las prácticas ilegítimas de la Sala Constitucional*. También el Premio Pedro Manuel Arcaya (2017) igualmente de la Academia de Ciencias Políticas y Sociales que le fue otorgado por la obra *Pedro Manuel Arcaya: la vocación del jurista*. Es este un texto indispensable para conocer a ese notable y prominente venezolano que fuera el Dr. Arcaya.

Entonces, amplia y debidamente pertrechado, Meier García nos presenta ahora este libro, *Pedro R. Tinoco (h) y el itinerario liberal democrático* que resultó ser el ganador del Premio Dr. Pedro R. Tinoco hijo, convocado por la Academia de Ciencias Políticas y Sociales. Me tocó en suerte ser parte del jurado junto con los distinguidos colegas de la Corporación, doctores Gabriel Ruan Santos y Juan Cristóbal Carmona Borjas. En la oportunidad del veredicto, emitido el 19 de enero de 2021, asentábamos ajustadamente que "...la obra galardonada representa un enjundioso y equilibrado esfuerzo de investigación en la que de manera sistemática, aguda y objetiva se expone y analiza la obra del Dr. Pedro R. Tinoco (h), en los ámbitos hacendístico y financiero en el contexto político y económico de la Venezuela del siglo XX. En el trabajo se destaca, además, la relevante actuación del Dr. Pedro Tinoco (h) en el país, así como su vocación de servicio público comprometido con el desarrollo nacional".

El autor expone de manera clara e inteligible la contribución hacendística y financiera del Dr. Tinoco a la Venezuela contemporánea y lo hace con singular maestría y profundidad analítica. Sin embargo, se aproxima a otros campos pues el conocimiento y la trayectoria de Tinoco no se limitaban al Derecho Financiero ni a la Ciencia de la Hacienda Pública, al abarcar otras áreas como la política petrolera, la refinanciación de la deuda, la ciencia de la administración pública y las funciones del Banco Central.

En sus líneas cargadas de filosofía y ciencias políticas, recorre de forma consistente el pensamiento de Tinoco, al insistir que solo a través del desarrollo de nuestra economía lograremos solucionar los problemas sociales. Para Tinoco el mejor programa de reforma social era un programa de desarrollo económico capaz de crear empleo para nuestros grandes sectores desocupados y de elevar el nivel de bienestar de toda nuestra población.

El autor contextualiza y aborda las ideas medulares y transversales del pensamiento económico y político de Tinoco en la segunda mitad del siglo XX. Sintetiza el intento de Tinoco de poner sus ideas en práctica, primero a su paso por el Ministerio de Hacienda (1969-1972) en el primer período presidencial de Rafael Caldera; y luego, junto a Miguel Rodríguez Fandeo y un equipo económico de primer orden, en el gabinete del segundo gobierno de Carlos Andrés Pérez.

Sin plantearse formalmente una biografía, enlaza los sucesos temporales en la vida de Tinoco con el desarrollo de su pensamiento liberal económico y político. Se comprende a perfección cómo sus ideas, siempre enmarcadas en el liberalismo y la democracia, crecían y evolucionaban dependiendo de las experiencias y las responsabilidades que enfrentaba. Lo valioso de este trabajo de investigación radica en entender de qué manera un hombre de la talla de Tinoco maduraba en su pensamiento sin jamás traicionarse o contradecirse. La coherencia es un valor intrínseco a su legado.

Meier García compone un denso y profundo libro apelando a clásicos pensadores del liberalismo como von Mises y Hayek, o figuras sobresalientes de la intelectualidad del siglo XX como Octavio Paz, e incluso a notables historiadores y ensayistas venezolanos como Uslar Pietri, Carrillo Batalla, Manuel Caballero, Brewer-Carías o Arráiz Lucca. En su texto queda patente como Venezuela sempiternamente ha estado sometida a "desviaciones asistencialistas e injerencistas" que terminaron por distorsionar completamente el mercado y todo el sistema económico. De la misma manera queda a los ojos de todos el enorme esfuerzo del Dr. Tinoco por recomponer la economía, sanear nuestras finanzas públicas e imprimir orden en esta especie de caos minimizado.

En la parte final del libro, Meier García, en un ejercicio de ficción, imagina al Dr. Tinoco regresando a Venezuela en este tiempo. Lo ve como si se tratara de Ulises volviendo a Ítaca. Concluye que no reconocería nada ni a nadie. La depredación política ha desfigurado la Venezuela que él vivió. Esta idea me llevó a recordar unas líneas de Umberto Eco en su novela *El nombre de la rosa*: "La juventud ya no quiere aprender nada, la ciencia está en decadencia, el mundo marcha patas arriba, los ciegos guían a otros ciegos y los despeñan en los abismos, los pájaros se arrojan antes de haber echado a volar, el asno toca la lira, los bueyes bailan...".

Como si Meier usara sus palabras plasmadas en este libro a modo de espejo, cierra con un párrafo contundente y crítico donde se mira y mira a la nación toda. El fragmento finaliza el libro y clausura la sección titulada "A modo de conclusión: La odisea liberal democrática" en los siguientes términos: "La historia debe hacernos más razonables, más reflexivos, incluso capciosos frente a los saltos al vacío que alimentan los mitos y preparan a las sociedades para el abismo. Este libro mira al futuro donde habrá que reivindicar la libertad del pensamiento económico y poner en práctica el proyecto liberal fallido, pero primero habrá que recuperar la democracia". Ciertamente, solo cuando logremos la reconstrucción institucional y el cambio de modelo que no nos ha traído más que ruina y desolación, podremos evolucionar hacia una nueva economía más abierta, más sana y más eficiente que nos traiga mayor desarrollo económico y progreso social. Entonces, si como Ulises, Tinoco se presentara de incógnito en Venezuela, quizás podría contemplar un horizonte más esperanzador que bien se merece nuestro país.

El lector tiene ahora en su poder un libro que debe ser leído con el cuidado que merece una investigación tan detallada y rigurosa. Al haberlo revisado varias veces, primero cuando fui jurado del certamen, y ahora cuando preparo estas notas de presentación, me convenzo más de que es un texto muy valioso que aporta claves para entender el sinuoso camino histórico de Venezuela. Aunque observa con especial detenimiento el devenir hacendístico y financiero del país, lo hace con el ojo riguroso del Dr. Pedro R. Tinoco (h), uno de los más destacados exponentes del pensamiento liberal político y económico, y uno de los venezolanos de mayor coherencia y claridad en su acción pública y de pensamiento. Aunque serán las generaciones que nos sucedan las que dirán cuál será su lugar en este gran viaje vital en procura de nuestra identidad como nación, es indudable que ahí estará la huella del Dr. Tinoco. Meier García nos ayuda a componer esa impronta de Tinoco, pero le deja al lector la última expresión. La conclusión individual será la que nos formemos tras su lectura.

Por su relevancia específica desde el punto de vista cualitativo, *Pedro Tinoco (h) y el itinerario liberal democrático*, me atrevería a aseverar, entrará a la biblioteca de la literatura ensayística que siempre deberemos releer para comprendernos como sociedad. Para estudiar una personalidad tan compleja y dinámica como la del Dr. Tinoco, con esta obra que tengo el honor de presentar, están todos cordialmente invitados a encontrarnos con él, con su tiempo, su obra y con su incalculable herencia.

Caracas, 6 de septiembre de 2022

Enrique Urdaneta Fontiveros
Individuo de Número
de la Academia de Ciencias Políticas y Sociales

# 1. Tinoco y el itinerario liberal democrático

En el otoño de 1989 caía el muro de Berlín y terminaba la Guerra Fría iniciada tras la Segunda Guerra Mundial. Buena parte del mundo condenaba severamente la dureza de los regímenes comunistas. Pero Venezuela comenzaba a transitar el camino contrario, a dar los primeros traspiés que nos llevarían hacia un autoritarismo populista de izquierda. Los hechos ocurridos el 27 y 28 de febrero de ese año (el "Caracazo"), los golpes de Estado del 4 de febrero y 27 de noviembre de 1992, la muerte del histórico bipartidismo en las elecciones presidenciales de 1993 y el entierro definitivo de la democracia de partidos en las elecciones de 1998, fueron algunas de las circunstancias que allanaron el camino al denominado "socialismo del siglo XXI" y permitieron al chavismo levantar un muro simbólico, que aisló al país de las naciones del mundo organizadas como democracias.

Al igual que el muro levantado en 1961 por la Alemania comunista (paradójicamente denominada *Deutsche Demokratische Republik*), el muro simbólico que se le impuso a los venezolanos ha llevado al éxodo a una parte importante de la población, nos ha condenado al retroceso económico, político y social y a la pérdida de los derechos y libertades fundamentales.

Contrariamente a lo que ocurría en el mundo, en Venezuela vivíamos tiempos antiliberales, los partidos políticos y en general el sistema político, empeñados en un quimérico estado del bienestar y anestesiados por un muy mermado *rentismo*, no vieron o no quisieron ver lo desgastado e irrealizable que era ese modelo clientelar y populista. Los *estatistas, socialistas* e *intervencionistas* nos hicieron perder el último tren: el *"VIII Plan de la Nación"*, "El Gran Viraje" (1989-1992). Al quitarle el apoyo político al segundo gobierno de Carlos Andrés Pérez, nos negaron el siglo XXI, nos hicieron perder las conquistas del siglo

XX y fueron los polvos que trajeron de regreso los decimonónicos lodos del militarismo[1], del populismo[2], del personalismo,[3] del clientelismo[4] y de la antipolítica[5].

---

[1] Entendemos por militarismo un predominio del elemento militar o intromisión de lo militar en y sobre lo civil…el militarismo es una doctrina, una ideología y un sistema que valora positivamente la guerra y atribuye a las Fuerzas Armadas primacía en el Estado y la sociedad. En el caso venezolano es notoria la tendencia de las instituciones militares y de los propios militares a extender su radio de acción, su presencia y participación en el gobierno civil, desplazando además y sustituyendo actores, elementos y lógicas civiles por militares. Rivas Leone, José Antonio, "La experiencia populista y militarista en la Venezuela contemporánea", ***WP WORKING PAPERS, núm. 307*** Institut de Ciències Polítiques i Socials , Universitat Autónoma de Barcelona, Barcelona, 2012.

[2] Entendemos por populismo siguiendo a Richard M. Morse en su libro *El espejo de Próspero* (1978), citado por Enrique Krause: "en Iberoamérica subyacen y convergen dos legitimidades premodernas: el culto popular a la personalidad carismática y un concepto corporativo y casi místico del Estado como una entidad que encarna la soberanía popular por encima de las conciencias individuales. En ese hallazgo arqueológico está el origen remoto de nuestro populismo. El populismo crece en entornos institucionales frágiles que desarticulan la relación entre el ciudadano y el Estado y permiten la cosificación utilitaria y demagógica del concepto de pueblo, ***Cfr.*** Krauze, Enrique, "Prefacio: Arqueología del Populismo", ***Geografía Del Populismo. Un Viaje por el universo del populismo desde sus orígenes hasta Trump*** por Ángel Rivero, Javier Zarzalejos, Jorge Del Palacio (Coordinadores), 1.ª Edición en papel, Editorial Tecnos, (Grupo Anaya, S. A.) y FAES Fundación, 2017, Versión digital por gentileza de Editorial Tecnos, Madrid, 2018.

[3] Entendemos por personalismo una situación en la que resulta difícil hablar de un régimen o de un gobierno. Lo que hay es un gobernante, un caudillo. Además, los rasgos idiosincráticos del gobernante no son mediados ni amortiguados por las instituciones. El poder se concentra, pero en términos de administración efectiva se debilita. Se percibe a las normas y las instituciones como obstáculos al logro de fines que deben proponerse los gobiernos. ***Cfr.*** Njaim, Humberto, "Excepcionalidad y personalismo", ***Revista SIC, N° 635,*** junio 2001, p.p.200-201.

[4] Entendemos por clientelismo un modo particular de intercambio entre grupos de electores y políticos, gracias al cual los votantes obtienen bienes (pagos directos o acceso privilegiado a empleo, bienes y servicios, por ejemplo) a condición de que apoyen a un patrón o partido. No hay duda de que numerosos líderes populistas latinoamericanos han recurrido a conexiones clientelistas para ganar elecciones y afianzarse en el poder. *Cfr.* Mudde, Cas y Rovira Kaltwasser, Cristóbal, ***Populismo, Una breve introducción***, Edición en formato digital, Alianza Editorial, Madrid, 2019.

[5] Entendemos por antipolítica la sustitución de la deliberación y argumentación racional como forma de resolver los conflictos de interés propios de una comunidad para, en su lugar, suprimir y el consenso dar paso a la imposición vertical de las ideas y decisiones de personajes carismáticos, en los que se confía providencialmente. *Cfr.* Rey, Juan Carlos, **"Apología y elogio de la Política"** (Palabras pronunciadas por el Profesor Juan Carlos Rey el 7 de mayo de 2009, en el Paraninfo de la Universidad Central de Venezuela, al recibir el "Doctorado Honoris Causa" que le fue conferido por esa casa de estudios), se puede consultar en: <http://www.analitica.com/va/politica/opinion/1729969.asp>

Venezuela en 2016 se perfilaba como la economía de peor desempeño macroeconómico del mundo, con una fuerte contracción de su PIB (-10 por ciento) y por cuarto año consecutivo la mayor inflación del globo terráqueo (720 por ciento).[6] Según las muy conservadoras cifras oficiales del Banco Central de Venezuela la inflación venezolana para el 2018 fue de 130.060%, para 2019 de 9.585,5 y para 2020 de 2.959,8%. Sin embargo, para mediados de 2021 alcanzó la alarmante cifra de 45 meses de un ciclo hiperinflacionario, con alzas de precios mensuales superiores al 50%, con picos de inflación mensuales de 127,7 % (2018) y 196,8% (2019). Según el Fondo Monetario Internacional (FMI), al cierre del 2021 Venezuela perdió el 83,5% de su PIB.

Para nadie es un secreto que hay una relación entre estatización e intervencionismo económico y desarrollo. Hay una relación consustancial entre libertades económicas y desarrollo. En las economías más intervenidas donde las libertades individuales menguan, la renta media es hasta ocho veces menor que en las economías con alta libertad económica. Los países con mayores libertades cuentan con un PIB per cápita promedio 8 veces mayor que aquellos países con menores libertades. Ocurre lo mismo con la esperanza de vida al nacer, con una diferencia poco más de 14 años entre los países con mayores y menores libertades, e incluso ocurre con el concepto y con los niveles de pobreza, ya que la población más pobre residente en los países con mayores libertades cuenta con ingresos anuales 11 veces mayores que la población más pobre en los países con ausencia de libertad económica.[7]

En el índice publicado en *Economic Freedom of the World* que mide el grado en que las políticas e instituciones de los países apoyan la libertad económica, se precisa que las piedras angulares de la libertad económica son la elección personal, el intercambio voluntario, la libertad de entrar en los mercados y competir, y la seguridad de la persona y la propiedad privada.[8]

---

[6]  Puente, José Manuel y Rodríguez, Jesús, "Venezuela: La peor economía del mundo en 2016", **Debates IESA**, Volumen XXI, Números 2, 3 y 4, abril-diciembre 2016, p.p.51-58.

[7]  Vid. James Gwartney, Robert Lawson, Joshua Hall, and Ryan Murphy (2021). Economic Freedom of the World: 2021 Annual Report. Fraser Institute, consultada en: Economic Freedom of the World: 2021 Annual Report (cedice.org.ve).

[8]  *Ibidem.*

De allí que la libertad económica pueda ser concebida como una libertad transversal que garantiza el ejercicio de otros derechos, incluso los derechos políticos y sociales en la medida que garantiza la libertad individual, es decir, el *laissez faire* para hacer viable los proyectos de vida individuales y disminuye la intervención del Estado. La libertad individual procura que los seres humanos se inclinen por reivindicar su condición de ciudadanos, en la medida que es el estatuto donde se perfilan y desarrollan la autonomía de la voluntad y las facultades individuales en contra de la infundada simpatía hacia la intervención gubernamental.

En el ámbito de la microeconomía, que es el de los hogares, de las empresas y de las personas es donde se aprecia las consecuencias de las libertades individuales menguadas. En el 2020 Venezuela es el país más pobre y el segundo más desigual de América Latina después de Brasil. Los niveles de pobreza en Venezuela se comparan con los países más pobres del Mundo y que tienen mayor inestabilidad política. Se estima la *pobreza de ingresos* en un 96% y en 54 % la *pobreza reciente*. Mientras que la *pobreza crónica* alcanza una cifra alarmante de 41%. Se estima el ingreso promedio diario en 0,72US$. De allí que 79,3% de los venezolanos no tienen como cubrir la canasta de alimentos y el aumento de la pobreza se debió al deterioro de los ingresos y el empeoramiento del empleo.[9]

Decía Uslar Pietri que "…muchas de las estrellas que vemos alumbrar en el cielo están extinguidas y muertas desde hace millares de años, sólo que la trágica noticia de su desaparición no ha tenido todavía el tiempo de llegarnos en el viaje de la luz. Igualmente, muertas están muchas de las teorías y concepciones que dirigen nuestro pensamiento y nuestras acciones…".[10]

---

[9]   Encuesta Nacional de Condiciones de Vida (ENCOVI) 2019-2020. Encuesta Nacional de Condiciones de Vida (ENCOVI) 2019-2020, realizada por un grupo de investigadores de la UCAB, la UCV y la USB, en torno a la necesidad de contar en el país con información pertinente y oportuna para conocer la situación social de la población venezolana, consultada en https://www.proyectoencovi.com/.

[10]   Uslar Pietri, Arturo, Contestación de Arturo Uslar Pietri al discurso de incorporación a la Academia Nacional de la Historia de D. Luis Beltrán Guerrero («Las metáforas del positivismo»), 4 de febrero de 1964, consultado en http://anhvenezuela.org.ve/biblioteca/discursos-de-incorporacion.

Por eso releer a Tinoco es en esencia una ocasión para repasar más de medio siglo del devenir democrático y la deriva autoritaria de un país que se dejó deslumbrar por estrellas extintas, por teorías y concepciones muertas. Un país que se dejó arrastrar por las ideas equivocadas, desdeñando el pensamiento liberal económico y político proclamado, buena parte, por Tinoco.

La tragedia que padece Venezuela es la misma que ha sacudido a Latinoamérica, porque la modernización no se corresponde con lo que somos realmente. "El liberalismo, el positivismo y ahora el marxismo-leninismo, han sido acogidos por los intelectuales latinoamericanos como recetas abstractas", lo que nos hace vivir una permanente dualidad, explicada premonitoriamente por Octavio Paz: "América Latina pretende ser moderna pero nuestras realidades sociales y políticas son premodernas. Seguimos dominados por el mito (y la realidad) del caudillismo que…ha sido fortalecido por el militarismo y el populismo".[11]

En estas líneas nos ocuparemos de analizar algunas de las obras hacendísticas y financieras del Doctor Pedro R. Tinoco (h), con énfasis en su opúsculo sobre impuesto sobre la renta, así como en sus trabajos y opiniones sobre hidrocarburos y gasto público. Trataremos de dar cuenta de sus ideas sobre economía de mercado, propiedad privada y libertad e iniciativa privada.

Abordaremos una visión sistemática de la hacienda y las finanzas públicas desde el conocimiento integral que exhibía y brindaba nuestro autor; convencido como estaba de la consubstancialidad entre derecho y economía. Lo que nos permitirá repasar el impuesto sobre la renta en estos casi ochenta años de vigencia ininterrumpida en Venezuela. Un pretexto para hacer una retrospectiva obligada sobre la salud de la democracia, en la medida que la estructura jurídico-económica y las reglas institucionales de este tributo, dicen mucho no solo sobre la naturaleza del sistema tributario, sino sobre el talante democrático de los gobiernos y el funcionamiento real del Estado de Derecho.

No obstante, un estudio sobre la obra del Doctor Pedro R. Tinoco (h) tiene que ser algo más que un análisis sobre la hacienda pública,

---

[11] Octavio Paz, ***Hombres en su siglo***, Biblioteca de bolsillo, Editorial Seix Barral, Bogotá, p. 43.

sobre la concepción integral de la Ciencia de las Finanzas y el Derecho financiero, y sobre el impuesto sobre la renta, en concreto; por la sencilla razón de que Tinoco abarcó otros campos del conocimiento siempre desde el pragmatismo y con una visión finalista de "crear en nuestro país las condiciones para una economía moderna, abierta y competitiva",[12] con énfasis en las nuevas oportunidades para diversificar la producción nacional y generar nuevas fuentes de ingreso en divisas.[13]

La obra de Tinoco está a medio camino entre el Derecho y la Economía, entre la Política y las Políticas Públicas, entre las Ciencias Administrativas y las Ciencias de la Hacienda. Por lo tanto, cualquier enfoque centrado únicamente en alguna de estas disciplinas, será un intento de comprensión carente de agudeza, un estudio aislado y limitado. Por algo advertía Benvenuto Griziotti, que todo estudio sobre la hacienda pública que no considere simultáneamente la orientación política, el fundamento jurídico, el contenido económico y la ordenación científica es insuficiente e indeterminado.[14] Mientras que para Lucien Mehl "…la falta de una visión de conjunto sobre consideraciones económicas y sociológicas bien fundamentadas, y la política fiscal inspirada a menudo en principios discutibles, templados de mala manera por el oportunismo es lo que en parte explica las apreciaciones apasionadas y los juicios erróneos que en esta cuestión profesa la opinión pública".[15]

Cuando uno lee *El Estado eficaz* (1973), *En el gobierno y fuera del gobierno* (1973), *Petróleo, factor de desarrollo* (1973) o *Comentarios*

---


[12]   Tinoco, Pedro R. (h), "La reforma integral del sistema financiero como parte del programa de ajustes y apertura económica", ***Revista del Banco Central de Venezuela***, Año VII, Nº 1 (Ener-marzo 1992), p.p. 1-471.

[13]   Tinoco, Pedro R. (h), ***Perspectivas económicas***, Fondo Editorial Latino, Caracas, 1986, p.14.

[14]   Griziotti, Benvenuto, ***Principios de política, derecho y ciencia de la hacienda***, Segunda Edición, traducción de Enrique. R Mata, con notas de Miguel Jiménez de Cisneros, Instituto Editorial Reus, S.A., Madrid, 1958, p. 5. Griziotti dio inicio a la Escuela de Pavia que se funda sobre la concepción integralista según la cual la Ciencia de las Finanzas y el Derecho Financiero estudian el mismo fenómeno. Por lo tanto, según su parecer, el análisis del fenómeno financiero debe ser al mismo tiempo económico y jurídico…, lo que implica entonces que el objeto de reflexión dogmática y las soluciones prácticas propuestas se deben abordar desde las perspectivas jurídica, económica, política y sociológica. Amatucci, Andrea, La enseñanza del derecho financiero, ***Revista Nº 50***, Instituto Colombiano de Derecho Tributario, Bogotá, 2000, p.6.

[15]   Mehl, Lucien, ***Elementos de Ciencia Fiscal***, Bosch, Barcelona,1964, p.6.

*a la Ley de Impuesto sobre la Renta* (1955) de Pedro R. Tinoco h., debe hacerlo buscando las "ideas fuerza" del autor, tratando de reconstruir su ideario, su itinerario ideológico. Inmediatamente se advierte que el objeto formal del conocimiento de Tinoco no se limita al Derecho financiero ni a la Ciencia de la hacienda pública, al abarcar aspectos tan variopintos como la política petrolera, la refinanciación de la deuda, la ciencia de la administración pública o las funciones del Banco Central. Su visión sobre las relaciones entre la política, el derecho y la economía es expansiva y omnicomprensiva, entiende estas disciplinas no como compartimientos estancos, sino como instrumentos que deben articularse para cumplir sus fines.

Además, es evidente la correspondencia entre las ideas expresadas en sus obras y la dirección que el autor le imprime a sus actuaciones. Por lo tanto, estas modestas líneas pretender ser algo más que un análisis de la obra financiera de Tinoco. Serán unas líneas cargadas de filosofía y ciencia políticas, desde el momento en que lo que nos interesa es llegar al hacer, a la praxis, porque el hacer del hombre está precedido de un discurso. Como señala Sartori: "la acción y los comportamientos políticos están precedidos y rodeados por el discurrir sobre la polis, sobre la ciudad", y también es verdad, continúa Sartori, que la teoría no es tanto una guía para la acción, como un modo de justificar ex post los propios actos, de recubrir lo que se ha hecho o querido hacer con una "cobertura teórica".[16] El Dr. Tinoco fue fundamentalmente un hombre de acción, un hombre de su tiempo como lo describe Arráiz, "no un reaccionario, sino un lector y conocedor de las metrópolis del mundo occidental donde se vislumbraban los cambios...".[17]

Estas líneas tampoco son una biografía. Sin desestimar la relevancia de este género literario, ni negar la importancia del individuo en la historia. Como señala Manuel Caballero citando a Carlyle, para describir "...la relación entre lo individual y lo social: ...la historia es la esencia de innumerables biografías".[18] De lo que si puede estar seguro

---

[16]   Sartori, Giovanni, ***Política: lógica y método en las ciencias sociales***, Fondo de Cultura Económica, México, 2007, p.p.1-337.

[17]   Arráiz Lucca, Rafael, ***Pedro Tinoco: epicentro y cambio***, Prólogo: Humberto Romero-Muci, Academia de Ciencias Políticas y Sociales, Caracas, 2021,p. 129.

[18]   Caballero, Manuel, ***Contra la abolición de la Historia***, Discurso de Incorporación de Don Manuel Caballero como Individuo de Número de la Academia Nacional de la Historia,

el lector es que estas líneas intentan cumplir muy modestamente con el objetivo de la historia, "que no es tanto el de establecer una verdad de forma definitiva como el de reducir la mentira".[19]

La historia no solo debe hacernos más razonables, más reflexivos, sino capciosos frente a los saltos al vacío que reproducen los mismos fracasos, alimentan los mitos y preparan a los pueblos, a las Naciones para el abismo. Este libro mira al futuro donde habrá que reivindicar la libertad del pensamiento económico y poner en práctica el proyecto liberal, pero primero habrá que recuperar la democracia.

## 1.1. Por qué un itinerario liberal democrático

Durante el proceso de escritura de estas líneas retumbaron insistentemente como un eco, las reflexiones sobre la improvisación y la desmemoria de la nación, escritas por Mario Briceño-Iragorry en su "Mensaje sin destino" (1951). Setenta años después "nuestro empeño de olvidar y de improvisar [sigue siendo] la causa primordial de que el país no haya logrado la madurez que reclaman los pueblos para sentirse señores de sí mismos".[20] Un mal invariable que nos aqueja persistentemente.

También retumbaron las advertencias de Castro Leiva: "si no producimos dentro o por medio de las reglas del mercado, si no creamos un mercado para vivir dentro del mundo, de un mundo que ya ha llegado a ser un mercado… seguiremos atados a las siete plagas de la

---

2005, Boletín de la Academia Nacional de la Historia, p.p 9-42, consultado en: https://www.anhvenezuela.org.ve/base-discursos/ Además, sobre Tinoco existe una biografía reciente de Rafael Arráiz Lucca: *Pedro Tinoco: epicentro y cambio*, con Prólogo de Humberto Romero-Muci, publicada por la Academia de Ciencias Políticas y Sociales en 2021, donde se enumera y citan los textos biográficos de Simón Alberto Consalvi (1994): "Pedro Tinoco, para un escorzo del amigo". Inédito; de Eduardo Fernández (1994): "Pedro Tinoco: hombre de soluciones". Inédito; de Manuel Fraga Iribarne (1994): "La grata impresión de Pedro Tinoco, hijo". Inédito y de Gustavo Planchart Manrique (1994): "Semblanza de Pedro Tinoco". Inédito.

[19] Lukacs, John, *El futuro de la historia*, traducción María Sierra, Título original: *The Future of History*,: Yale Universit y Press, Turner Publicaciones S.L., Madrid, 2011, p.97.

[20] Briceño-Iragorry, Mario, *Obras Completas*, Vol. 7. Ideario Político Social (Pensamiento Nacionalista y Americanista). Ediciones del Congreso de la República. Caracas, 1990. pp. 155-245.

servidumbre: populismo, demagogia, pobreza, autoritarismo, colectivismo, estatismo, revoluciones…Simplemente nos extinguiremos".[21]

La experiencia contemporánea nos ha dejado las peores consecuencias derivadas de la improvisación y la desmemoria. El grado de desinstitucionalización es tan avanzado que nos cuesta reconocer a la República. La institucionalidad de la República liberal democrática[22] es una representación caricaturesca, un sainete absoluto donde el liberalismo político y por supuesto el liberalismo económico, son espejismos fantasmagóricos.

Se suele decir que el pasado se transforma en memoria colectiva después de haber sido seleccionado y reinterpretado según las sensibilidades culturales, los dilemas éticos y las conveniencias políticas del presente.[23] Sin duda, eso es lo que ha ocurrido "muy convenientemente" con la historia del país desde finales de los años ochenta del siglo XX. Es el caso de los hechos ocurridos el 27 y 28 de febrero de 1989, denominados como el "Caracazo" que justificaron, según se ha dicho después, los golpes de Estado (4 de febrero y 27 de noviembre de 1992) y allanaron el camino a Hugo Chávez Frías y a su proyecto de socialismo del Siglo XXI, logrando a su vez, la muerte del histórico bipartidismo de la socialdemocracia (AD-COPEI) en las elecciones presidenciales de 1993 y el entierro definitivo, en las elecciones de 1998, de la democracia representativa, de la democracia de partidos.

---

[21] Castro Leiva, Luis, **Obras, *Lenguajes Republicanos***, Volumen II, Edición Carole Leal, Caracas, 2009, p.277.

[22] Otra cosa distinta es, como señala Carrera Damas, "[l]a presencia social activa de la República liberal democrática que es la más consistente prueba de su vigencia. Para percibirla es necesario comprender que la democracia no afinca su vigencia en la integridad de las instituciones políticas y administrativas, -siempre corruptibles-, sino en su arraigo en la sociedad; porque es en la formación de una sociedad genuinamente democrática donde radica la fuerza de la democracia. La tenacidad, la determinación y el arrojo con que la sociedad venezolana ha acreditado su valoración de la democracia no parece encontrar fácil parangón en las demás sociedades latinoamericanas". Carrera Damas, Germán, "Lo que fuimos, lo que somos y lo que seremos" **Revista de Artes y Humanidades** UNICA, vol. 9, núm. 21, enero-abril, 2008, Universidad Católica Cecilio Acosta, Maracaibo,2008, pp. 225-242.

[23] Traverso, Enzo, **El Pasado. Instrucciones de Uso. Historia, memoria, política**, Traducción de Almudena González de Cuenca, Marcial Pons, Ediciones Jurídicas y Sociales, S. A., Madrid, 2007, p.14.

De aquellos polvos vienen estos lodos. Esas circunstancias derivaron en el nacimiento de un proyecto populista, clientelar, militarista, centralista, personalista, que cosificó al ser humano y desmanteló cualquier posibilidad del proyecto liberal en Venezuela, que escenificó las siete plagas de la servidumbre (Castro Leiva), y la deriva autoritaria que ha significado la aniquilación definitiva de la política. La democracia dejó de ser un derrotero y la sensación de estar a punto de extinguirnos es cada día más palpable.

Como señala Ludwig Von Mises las ideas económicas desempeñan en los asuntos cívicos un papel principalísimo. Tan es así, que este autor precisa que la economía es filosofía de la vida y de la actividad humana, que afecta a todos y a todo. La economía es la base misma de la civilización y de la propia existencia del hombre.[24] Esto es lo que explica por qué los gobernantes, los partidos políticos y los grupos de presión se empeñan persistentemente en restringir la libertad del pensamiento económico. "Procuran propagar, por todos los medios, las 'buenas' doctrinas y silenciar las 'nocivas'. La verdad, por lo visto, carece de fuerza suficiente para imponerse por sí sola. Tiene siempre que venir respaldada por la violencia y la coacción de la policía o de específicas organizaciones".[25]

El análisis del sistema tributario venezolano, en particular del régimen jurídico económico del impuesto sobre la renta, el tratamiento de la renta petrolera y del gasto público a la luz de las ideas de Tinoco, nos permitirá desandar en los pasos perdidos. Trataremos de hacer una reconstrucción de esas ideas equivocadas, de las 'buenas' doctrinas que silenciaron a las 'nocivas', y trasladadas a la tributación y a la economía, acabaron por conducir al país por el sendero de los crónicos y dolorosos errores.

El sentido histórico recomienda tener presente, como lo precisa Carrera Damas que "...la Historia detesta los absolutos...teme igualmente la elástica relatividad y aborrece, sobre todo, el acomodaticio si condicional". Esto último significa que quien eche su mirada hacia

---

[24]  Mises, Ludwing Von, *La acción humana. Tratado de Economía*, Duodécima edición, Unión Editorial, Madrid, 2018, p.1037.

[25]  *Ibídem*, p.1039.

atrás debe evitar "…caer en el pantano del debió ser y del debió hacer; llevado, en ocasiones, hasta el no debió".[26]

Sin caer en las simplificaciones de lo que *debió ser, debió hacer o no debió*; lo que sí no relegaremos en esta sucintas líneas, es la responsabilidad intelectual y ética de tratar de desentrañar la mentira política que se instaló en nuestros pueblos casi constitucionalmente, como advirtieran premonitoriamente Octavio Paz[27] y Carlos Rangel,[28] una mentira que se ha esparcido también sobre el sistema financiero y la economía del país, dominado por "…esta constante cultural que nos ha llevado a exaltar como héroes a quienes han contribuido más al engaño, y a despreciar, y hasta eventualmente estigmatizar como traidores, a quienes han tratado de decirnos la verdad".[29]

Justamente lo que afirma Vargas Llosa siguiendo a Hayek, al colocar a la mentira, la opacidad y la propaganda falaz como instrumentos del intervencionismo estatal, que en su dinámica propia, cuando se pone en marcha "…no puede detenerse ni retroceder y obliga al planificador a incrementar su intrusión en los libres intercambios hasta acabar con ellos y reemplazarlos por un sistema en el que el Estado termina fijando los precios de los productos, produciéndolos, comercializándolos, y hasta determinando el número de trabajadores con que debe contar cada industria. De este modo la libertad se va eclipsando poco a poco hasta desaparecer en el campo económico. Su desaparición, concluye Hayek,

---

[26]  Carrera Damas, G., *Enseñar a estudiar historia*, Texto de una Conferencia cuya síntesis fue presentada en las 4tas. Jornadas de reflexión sobre la enseñanza de la Historia Casa de estudio de la Historia de Venezuela "Lorenzo A. Mendoza Quintero". Caracas, 29 de mayo de 2012, consultada en: http://www.casadelahistoriadevenezuela.com/pdf-libros/conferencia2.pdf

[27]  Paz, Octavio, **El laberinto de la soledad**, Edición de Enrico Mario Santí, Letras Hispánicas, Editorial Cátedra, Madrid, 2015, p.51. Señala Paz que "La ideología liberal y democrática, lejos de expresar nuestra situación histórica concreta, la ocultaba. La mentira política se instaló en nuestros pueblos casi constitucionalmente. El daño moral ha sido incalculable y alcanza a zonas muy profundas de nuestro ser. Nos movemos en la mentira con naturalidad. Durante más de cien años hemos sufrido regímenes de fuerza, al servicio de las oligarquías feudales, pero que utilizan el lenguaje de la libertad. Esta situación se ha prolongado hasta nuestros días. De ahí que la lucha contra la mentira oficial y constitucional sea el primer paso de toda tentativa seria de reforma."

[28]  Rangel, Carlos, **Del buen salvaje al buen revolucionario**, Monte Ávila Editores C. A, Caracas, 1982, p.p. 115-117.

[29]  *Ibidem.*

es el principio del fin de todas las otras libertades, el camino fatídico al autoritarismo. De ello se deriva no sólo una catástrofe económica, sino, también, una perversión y desnaturalización profunda de la verdad… una verdad fabricada –en la mayoría de los casos, una mentira presentada como verdad por razones políticas de control del poder–".[30]

A lo largo de este análisis veremos cómo esas ideas económicas "nocivas" serán el itinerario liberal perdido, despreciado por el pensamiento económico y arrinconado por la práctica política venezolana; justamente lo que trataremos de reconstruir en estas líneas. Nos proponemos reivindicar la libertad del pensamiento económico y la libertad económica, como prístino camino hacia la libertad *tout court*.

## 1.2. Tres momentos de la obra de Tinoco

Estas líneas serán principalmente una interpretación y puesta en contexto de la ideas del Dr. Tinoco, que transcurrirán en tres momentos fundamentales de la vida del país. Una lectura del itinerario liberal, de un modo desapasionado en el contexto de las obras de Tinoco y las prácticas políticas, económicas y sociales dominantes en su tiempo, pero desde nuestra contemporaneidad.

Las expresiones o símbolos externos de Tinoco serán sus libros, sus proyectos de ley y sus opiniones y apariciones como líder empresarial y del pensamiento liberal, y desde luego, sus ejecutorias, muy especialmente, su protagonismo como coordinador del grupo redactor de la célebre Carta de Económica Mérida presentada a la Asamblea Anual de Fedecámaras (1962), como presidente de la Comisión de Reforma Integral de la Administración Pública (1974-1977), como Individuo de Número de la Academia de Ciencias Políticas y Sociales y como presidente del Banco Central de Venezuela (1989-1992). Además de su formación como banquero (Banco Mercantil y Agrícola), sus ejecutorias como Ministro de Hacienda (1969-1972) y su protagonismo como Presidente del Banco Latino (1974-1989).

Estas objetivaciones o símbolos externos nos ayudarán a vencer la tentación de proclamar el ideario de alguien apelando al uso exclusivo

---

30    Vargas Llosa, Mario, *La llamada de la tribu*, Alfaguara, Madrid, 2017, p.79.

de las anécdotas, de las opiniones de sus adversarios o de las versiones interesadas de la historia oficial.[31] Además, al analizar la obra hacendística de Tinoco recalaremos en su pensamiento político y en las ideas que defendió junto con sus contemporáneos. Trataremos de reconstruir la memoria –o por lo menos nuestra memoria subjetiva- del último tercio del siglo XX, porque, a decir de Víctor Hugo, no son las locomotoras sino las ideas que llevan y arrastran el mundo.

Tinoco fue uno de los más comprometidos hombres de acción en el intento de instaurar en Venezuela un gobierno liberal. De allí que el itinerario del liberalismo coincida con su trayecto vital, convirtiéndolo en uno de los más destacados exponentes del liberalismo económico y político de nuestro país. Por su consistencia ideológica desde la Carta Económica de Mérida (1962) hasta su Trabajo de incorporación como Individuo de Número a la Academia de Ciencias Políticas y Sociales en 1991, como por la correspondencia de sus ideas con la praxis. Su acción liberal fue consecuente durante más de 30 años. Allí están las directrices y ejecutorias a la cabeza del Ministerio de Hacienda (1969-1972) o las ideas de la Reforma Financiera plasmadas en el *"VIII Plan de la Nación"*, el denominado "El Gran Viraje" (1989-1992). El lector podrá constatar la correspondencia entre las ideas expresadas en sus obras y la dirección que Tinoco le imprimió a sus actuaciones.

---

[31] Sobre la historia oficial Manuel Caballero advierte los peligros de la "…supresión de la presencia de lo colectivo en la historia que hoy se pretende no es para sustituir su acción por la de hombres de carne y hueso, sino por mitos, por leyendas que no son producto de la realidad, sino figuras (de bronce, de yeso o de cartón) pintarrajeadas con los colores de la bandera del partido, del hegemón, del hombre en el poder.

En el caso del siglo XX, el asunto se toma por el otro extremo: allá se suprimía la presencia de la multitud en el acontecimiento; aquí, se suprime el acontecimiento mismo. (…) Muy bien, se nos dirá: aceptemos que sea posible abolir la historia; posible poner por acto lo que los dominadores de Mil novecientos ochenta y cuatro, la pavorosa utopía de George Orwell postulaban: que quien domina el presente domina el pasado; que gobernantes enloquecidos por el poder suelan olvidar lo que alguna vez recordó un eminente psiquiatra en un congreso internacional celebrado en Caracas: que el mundo está lleno de neuróticos que creen que el pasado se puede reformar". Caballero, Manuel, ***Contra la abolición de la Historia***, Discurso de Incorporación de Don Manuel Caballero como Individuo de Número de la Academia Nacional de la Historia, 2005, Boletín de la Academia Nacional de la Historia, p.p 9-42, consultado en: https://www.anhvenezuela.org.ve/base-discursos/

## a. Génesis del pensamiento de Tinoco

El origen del pensamiento de Tinoco coincide con la aprobación de la Ley de Impuesto Sobre la Renta (1942). Este hito significó un viraje trascendental en la estructura de nuestros sistemas tributario y socioeconómico. En un momento del país en el que circulaba la idea generalizada de que en materia económica todo estaba por hacerse.

Las finanzas públicas y el derecho que la regula adquirió "carta de naturaleza" en la Venezuela de la segunda mitad del siglo XX. Se puede decir que la rama del derecho público que organiza los recursos de la hacienda pública del Estado y más propiamente el derecho tributario que regula la creación y la aplicación de los tributos, nace con la sanción de la primera Ley de Impuesto sobre la Renta en Venezuela, por el entonces Congreso de los Estados Unidos de Venezuela que, siguiendo el mandato del Presidente de la República, Isaías Medina Angarita, sancionó la ley el 17 de julio de 1942 que, publicada en la Gaceta Oficial Nro. 20.851 de la misma fecha, entró en vigencia luego de su *vacatio legis* el 1° de enero de 1943.

Según Octavio esta Ley tuvo como base el Proyecto elaborado por la Comisión de Estudios de Legislación Fiscal, integrado por los distinguidos profesionales Augusto Machado Hernández, Ministro de Hacienda y Presidente de la Comisión, Manuel R. Egaña, Julio Medina A., T.C. Salazar Maza, Carlos A. D'Ascoli, Pedro José González, Cesar González, Rafael Pizani, Aurelio Arreaza, Manuel Pérez Guerrero y Manuel M. Márquez hijo, este último Secretario de la Comisión y primer Administrador General del Impuesto sobre la Renta.[32]

Con la puesta en pie de la imposición directa en Venezuela, se puede hablar por primera vez en el país de un sistema tributario incipiente. Aunque este tributo individualmente considerado procura la justa distribución de las cargas públicas, todavía es muy prematuro pensar que se puede emplazar al legislador y al juez al cumplimiento de los imperativos de justicia de la tributación en su conjunto.[33] Habrá que esperar

---

[32]  Octavio, José Andrés, *60 Años de Imposición a la Renta en Venezuela*, Asociación Venezolana de Derecho Tributario, Caracas, 2003, p.2.

[33]  Será la Constitución de 1961 que contemplará en su artículo 223 el concepto de sistema tributario: "El sistema tributario procurará la justa distribución de las cargas según la capa-

a la sanción del Código Orgánico Tributario con vigencia a partir del 31 de enero de 1983 para hablar en propiedad de la autonomía calificadora y especificidad dogmática del Derecho Tributario. Con esta *norma sulla normazione* y su preeminente valor dentro del orden jerárquico que informa el ordenamiento tributario, nace el tributo y las subjetividades como categorías autónomas *ex lege*, la teoría obligacional y la relación jurídica tributaria como relación de derecho.

Con la Ley de 1942 se pretendía corregir los desequilibrios derivados de la imposición indirecta de la época, su consabido efecto regresivo, a contrapelo de la capacidad contributiva. Sin embargo, la doctrina recuerda "la fuerte presencia de la tributación indirecta en los impuestos de origen no petrolero hasta incluso bien avanzados los años 1960, a pesar de la creación del impuesto sobre la renta en los años 1940".[34] No obstante, el Impuesto sobre la Renta hizo posible el fortalecimiento del sistema tributario y la reducción del impacto de las variaciones coyunturales de las exportaciones. A esta reforma le sucedieron otras modificaciones de la legislación entre 1945 y 1948 que estaban dirigidas al aumento de la carga para las concesionarias petroleras, los mayores contribuyentes.[35]

En 1941 y conforme a la Constitución vigente se convocaron elecciones de segundo grado.[36] El Congreso eligió como Presidente al candidato del general López Contreras, su Ministro de Guerra y Marina: el general Isaías Medina Angarita. Este gobierno abrió el camino a una burguesía liberal reformadora. Promulgó en 1942 dos instrumentos legales de grandísima importancia, sentando las bases legislativas de casi

---

cidad económica del contribuyente, atendiendo al principio de la progresividad; así como la protección de la economía nacional y la elevación del nivel de vida del pueblo. Sin embargo, la Constitución de 1947, aunque se refería al "régimen rentístico" contemplaba el concepto incipiente en su artículo 232: "El régimen rentístico nacional se organizará y funcionará sobre la base de justicia e igualdad tributaria con el fin de lograr una repartición de impuestos y contribuciones progresiva y proporcional a la capacidad económica del contribuyente, la elevación del nivel de vida y del poder adquisitivo de los consumidores y la protección e incremento de la producción nacional".

[34] Vera, Leonardo, "La tributación en Venezuela: desafíos con sentido de equidad", *FES Tributación Análisis 2/201*, Friedrich-Ebert-Stiftung (FES), Bogotá,2017, pp.1-33.

[35] Banko, Catalina, "Evolución de las instituciones fiscales en Venezuela", *Revista BCV*, Vol. XXX, N° 2, Caracas, julio-diciembre 2015, pp. 11-46.

[36] Arráiz Lucca, Rafael, *Venezuela: 1830 a nuestros días*, Biblioteca Rafael Arráiz Lucca,N°1, Editorial Alfa, Caracas, 2007, p. 135.

todo el futuro sistema jurídico en esas materia: la Ley de Hidrocarburos, que uniformizó el régimen de concesiones previendo la reversión, y que consolidó las posibilidades para un control del Estado en la industria; y la Ley de Impuesto sobre la Renta, base del sistema tributario venezolano".[37]

Una comisión redactora de la Ley de Hidrocarburos integrada por miembros del gabinete y expertos en el tema, con el Ministro de Fomento Eugenio Mendoza Goiticoa a la cabeza, negoció con las compañías petroleras extranjeras para que aceptaran seguir extrayendo petróleo con la condición de construir refinerías en el país. Así fue como se construyó Amuay, la refinería más grande de la época.[38] Pero lo más destacable de la ley tributaria, nos recuerda Arráiz Lucca, fue el aumento de la recaudación consecuencia de las fiscalizaciones más profundas previstas en la reforma. Estas dos leyes significaron para el universo fiscal nacional un incremento inaudito para sus arcas. La industria petrolera dio un paso hacia adelante con la obligatoriedad de construir las refinerías en suelo venezolano y por el nuevo marco jurídico".[39]

En la Memoria y cuenta presentada al Congreso Nacional en 1943, el Ministro de Hacienda, Machado Hernández señala que la nueva Ley de hidrocarburos junto con la del Impuesto sobre la Renta "marcan una inflexión esencial en la historia de nuestras Finanzas y constituyen las bases solidísimas para la transformación radical de ellas y de la economía nacional con criterios verdaderamente científicos y modernos..." Anuncia que llegada la normalidad de los ingresos se procederá a una reducción importante de otros gravámenes, "cuyas altas tasas o modos de percepción producen efectos nefastos sobre la economía del país... como las tarifas aduaneras, cargas portuarias y a la navegación, ciertos capítulos de la Ley de Estampillas, el impuesto al consumo sobre derivados del petróleo, el papel sellado y algunos gravámenes excesivos de la Ley de Licores".[40]

---

[37]  Brewer–Carías, Allan R., *Historia Constitucional de Venezuela*, Segunda Edición, Colección Tratado de Derecho Constitucional, Tomo I, Fundación de Derecho Público, Editorial Jurídica Venezolana, Caracas, 2013, p.447.

[38]  Arráiz Lucca, Rafael, *Venezuela: 1830 a nuestros días*, *cit.* , p.137.

[39]  *Ibidem.*

[40]  Carrillo Batalla, Tomás Enrique, *Historia del pensamiento rector de las finanzas públicas*, Tomo IV, Academia Nacional de Ciencias Políticas y Sociales, Caracas, 1983, p.1064

El Ministro de Hacienda Rodolfo Rojas escribe en su Memoria y cuenta de 1944 que los resultados del primer año de aplicación del impuesto sobre la renta permiten vaticinar, con optimismo fundado en demostraciones numéricas, un amplio desarrollo de esta reciente institución que marca nueva era en la historia tributaria del país",[41] señalando que el monto recaudado para 1943 ascendió a Bs. 4.000.000,oo pero la recaudación para marzo de 1944 asciende a 11.575.497,35 y los datos que reposan en poder de la Administración permiten calcular el producido del tributo en Bs.35.000.000,oo. El Ministro Rojas indica que es a principios de año "cuando ya la solidez del erario público se sintió asegurada con el rendimiento del impuesto sobre la renta y con el mayor aporte del ramo de Hidrocarburos, derivado del nuevo estatuto petrolero, cuando se juzgó llegado el momento para abrir cauce a las medidas, cuidadosamente estudiadas, que debían traducirse, a la par que en sacrificios para el Fisco, en alivio de la presión tributaria y en descenso del costo de la existencia".[42]

En la Memoria y cuenta de Hacienda presentada en 1945 al Congreso, el ministro Rojas suscribe unas líneas que considero aleccionadoras para la historia de las finanzas públicas. Luego de dar cuenta de los resultados fiscales "eminentemente satisfactorios" que, a pesar de las circunstancias de excepción que atraviesa el mundo en guerra, han permitido al Gobierno continuar en la realización vigorosa de su programa de superación nacional, señala: "…que la riqueza petrolera impone la obligación de invertir su equivalente en la creación de nuevas riquezas y en todo aquello que tienda a impulsar el desarrollo social y económico del pueblo venezolano. Es la razón por la cual los cuantiosos ingresos provenientes de la Renta no pueden ni deben aprovecharse como fórmula para el propósito exclusivo de aligerar la carga de los impuestos indirectos que constituyen la base de la tributación nacional. Tal procedimiento nos expondría a sufrir en cualquier momento las gravísimas consecuencias que podrían ocasionar una disminución violenta en la producción petrolera…".[43]

---

[41]   *Ibidem*, p.p. 1079-1080.

[42]   *Ibidem*, p.p. 1074-1077. Se refiere a la disminución del impuesto sobre el kilogramo de sal, rebaja de los aforos aduaneros que comprenden productos alimenticios, comestibles y bebidas y el proyecto de reforma de la Ley de Estampilla.

[43]   *Ibídem*, p. 1088.

De modo que si, por una parte, la Ley de Hidrocarburos de 1943 fue el texto mejor concebido y estructurado que tuvo el país en la materia, al implantar un régimen unívoco y general para las concesiones de hidrocarburos, eliminando la multiplicidad legislativa, respetando siempre los derechos adquiridos que todas las leyes anteriores consagraban";[44] por otro lado, la Ley de Impuesto sobre la renta de 1942 confirió, como precisa Ruán "…un rol protagónico a la imposición directa en Venezuela, con la finalidad de configurar un sistema tributario más justo, más estable y más productivo, y corregir así los desequilibrios injustos, inestables e inconvenientes provocados por la exagerada imposición indirecta de la época, la cual tenía un evidente efecto regresivo, porque su incidencia era mayor a medida que decrecía la capacidad contributiva".[45]

Este tributo a decir de Octavio marca "…una nueva etapa del sistema tributario venezolano, reflejo de una política fiscal progresista y de justicia social, que corrigió así en buena medida el carácter regresivo de la tributación nacional, integrada casi exclusivamente por impuestos indirectos al consumo".[46]

Desde entonces nuestra legislación nacional dispone de este instrumento moderno de imposición directa, personal, progresiva y periódica, cuya materia gravable es la renta neta "que permite no solo recaudar mayores ingresos al Fisco Nacional sino procurar la progresividad del sistema tributario venezolano (auscultando la capacidad contributiva de los sujetos pasivos), y con un importante mecanismo para fomentar y dirigir la economía".[47] No obstante, como advierte Roche, "en la precipitación por minimizar el déficit presupuestario del momento, la mayoría de las reformas a la Ley de Impuesto sobre la Renta se dirigieron a aumentar la base impositiva, creando nuevas fuentes de enriquecimientos

---

[44] Arráiz Lucca, Rafael, *Venezuela: 1830 a nuestros días*, *cit.* , p.137.

[45] Ruán Santos, Gabriel, (Presentación) *60 Años de Imposición a la Renta en Venezuela*, Asociación Venezolana de Derecho Tributario, Caracas, 2003.

[46] Octavio, José Andrés, "La primera ley de impuesto sobre la renta y las sucesivas reformas de su articulado", *60 Años de Imposición a la Renta en Venezuela*, Asociación Venezolana de Derecho Tributario, Caracas, 2003, p.9.

[47] Roche, Emilio, "Parte general del Impuesto sobre la Renta, Relatoría Tema I", *70 años del Impuesto sobre la renta en Venezuela*, Memorias de las XII Jornadas Venezolanas de Derecho Tributario, tomo I, Caracas, 2013, p.p.22 y 23.

gravables y algunas normas complejas y, en algunos casos, esotéricas, que son o fueron difíciles de administrar y de hacer cumplir".[48]

Cuando se escriben estas líneas, el Estado Fiscal se encuentra absolutamente deslegitimizado, como denuncia Romero-Muci, situación que alcanza desde luego al impuesto sobre la renta. "En el Estado Total la institucionalidad tributaria se encuentra vaciada de contenido. El "impuesto es nada". Sencillamente el derecho y el tributario en particular no generan confianza. En este contexto de regresión institucional y poder ilegítimo, el tributo no cumple ni puede cumplir su función ética. Su destino no es consistente con el bien común. La casi totalidad de las formas de concreción del Derecho son injustas, no despiertan adhesión ni cooperación ciudadana, sino anomia y desconfianza".[49]

Este proceso de regresión jurídica institucional ha afectado a las normas técnicas del impuesto sobre la renta, como advierte Dugarte, "…en cada reforma que ha tenido lugar al texto legal, desde la primigenia Ley del año 1942, hasta la última del año 2015, se ha venido desmantelando o desdibujando de manera progresiva, a muchos de los principios contables vigentes en Venezuela",[50] por el mero interés recaudatorio, ideológico o patológico, supremamente deslegitimador.

La Ley de Impuesto sobre la renta fue parcialmente reformada en 1944, 1945, 1946, 1948, 1955, 1958, 1961, 1962, 1966, 1979, 1974, 1976, 1977, 1978, 1986, 1991, 1993, 1994, 1999, y luego en 2001 y 2007. En estas reformas la primera modificación importante fue, siguiendo a Octavio, el paso del sistema mixto cedular-global, adoptado en la Ley de 1942, a la estructura global incorporada en la Ley de 1966, el paso del principio territorial o de la fuente al de renta mundial de

---

[48] *Ibidem.*

[49] Romero-Muci, Humberto,"(In)moralidad tributaria en Venezuela. entre la distopía y la anomia social", ***Libro Homenaje a Los 50 Años de la Asociación Venezolana de Derecho Tributario***, Coordinadores: Leonardo Palacios Márquez y Serviliano Abache Carvajal, Asociación Venezolana de Derecho Tributario, Editorial Jurídica Venezolana, Caracas, 2019, p.p. 84 -85.

[50] Dugarte Lobo, Antonio, "Canibalización de principios contables venezolanos, vis a vis algunos aspectos reformados de nuestra ley de impuesto sobre la renta (caso: ajuste por inflación y otros cuentos de la cripta)", ***Libro Homenaje a Los 50 Años de la Asociación Venezolana de Derecho Tributario***, Coordinadores: Leonardo Palacios Márquez y Serviliano Abache Carvajal, Asociación Venezolana de Derecho Tributario, Editorial Jurídica Venezolana, Caracas, 2019, p. 621.

domiciliados y residentes en Venezuela, el aumento de las tarifas, pues en ellas aparecen aumentos y disminuciones impulsados por circunstancias económicas, sociales, fiscales y políticas justificadas.[51]

Sin embargo, más allá de la vaguedad, ambigüedad y carga emotiva de muchas de las normas reformadas, se mantiene la estructura jurídico-económica y las reglas institucionales de este tributo. A diferencia de las reformas a la Ley de impuesto sobre la renta de 2014 y 2015 que respondieron a un *principio político preferente* del legislador delegado que, tratando de imponer una tributación selectiva e ideologizada, ilegítimamente supra-ordenada, pretende producir resultados reduccionistas y disolventes de la capacidad del Derecho para moderar y racionalizar su relación con el poder.

Nos referimos a la deslegalización de la regulación de alícuotas, la designación sub legal y selectiva de sujetos pasivos y porcentajes de retención, la exclusión subjetiva del Ajuste por Inflación, la supresión subjetiva y selectiva de la progresividad a los bancos, a los que se grava con un impuesto proporcional de cuarenta por ciento (40%) superior al tramo gravable más alto de la tarifa aplicable a las personas jurídicas y sus asimiladas, que queda en treinta y cuatro (34%), que no individualiza el enriquecimiento real y efectivo, sino que pretende medir la renta por grupos o sectores preseleccionados, en cuanto *homo oeconomicus*; circunstancia que no ofrece la medida para determinar qué porción de la renta debe detraerse, lo que a corto plazo sofocará la renta como fuente impositiva.

Para comprender la carga ideológica, falaz y estigmatizante solo basta citar la Exposición de motivos de la Ley Impuesto sobre la renta de 2015:[52]

> La guerra económica instaurada por sectores contrarios al Estado Socialista, obliga a efectuar cambios trascendentales en el ordenamiento jurídico de la República Bolivariana de Venezuela, a los fines de garantizar el desarrollo de los ciudadanos y ciudadanas,

---

[51] Octavio, José Andrés, *60 Años de Imposición a la Renta en Venezuela*, Asociación Venezolana de Derecho Tributario, Caracas, 2003, pp.1-31.

[52] Decreto con Rango, Valor y Fuerza de Ley de Reforma Parcial del Decreto con Rango, Valor y Fuerza de Ley de Impuesto sobre la Renta, Gaceta Oficial N° 6.210 Extraordinario del 30 de diciembre de 2015.

el respeto a su dignidad, la construcción de una sociedad justa y la promoción de la prosperidad y el bienestar del pueblo.

En este sentido el Ejecutivo Nacional, considera necesario dictar en el marco de la Ley Habilitante, un Decreto con Rango, Valor y Fuerza de Ley de Reforma de Impuesto Sobre la Renta, a los fines de aportar más progresividad y equidad al sistema tributario en correspondencia con la concepción del Estado Socialista, inspirado en el marco de la Constitución y el Plan de la Patria.

Durante la última década, la recaudación del impuesto sobre la renta se ha mantenido estable, lo cual no guarda relación con el comportamiento de la economía venezolana en su conjunto. Si se revisan las cifras oficiales, es fácil observar que, en dicho período, la recaudación del impuesto sobre la renta no ha sufrido variaciones significativas en cuanto a su participación en el producto interno bruto.

La reforma parcial elimina el ajuste por inflación fiscal, el cual se ha constituido en un mecanismo de disminución injustificada del pago de impuesto. Asimismo, se modifican los criterios de disponibilidad de la renta, reduciendo los supuestos de enriquecimientos disponibles en el momento en que son cobrados, y aumentando los casos de rentas que serán gravadas en el momento en que se realizan las operaciones que las producen, para establecer una tributación con criterio preeminentemente dirigido a considerar como parte de la utilidad fiscal, supuestos que en la actualidad aparecen como "Ingresos contabilizados y cobrados".

Finalmente, se eliminan las eximentes de responsabilidad establecidas en la Ley, dado que las mismas se encuentran previstas de manera genérica en el Código Orgánico Tributario.

La tributación en Venezuela ha degenerado en una especie de exacción desproporcionada e inoportuna de varios impuestos y contribuciones parafiscales, mutiladora del flujo de caja de los contribuyentes que incluso han tenido que solicitar créditos para enfrentar el pago semanal de los anticipos o las sanciones por el pago con retraso; en circunstancias en que además del impuesto oculto de la inflación, el crédito o financiamiento bancario está restringido por la política de encaje legal impuesta por el Banco Central de Venezuela del monto del 100% de los depósitos y otras obligaciones adquiridas que las instituciones bancarias deben mantener como reservas obligatorias en el Banco Central, a la cual ha sido sometida la banca con más ferocidad desde febrero de 2019.[53]

Esta *posición política preferente* pretende hacer desaparecer la normatividad de la Constitución, intenta falsear el sistema de fuentes del derecho y dislocar la jerarquía de las fuentes (orden de supremacía -*Lex superior derogat legi inferiori*), que se sitúa en un incuestionable nivel superior –por importancia, relevancia o valor institucional– respecto de la fuente a la que, por el contrario, pertenece la otra norma. Su carácter normativo, su función técnica, la racionalidad técnica y axiológica, implicada en la exigencia de coherencia en el diseño y aplicación del tributo y del sistema en su conjunto, son remplazados por el espectro político, por el *decisionismo* o voluntarismo estatal y las vaguedades jurídicas se colman apelando a un proyecto político contingente.

Esto ha llevado incluso a Mejía Betancourt a sostener, luego de caracterizar al país como un Estado "fallido", que el mismo tiene extraordinarias y graves consecuencias... para el Derecho tributario regulador de la obligación tributaria… que se ha quedado sin efectividad real. Pues al ser un producto normativo derivado directamente de una Constitución que ha perdido su efectiva vigencia, todo su contenido normativo material y formal es inaplicable".[54] Mientras que Leonardo Palacios considera que la concreción del «Estado fallido y forajido venezolano» tiene su origen en la tributación sin representación, es el poder ilimitado que lleva implícito el poder de demolición de las bases conceptuales, es la violencia de gestión sin legitimación de origen o de ejercicio" "Una proyección de un Estado que desconoce la democracia, la libertad, la propiedad y que convierte a la tributación en la cizalla hidráulica de demolición del sistema tributario…".[55]

---

[53] El BCV puso en pie la Resolución No 19-04-02 "Normas que regirán la constitución de encaje" publicada en la *Gaceta Oficial* No 41.620 de 25 de abril de 2019, cuya aplicación se acordó por el Directorio del BCV a partir del 06 de mayo de 2019.

[54] Mejía Betancourt, José Amando, "El Sistema Tributario Venezolano ante un Estado Fallido", **Libro Homenaje a Los 50 Años de la Asociación Venezolana de Derecho Tributario**, Coordinadores: Leonardo Palacios Márquez y Serviliano Abache Carvajal, Asociación Venezolana de Derecho Tributario, Editorial Jurídica Venezolana, Caracas, 2019, p. 427

[55] Palacios Márquez, Leonardo, "Democracia, libertad, propiedad y tributación", **Libro Homenaje a Los 50 Años de la Asociación Venezolana de Derecho Tributario**, Coordinado-

Volviendo al proyecto de Ley de impuesto sobre la renta de 1942, enviado por el gobierno de apertura democrática de Medina Angarita, para aprobación del Congreso, la Exposición de motivos precisaba que: "Es postulado de la más sana y moderna doctrina financiera que un buen sistema tributario, esto es, un sistema justo, estable y productivo, debe constituir un conjunto vigoroso, a la vez que coordinado y flexible, cuyos elementos integrantes distribuyan entre los ciudadanos de la manera más equilibrada, el deber de contribuir a la satisfacción de las necesidades públicas" "Para contribuir a la realización de ese programa

es necesario aumentar las entradas fiscales y, al mismo tiempo, hacer nuestro sistema tributario más elástico, más justo, más independiente de las crisis, es decir, más estable. Un sistema tributario que tenga estas características no puede estar compuesto tan solo de impuestos indirectos. El impuesto directo debe restablecer la equidad en los tributos, ser un verdadero impuesto compensador, es decir, capaz de remediar todas las faltas de equidad que puedan provenir de los impuestos indirectos".

La reforma fiscal dio pie a que un muy joven Tinoco, recién graduado de abogado en la Universidad Central de Venezuela en 1949, publicara en 1950 un pequeño volumen compilatorio de una serie de artículos sobre cuestiones jurídicas relativas a la Ley de Impuesto sobre la Renta, con el propósito de "...facilitar al contribuyente el conocimiento de sus derechos y deberes fiscales". Este pequeño opúsculo fue ampliado por Tinoco con la publicación de los *Comentarios a la Ley de Impuesto sobre la Renta* (1955), donde precisó la enorme influencia de

<hr>

res: Leonardo Palacios Márquez y Serviliano Abache Carvajal, Asociación Venezolana de Derecho Tributario, Editorial Jurídica Venezolana, Caracas, 2019, p. 254

este tributo sobre nuestra economía en general y sobre cada una de las individuales economías de las personas que realizan actividades productivas en el país.

Se trata de un estudio detenido de la Ley de Impuesto sobre la Renta, con comentarios fundados en sus elementos estructurales, un análisis comparado con las legislaciones más avanzadas, pero fundamentalmente un análisis a la luz de los principios esenciales de la ciencia fiscal, lo que confiere a este libro una extraordinaria vigencia.

Advertía Tinoco, que la aparición del Impuesto sobre la renta representa un notable paso de avance en la historia financiera, "porque logra mejor que con cualquier otro de los sistemas tributarios, el ideal moderno de la justicia fiscal. Sin embargo, en sus primeros tiempos se exageraron sus méritos y se pretendió erigirlo en impuesto único. La experiencia demostró luego que este sistema impositivo, aunque más equitativo, no era perfecto, y que una buena organización financiera no debía estar basada únicamente en impuestos personales, sino que debía gravar algunas fuentes de riqueza con impuestos reales, ya que, de lo contrario, escaparían totalmente al tributo".[56]

Al referirse a la necesidad de una tributación de alícuotas moderadas, base del ahorro, base de todas nuevas fuentes de producción, decía: "sin el ahorro, la economía del país marcha hacia el socialismo, pues el Estado terminará como el único poseedor de nuevos capitales cuando los bienes productivos actuales hayan terminado su vida útil".[57] Estos comentarios dan cuenta, de que las reflexiones contenidas en ese libro, trascienden al ámbito propio del impuesto sobre la renta, así como de la vigencia de su pensamiento y las advertencias sobre el estatismo y planificación central de la economía.

Tinoco tiene en mente que con el adelanto de la civilización aparecieron los impuestos, el ingreso público fundamental, el recurso fiscal típico del Estado moderno, que se hizo indispensable por el enorme aumento en los gastos públicos.[58] Ese Estado fundado en la propiedad privada de los medios de producción, está obligado a sostener prin-

---

[56] Tinoco, Pedro R. (h), *Comentarios a la Ley de impuesto sobre la renta*, T.I, Madrid, 1955, p. 3.

[57] *Ibidem*, p. 67.

[58] *Ibidem*, p. 6.

cipalmente mediante impuestos las cargas financieras exigidas para el cumplimiento de sus funciones. Sin impuestos y contribuyentes "no puede constituirse ningún Estado", menos el Estado de Derecho.[59] De modo tal que en un Estado de Derecho –máxime en aquel que se auto-denomina democrático y social y además de Derecho y de Justicia,[60] "debe actuarse con justicia en la medida de lo posible. Ésta es la máxima exigencia que debe plantearse a tal ente político. Esta exigencia no puede quedar anulada o desplazada en su contenido esencial por otras aspiraciones".[61]

La importancia de la obra sobre el impuesto sobre la renta de Tinoco es reconocida por varias generaciones de tributaristas, que han sido formados en las lecturas de esos dos tomos publicados en Madrid por un muy joven jurista. Estas ideas que constituyen la génesis del pensamiento de Tinoco no han perdido vigencia después de 66 años, confirmándose, en este caso particular, que la precocidad del autor no resta calidad a la obra.

Como señala Ruán, en Venezuela "...los primeros vestigios de análisis de los tributos -directos e indirectos- se remontan a los hacendistas de la primera parte del siglo XX: Abel Santos, Román Cárdenas, Gumersindo Torres y Alberto Adriani. Pero los estudios sistemáticos de derecho tributario se inician con la promulgación de la Ley de Impuesto Sobre la Renta en el año 1942, debiendo señalarse las obras de Manuel Alvarado, Manuel Márquez y Pedro R. Tinoco, las cuales tenían un método predominantemente exegético o de comentarios legales, sin embargo demostraban un amplio conocimiento científico de la institución del tributo".[62]

---

[59] *Cfr*. Tipke, Klause, ***Moral tributaria del Estado y de los contribuyentes (Besteuerungsmoral und Steurmoral)***, Marcial Pons, Madrid, 2002, p.27

[60] **Artículo 2 de la Constitución de la República Bolivariana de Venezuela de 1999:** "Venezuela se constituye en un Estado democrático y social de Derecho y de Justicia, que propugna como valores superiores de su ordenamiento jurídico y de su actuación, la vida, la libertad, la justicia, la igualdad, la solidaridad, la democracia, la responsabilidad social y en general, la preeminencia de los derechos humanos, la ética y el pluralismo político".

[61] *Cfr*. Tipke, Klause, ***Moral tributaria del Estado y de los contribuyentes (Besteuerungsmoral und Steurmoral)***, Marcial Pons, Madrid, 2002, p.27.

[62] Ruán Santos, Gabriel, "Génesis y desarrollo histórico del derecho tributario, Derecho Tributario Contemporáneo", ***Libro Homenaje a Los 50 Años de la Asociación Venezolana***

Por su parte, Romero-Muci coincide en señalar que *Comentarios a la ley de impuesto sobre la renta* de Tinoco es "[u]na obra pionera en la materia con la que demostró su erudición y talento intelectual de gran jurista, expuesta en una prosa clara y contundente, como era su estilo. Hizo una descripción sistemática de ese nuevo tributo en el sistema fiscal venezolano. Sus análisis vienen complementados con referencias permanentes al derecho comparado y la doctrina económica más relevante sobre la materia de aquella época, demostrando un dominio de las fuentes, particularmente de origen estadounidense y francés. Hoy por hoy, esta obra es objeto de consulta obligatoria entre académicos y profesionales tributarios para todo tipo de análisis sobre las instituciones fiscales y el impuesto sobre la renta en el país. Su vigencia trasciende como una de las obras más emblemáticas del derecho tributario venezolano".[63]

El carácter emblemático, así como la utilidad de esta obra de Tinoco, es fácilmente constatable con las prolíficas referencias que encontramos en monografías, sentencias y escritos recursivos desde los años 60 del siglo pasado. En las Memorias de las XII Jornadas Venezolanas de Derecho Tributario, tomos I, II y III, Caracas, 2013, a propósito de los *70 años del Impuesto sobre la renta en Venezuela* los más importantes expositores recurren a la obra de Tinoco para explicar el concepto de *deducción* (Humberto Romero-Muci, Tomo I, pp. 316-317); el concepto de *enriquecimiento neto* del ISLR (Emilio Roche, Tomo I, p.73); la delimitación del concepto de *disponibilidad de la renta* o la noción de *realización* (Jorge Jraige, Tomo I, p. 218); la *normalidad* de su deducción para la determinación de la renta neta (Elvira Dupuy, Tomo I, p. 269); el concepto de *provisiones contables*, en la época en que no se distinguía entre reservas y provisiones (Gabriel Ruan Santos, Tomo I, p. 335) o el concepto de *realización económica* (Juan C. Castillo Carvajal, Tomo II, p 80), entre otros.

---

*de Derecho Tributario*, Coordinadores: Leonardo Palacios Márquez y Serviliano Abache Carvajal, Asociación Venezolana de Derecho Tributario, Editorial Jurídica Venezolana, Caracas, 2019, p. 39.

[63] *Cfr.* Arráiz Lucca, Rafael, **Pedro Tinoco: epicentro y cambio**, Prólogo: Humberto Romero-Muci, Academia de Ciencias Políticas y Sociales, Caracas, 2021, p.39.

Esta obra ha sido consultada y citada desde los años 60 en la Revista de Derecho Tributario por los más destacados expertos en materia tributaria[64] y por muy destacados juristas de otras disciplinas.[65]

En esta primera etapa de la formación de su obra, Tinoco reconoce la necesidad de una intensa actividad del Estado. En una nación por edificarse el Estado tiene que ser el protagonista. Además, haciéndose eco de la realidad de la postguerra en la que la "…obra del Estado se va ampliando y multiplicando; los nuevos conceptos sociales le imponen nuevos deberes: de educación, de sanidad, de asistencia social, los que a su vez lo obligan a aumentar su patrimonio disponible. El Estado moderno se caracteriza hoy por lo variado de sus actividades y por la enorme cantidad de servicios que presta, para lo cual dispone de un gran patrimonio, que cada día va aumentando en función de los servicios públicos que presta".[66]

Tinoco matizará estos planteamientos sobre la necesidad de una fuerte presencia del Estado, madurados desde la experiencia adquirida como Ministro de Hacienda. Cuando en 1969 presenta ante el Congreso de la República la Memoria y cuenta de ese despacho, señala la necesidad de hacer un replanteamiento de la actividad del Estado, donde se definan con mayor precisión las responsabilidades que le corresponden en la promoción del desarrollo económico y social de la nación y se jerarquicen prioridades entre distintos programas gubernamentales.[67]

Pero volvamos al final del gobierno del Medina Angarita. Como señala Catalina Banko, la intervención económica del Estado se había convertido en el punto de inflexión entre el gobierno de Medina y el empresariado que consideraba que se pretendía suprimir la libre iniciativa privada y acaparar los recursos fiscales. En el transcurso del año 1944

---

[64] Vid. "Algunas ideas Fundamentales Acerca de los Conceptos de "Normalidad" y "Necesidad" del Gasto en la Ley de Impuesto Sobre la Renta", Dr. Carlos F. Padrón Amaré, *Revista de Derecho Tributario* N° 3, noviembre-diciembre, 1964, p.9 ; "La concentración de Empresas y la fiscalidad" del Dr. Oswaldo Padrón - Amaré, *Revista de Derecho Tributario* N° 17, abril-marzo, 1967, p.15.

[65] Vid. Muci-Abraham, José. Contratos Mercantiles (Cuenta Corriente y Participación). Ediciones Schnell, 1985.

[66] Tinoco, Pedro R. (h), *Comentarios a la Ley de impuesto sobre la renta*, T.I, Madrid, 1955, p.6.

[67] Carrillo Batalla, Tomás Enrique, *Historia del pensamiento rector de las finanzas públicas*, Tomo V, Academia Nacional de Ciencias Políticas y Sociales, Caracas, 1983 p. 773.

creció el descontento de buena parte de los empresarios. Las medidas de intervención no habían cesado, a pesar del aumento de los ingresos fiscales y de la anunciada proximidad del término de la guerra.[68]

El Estado había intervenido en materia cambiaria, establecido un control de importaciones y la regulación de precios y transportes. Fedecámaras -recién fundada- reconocía que la Junta Nacional Reguladora de Precios había tenido un propósito laudable, pero contrario al "principio de la oferta y la demanda". La crítica de Fedecámaras al nuevo rol del Estado era contundente: "La cuestión de la intervención del Estado en la economía, en el sentido en que se ha venido ejerciendo en estos últimos años, es algo que a la persona que sabe que el libre juego de las fuerzas económicas ha creado la riqueza del mundo y está acostumbrada a comprar y a vender sin tener que llenar requisitos, tales disposiciones se le hacen gravosas y entorpecen el desarrollo de sus actividades económicas".[69]

Como relata Banko, la posición oficial quedó representada en la primera Convención de Fedecámaras por Gustavo Herrera, ministro de Fomento, quien había definido el perfil de la política interventora, poniendo en entredicho la validez absoluta de los principios liberales que eran ya una "utopía", en circunstancias en que correspondía al Estado ejercer una función primordial para "encauzar" la vida económica, promoviendo la producción y atenuando las contradicciones entre distintas fuerzas económicas, con el fin último de fortalecer la dinámica económica y garantizar el equilibrio social.[70]

Esta posición de *intervención económica del Estado* enarbolada por el gobierno de Medina, no como medidas transitorias en situaciones de emergencia, sino como la expresión de un *proyecto económico nacional*,[71] se repetirá durante todos los gobiernos, sean de corte auto-

---

68  Banko, Catalina, "Pugnas en torno a la distribución de la renta petrolera en tiempos del "medinismo", ***Venezuela y su tradición rentista : visiones, enfoques y evidencias***, Catalina Banko ... [et al.], compilado por Carlos Peña. - 1a ed . - Ciudad Autónoma de Buenos Aires : CLACSO ; Caracas :Universidad Central de Venezuela. Facultad de Ciencias Económicas y Sociales. Instituto de Investigaciones Económicas y Sociales Dr. Rodolfo Quintero, Buenos Aires, 2017, pp. 127-129.
69  *Ibidem.*
70  *Ibidem.*
71  *Ibidem.*

ritario o democrático, incluyendo los socialdemócratas de la era democrática. Estos gobiernos fueron intervencionistas y asistencialistas, por tanto, populistas, rasgos que se amplificaron a niveles aberrantes en la era post-democrática de Chávez y Maduro.

Recordemos que el Presidente Medina Angarita llega al poder apoyado por la joven fuerza política recién fundada en 1941 (AD) formada por los "muchachos socialistas de 1928, que entonces blandían lanzas en contra del imperialismo y buscaban otras formas de desempeño económico en la sociedad",[72] que solicitaban la realización de elecciones universales, directas y secretas en plazo perentorio. Medina inició una política de intervencionismo estatal y de fomento de la producción nacional. Encarga la Constitución de 1945 que reformó el texto constitucional de 1936, incorporando disposiciones que reflejaban de emergencia económica provocada por la II Guerra Mundial, y otorga amplios poderes al Estado para controlar la economía nacional. Además, se liberalizaron los derechos políticos al eliminarse la prohibición que desde el texto constitucional de 1928 se establecía respecto del comunismo.[73] Al eliminar el inciso 6 del artículo 28 de la Constitución se permitió que se fundara el Partido Comunista de Venezuela.

Un joven Tinoco que sin dudas tiene en mente la amenaza que representa los regímenes comunistas y el autoritarismo populista de izquierda para la economía y el sistema tributario, en fin, para la libertades, cuando escribe que "el sistema fiscal debe tener en consideración las desigualdades económicas existentes entre los distintos miembros de la comunidad, pero… su finalidad no es crear la igualdad. La justificación del impuesto progresivo no debe buscarse en el socialismo. Nunca debe establecerse el gravamen con fines socialistas tendentes a redistribuir la riqueza. Esos no son fines fiscales y no deben lograrse a través de los impuestos".[74]

---

[72]  Arráiz Lucca, Rafael, *Venezuela: 1830 a nuestros días*, Biblioteca Rafael Arráiz Lucca, Nº1, Editorial Alfa, Caracas, 2007, p.220

[73]  Brewer–Carías, Allan R., *Historia Constitucional de Venezuela*, Segunda Edición, Colección Tratado de Derecho Constitucional, Tomo I, Fundación de Derecho Público, Editorial Jurídica Venezolana, Caracas, 2013, p.447-448.

[74]  Tinoco Tinoco, Pedro R. (h), *Comentarios a la Ley de impuesto sobre la renta*, T.I, Madrid, 1955, p.27, 28 y 32.

## b. Desarrollo de su pensamiento

En la célebre *Carta Económica de Mérida* presentada a la Asamblea Anual de Fedecámaras de 1962, podemos encontrar buena parte del desarrollo del pensamiento de Tinoco. El grupo redactor de la *Carta Económica de Mérida*, presentada a la plenaria del organismo cúpula empresarial, es coordinado por el Dr. Tinoco. De allí que su pensamiento político y económico con miras al desarrollo nacional se haga diáfano en ese documento, que promueve diversificar la base de nuestra economía y organizar un sistema impositivo que estimule el desarrollo económico, entre otras cosas.

En esta década comienza el desarrollo económico de la mano de los gobiernos democráticos, surgidos del Pacto de Puntofijo. Luego de conquistar la democracia, sus firmantes se proponen la tarea de conservarla.[75]

Pero estos avances contrastarán con las ideas de Tinoco, con lo substancial y transversal de su pensamiento económico y político recogido en la *Carta Económica de Mérida*, porque estos gobiernos se

---

[75] Caballero, Manuel, "El pensar venezolano en el siglo XX. Siete documentos", **Suma del pensar venezolano**. Política. Con la vista puesta en el presente, Asdrúbal Baptista (Editor), Fundación Empresas Polar, Caracas, 2015, p.9.

centrarán en el desarrollo de una economía rentista y redistributiva, lo que hizo caer la producción y desequilibró el factor externo de la economía.[76] En efecto, el Plan de Barranquilla (1931) y Pacto de Puntofijo (1958) eran documentos políticos. El de Barranquilla (suscrito en la trastienda de una frutería por Raúl Leoni, Rómulo Betancourt, Valmore Rodríguez y Ricardo Montilla, que fundan el ARDI-Acción Revolucionaria de Izquierda y se proclaman *sotto voce* comunistas, que luego fundarán Acción Democrática), es uno de los primeros documentos de la modernidad que define -desde el materialismo histórico y el marxismo- una Venezuela moderna, democrática y atenta a la emergencia y a la solución de los problemas sociales, como se llama en una fórmula global a la aparición de la clase obrera, a su explotación y la de los campesinos.[77]

El de Puntofijo, por su parte, se trata de un pacto de gobernabilidad que presentó un frente único contra el golpismo. Ante la amenaza militar postulaba el primado del poder civil sobre el militar. Suscrito inicialmente por Copei (Rafael Caldera), AD (Rómulo Betancourt) y Unión Republicana Democrática (Jóvito Villalba). Este último se retiró de la coalición pero sin dejar de apoyar la institucionalidad. No obstante, el Pacto siguió respetándose a cabalidad por los firmantes. Pretendía "… transformar a Venezuela en un país moderno con instituciones fuertes, elecciones libres, desarrollo económico basado en una fuerte intervención estatal y 'ese estado social armónico' que se venía proclamando desde 1928, con el acento puesto en la educación, la salud pública y la seguridad social".[78]

El Plan de Barranquilla (1931) y especialmente el Pacto de Puntofijo (1958), permitieron abrir el camino a la más larga sucesión de gobiernos civiles y democráticos en toda la historia de Venezuela. Sin embargo, para deslastrase del "capitalismo extranjero", "la casta latifundista-caudillista" o del "militarismo golpista" no pusieron atención a lo económico, como sí lo hizo la *Carta Económica de Mérida*.

---

[76] Carta Económica de Mérida, Tesis fundamental de los sectores empresariales para el desarrollo económico, XVIII Asamblea Anual de Fedecámaras, Mérida (Edo. Mérida), 1962.

[77] Caballero, Manuel, "El pensar venezolano en el siglo XX. Siete documentos políticos", **Suma del pensar venezolano**. Política. Con la vista en el presente,Libro2, Editor Asdrúbal Batista, Fundación Empresas Polar, Caracas, 2015, p.p.5,6 y 17.

[78] *Ibidem*, p.62.

No obstante, el Plan de Barranquilla (1931) como el Pacto de Puntofijo (1958), son documentos políticos que aceptan y promueven una fuerte presencia del Estado, promueven el intervencionismo, el asistencialismo, en fin, el desarrollo económico basado en una fuerte intervención estatal, de lo que denominan 'estado social armónico'. Esta "concepción puede apreciarse en los primeros programas y plataformas doctrinarias de AD, Copei, URD y, posteriormente del MEP, el MAS y demás agrupaciones que desempeñan un papel preponderante en la vida política nacional. El Estado es visto como la panacea que debe poseerse para derrotar la pobreza, reducir los desequilibrios sociales, fomentar la equidad y promover una calidad de vida que permita a la mayoría disfrutar de los beneficios de la riqueza nacional, representada, en el caso específico de Venezuela, por el petróleo".[79]

Como señala Trino Márquez "…el estatismo es una distorsión que permea al conjunto de la sociedad, no solo a los partidos y a los ideólogos de las teorías intervencionistas. La construcción de una economía de mercado, y un Estado y una sociedad liberales, será el resultado de un cambio radical en la forma como el país se relaciona con la actividad petrolera".[80]

La fuerte presencia del rentismo-estatismo en Venezuela ha sido terreno fértil para el "estado social armónico". Por lo que parece razonable pensar que el liberalismo se haya encontrado con un terreno muy árido. "Los liberales han sido pocos y atacados. El estatismo ha dominado la esfera política e intelectual del país. La mentalidad estatista encuentra su origen en el hecho de que, en la práctica, el Estado es el dueño del petróleo y su único administrador. Los partidos políticos asumieron sin ningún cuestionamiento esta visión. El proyecto estratégico de los partidos ha consistido en la captura del Estado para controlar la renta petrolera y construir el Estado de bienestar o Estado social".[81]

Se habla incluso de que esas ideas que permitieron el surgimiento de la Venezuela moderna (Plan de Barranquilla), "se enquistaron

---


[79]  Márquez, Trino, "El árido camino del liberalismo económico en Venezuela: el estatismo de los partidos", *La experiencia liberal en Venezuela*. Contribuciones para interpretar y promover una sociedad liberal, Edición aniversario, Compilador: Óscar Vallés, Centro de Divulgación del Conocimiento Económico(CEDICE), Caracas, 2020, p.138.

[80]  *Ibidem.*

[81]  *Ibidem*, p.p. 142.143.

en la conciencia colectiva de la nación, generando una cultura económica de izquierda que hoy nos impide acceder a un nivel superior de modernidad".[82]

El socialcristianismo venezolano se concibió a sí mismo como revolucionario y no violento. Su meta era el cambio de la realidad social venezolana de manera progresiva ("por la Justicia social en una Venezuela mejor"): Copei aspira a una honda reforma para dar a las clases desposeídas un grado humano de bienestar y de seguridad social [… y] propicia la solidaridad y armonía entre las clases y grupos sociales mediante el reconocimiento de los derechos de cada uno y la sujeción de todos a las superiores exigencias de la Justicia Social y del bien común.[83] Mientras que Acción Democrática, fundado como un partido de izquierda en 1941, sigue proponiendo "Defender los intereses de los trabajadores y luchar por el triunfo de los postulados de justicia social que propugna el Partido".[84]

Tanto había calado la doctrina sobre el intervencionismo y asistencialismo que Luis A. Pietri, Contralor General de la República a propósito de un Foro en "El Nacional" en 1968 y con ocasión de cumplirse 10 años ocupando ese puesto, al ser interrogado por el periodista sobre el ¿socialismo o comunismo?, dijo: "Estamos evolucionando. Las medidas de intervención del Estado en la economía del país demuestran que en algunos casos hay notoria tendencia hacia el socialismo (…) Es indiscutible que el socialismo preconiza la intervención del Estado y personalmente considero que hay veces en que esta intervención es necesaria, siempre que se conciba dentro de la Constitución y las leyes…y a favor de la nación y del pueblos".[85]

---


[82]  Gómez, Emeterio, "Algunos trazos del pensamiento económico de Rómulo Betancourt, **Rómulo Betancourt: Historia y Contemporaneidad**, Editorial Fundación Rómulo Betancourt, Caracas, 1989, p.269.

[83]  COPEI (1948): "Programa del partido aprobado en la III Convención Nacional", en COPEI (1987): "Congreso Ideológico Nacional para la Democracia Nueva: Documentos fundamentales". Caracas, Secretaría Nacional de Formación y Doctrina, p. 9.

[84]  Estatutos sancionados por el Comité Directivo Nacional, efectuado el 05 de Febrero de 1996, Secretaría Nacional de Organización, Acción Democrática.

[85]  Vid. "Foro" por Luis Serrano Reyes, "El Nacional", publicado en **Control Fiscal y tecnificación administrativa**, N° 47, enero, febrero, marzo, Contraloría General de la República, Caracas, 1968.

El germen de la justicia social, del asistencialismo y del estatismo estuvo presente invariablemente en los programas de los partidos políticos y, por ende, en los gobiernos del período democrático. Luego de 1999 asumió dimensiones absurdas, aberrantes. Como señala Gil-Contreras "detrás de la retórica de dar justicia social e imponer la igualdad, se impone la ambición desenfrenada de los jefes del partido y sus familiares; la corruptela de las magistraturas; la violación de los acuerdos internacionales; la manipulación de los procesos electorales y la destrucción material y moral de la nación; y, por ende, el castigo inmoral e ilegal a la disidencia y desobediencia civil".[86]

Como señala Hayek, el principal efecto adverso de la "Justicia Social" en nuestra sociedad es que impide a los individuos lograr su potencialidad, dado que son privados de los medios para seguir invirtiendo. Esto constituye también la aplicación de un principio incongruente a una civilización cuya productividad es alta, porque los ingresos están distribuidos muy desigualmente y, por ello, el uso de recursos escasos es dirigido y limitado hacia lo que produce un mayor retorno. Gracias a esta distribución desigual, los pobres reciben en una economía de mercado competitivo más de lo que obtendrían en un sistema centralmente dirigido.[87]

Al contrario del Plan de Barranquilla (1931), del Pacto de Puntofijo (1958) y de los programas de los partidos políticos de la democracia (AD, COPEI, URD, MEP, MAS y otros), la *Carta Económica de Mérida* –que también es un documento de contenido político- precisa que no puede haber progreso social sin realismo económico, porque el *Desarrollo Económico* constituye la única fórmula verdadera de progreso para toda la colectividad. Postula, entre otras cosas, la libertad de

---

[86]   Gil-Contreras, Douglas, "La herencia de la libertad: Liberalismo y desobediencia civil en Venezuela", *La experiencia liberal en Venezuela. Contribuciones para interpretar y promover una sociedad liberal*, Edición aniversario, Compilador: Óscar Vallés, Centro de Divulgación del Conocimiento Económico(CEDICE), Caracas, 2020, p.269.

[87]   Hayek, Friedrich, "El atavismo de la justicia social", *Procesos de mercado: revista europea de economía política*, ISSN 1697-6797, Vol. 9, N°. 2, 2012, págs. 415-430, Este ensayo, originalmente, correspondió a The 9th R.C. Mills Memorial Lecture dictada en la Universidad de Sydney el 6 de octubre de 1976. Una versión revisada de ella fue incluida en el libro de Hayek, New Studies in Philosophy, Politics, Economics and the History of Ideas (Chicago: University of Chicago Press, 1978) p.192.

iniciativa y de empresa, el libre funcionamiento del mercado, el ahorro y el estímulo de la inversión nacional y extranjera, la revisión de la función del Estado en el sector productor de bienes y servicios, la necesidad de equilibrar el presupuesto, y de reorientar el gasto público hacia fines productivos, de crear un clima de seguridad y estabilidad fiscal y un sistema impositivo que estimule el desarrollo económico.

La *Carta Económica de Mérida* advierte que "no existe tampoco en el país una excesiva concentración de riqueza. El sector más desarrollado de nuestra economía, el petrolero, está fuertemente gravado, recibiendo el Estado aproximadamente el 70 % de sus beneficios. La cifra total pagada por impuestos sobre la renta por el sector privado nacional, excluyendo las empresas petrolera y minera, es inferior al 10 % del monto total de nuestro presupuesto de gastos públicos, lo que demuestra, a las claras, que

no es a través de una política de redistribución del ingreso nacional, por medio del impuesto sobre la renta, como se puede llevar a cabo en Venezuela la reforma social".

En el documento se postula la necesidad de eliminar la dependencia en exceso de un solo producto, el petróleo, porque nuestra industria fundamental para ese momento no generaba empleo. La condición de país mono-productor nos hace pender del hilo de la coyuntura económica y geopolítica, porque carecemos de una diversidad de producción y de exportación que genere verdadera estabilidad económica. Se precisa que cuando se aumenta la productividad de los hidrocarburos, esos excedentes no se quedan en el país sino que son exportados y benefician a las economías de los países productores de bienes manufacturados. Sin dudas una llamada de atención para lo que luego será la industria petroquímica y demás derivados del petróleo. Tinoco insistirá en "*Petróleo, factor de desarrollo*" (1973) que la petroquímica es una oportunidad de asociación de capital privado y de traer nuevas tecnologías al país.

En el documento de Mérida se señala que "…es conveniente afirmar que existe en Venezuela, desde hace más de 20 años, la estructura jurídica necesaria para asegurar una adecuada distribución del ingreso nacional. En efecto, tenemos una de las leyes del trabajo más progresista del mundo, un sistema de seguro social, una ley de impuesto sobre la renta de tarifas progresivas y un sistema de reforma agraria. Esta estructura jurídica de la reforma social ha sido pacíficamente aceptada por la colectividad y, salvo algunas excepciones, ha venido funcionando en la práctica".

En las conclusiones de la Carta Económica de Mérida se reconocen las bases del pensamiento de Dr. Tinoco, su idea fuerza más importante, derivada de la experiencia, según la cual no puede haber progreso social en un Estado asistencialista e intervencionista. Si no se procuran las estructuras para el desarrollo económico en libertad, jamás habrá progreso social.

Así, el documento elaborado por una comisión redactora integrada por el Dr.Tinoco, Miguel H. Aular y Marcel Carval apela a las experiencias históricas en Venezuela y en el resto del mundo, para demostrar que no puede haber progreso social sin realismo económico: "Tenemos que fijarnos como objetivo el desarrollo del país y unificar todos los esfuerzos hacia ese fin. Para lograrlo necesitamos que el Gobierno adopte una política definida de desarrollo nacional, subordinando todos sus esfuerzos a este gran objetivo. De lo contrario, continuaremos haciendo esfuerzos dispersos que, en definitiva, nada resuelven, y perderemos quizás la oportunidad histórica de construir un país donde todos los hombres puedan ver con esperanza el futuro".

Otra idea fuerza fundamental que recorre de forma consistente el pensamiento de Tinoco, se ve plasmada en el documento, al insistir en que: "solo a través del desarrollo de nuestra economía lograremos solucionar de una manera real nuestros problemas sociales. El mejor programa de reforma social que se le pueda ofrecer al pueblo de Venezuela, es un programa de *Desarrollo Económico* capaz de crear empleo para nuestros grandes sectores desocupados y de elevar el nivel de bienestar de toda nuestra población".

En definitiva, la Carta Económica de Mérida apela a la realidad, porque: "…no hay acción estatal que sea capaz de igualar la iniciativa y el esfuerzo creador de todos los que integran la colectividad. El libre funcionamiento del mercado, determina cómo han de ser empleados los factores de la producción y es esencial para el funcionamiento y desarrollo de la economía".

Estas ideas serán permanentes, medulares y transversales en el pensamiento de Tinoco, y las tratará de poner en práctica junto a Miguel Rodríguez Fandeo y un equipo económico de primer orden, integrados en el gabinete del segundo Gobierno de Carlos Andrés Pérez, en la etapa que hemos denominado *Momento estelar* a la que nos referiremos, luego de esbozar las ideas de Tinoco a su paso por el Ministerio de Hacienda (1969-1972) en el primer período presidencial de Rafael Caldera.

El desarrollo de las ideas de Tinoco se pone igualmente de manifiesto al final de la década de 1960. Concretamente, en 1969 siendo Ministro de Hacienda, Tinoco presenta su Memoria y Cuenta, señalando que es un error la falta de definición de criterios prioritarios para jerarquizar la acción del Estado. Lamentablemente "se ha dedicado a programas de escasa productividad social un volumen de recursos cuya utilización hubiera sido más eficiente en otros programas que reclamaban mayor atención. Esto nos conduce a considerar la necesidad de evaluar la gestión pública bajo el criterio de que es preferible transferir la acción del Estado de aquellas áreas donde no se

requiere su presencia, para concentrar mayores esfuerzos en aquellos campos donde su participación es decisiva para el desarrollo económico y social y para el mantenimiento del orden jurídico institucional".[88]

En esa oportunidad, Tinoco esbozó a la opinión pública nacional, por intermedio del Congreso de la República, al que califica como su más legítimo representante, "la necesidad de hacer un replanteamiento de la actividad del Estado, donde se definan con mayor precisión las responsabilidades que a él le corresponden en la promoción del desarrollo económico y social del país y donde se establezca la jerarquización de prioridades entre distintos programas gubernamentales. En efecto, hasta el presente una inmensa proporción del esfuerzo nacional en pro del desarrollo del país le ha correspondido al Estado, mientras que el esfuerzo propio de la colectividad no ha sido suficientemente estimulado".[89]

Los ejemplos que en 1969 daba Tinoco sobre la patológica omnipresencia de la actividad del Estado, parecen invariables en el tiempo y, por supuesto, amplificadas exponencialmente estos primeros 20 años del siglo XXI, en que la iniciativa privada y la economía mixta proclamada en las Constituciones de 1999 y 1961, han sido falseadas y aniquiladas con las expropiaciones, las ocupaciones previas, los controles de precio, los controles de cambio y los controles fiscales exorbitantes y selectivos, o la intención de imponer mediante leyes (inconstitucionales y usurpadoras de poder constituyente)[90] una economía socialista, luego de que mediante referéndum popular de 2 de diciembre de 2007, se rechazó la reforma constitucional que pretendía establecer una Constitución Económica Socialista, vaciando de contenido el modelo

---

[88]   *Cfr.* Carrillo Batalla, Tomás Enrique, ***Historia del pensamiento rector de las finanzas públicas***, Tomo V, Academia Nacional de Ciencias Políticas y Sociales, Caracas, 1983, p. 771.

[89]   *Ibidem*, p. 773.

[90]   Vid. al respecto: Ley Orgánica del Sistema Económico Comunal publicada en la Gaceta Oficial No. 6011 extraordinario del 21 de Diciembre de 2010, el Decreto con Rango, Valor y Fuerza de ley para el Fomento y Desarrollo de la Economía Popular,2008, Ley Orgánica del Poder Popular, publicada en la Gaceta Oficial Nº 6.011 Extraordinario de fecha 21 de Diciembre de 2010, la Ley de la Comunas, publicada en Gaceta Oficial Nº 6.011 Extraordinario del 21-12-2010 y la Ley Orgánica de los Consejos Comunales, publicada en la Gaceta Oficial Nº 39.335 de fecha 28 de Diciembre de 2009, entre otras.

constitucional de economía mixta (artículo 299 de la Constitución de 1999), así como el derecho a la libertad económica, la libre iniciativa e inversión privadas y el derecho de propiedad privada, con las nuevas formas de organizaciones socioproductivas, la construcción de la "nueva sociedad" bajo formas de propiedad social comunal, que no prevé el atributo de disposición sino únicamente el uso, el goce y el disfrute por los ciudadanos, a contrapelo de los atributos legales y constitucionales (histórico-sistemáticos) que han caracterizado a la propiedad en Venezuela: el uso, goce y disposición de los bienes.

Advertía Tinoco que para 1969 "...el sector público venezolano atendía gratuitamente "...casi el 90% de la población estudiantil; fomenta la actividad industrial a costa de un considerable sacrificio fiscal, bien sea a través de exoneraciones impositivas, de protecciones arancelarias, o de créditos con bajas tasas de interés; presta servicios gratuitos de salud a quienes los soliciten; construye viviendas o da créditos para la construcción de las mismas que luego no se logran cobrar en muchos casos a los beneficiarios; suministra agua potable y energía eléctrica a precios inferiores a los costos. Es decir, que actúa muy activamente en casi todos los campos de la vida nacional. Esto, debido en gran parte a su condición de administrador de la renta petrolera que ha sido la mayor fuente de riqueza del país".[91]

El Ministro Tinoco da cuenta del análisis de la ejecución presupuestaria durante los cinco años del período constitucional anterior, observando que mientras los ingresos ordinarios crecieron a un ritmo inusual del 4,5%, los gastos corrientes se incrementaron a una tasa anual del 9%, o sea, el doble de aquellos, lo cual originó que en cada año se dispusiera de un menor volumen de financiamiento ordinario para destinarlo a los gastos de inversión.[92]

De allí que Tinoco preocupado por la relación de ingresos ordinarios-gasto corriente, el deterioro del ahorro público y la disminución de la tasa de inversión pública; consciente además de la incapacidad de la tributación interna de compensar rápidamente la disminución de

---

[91]    *Cfr.* Carrillo Batalla, Tomás Enrique, ***Historia del pensamiento rector de las finanzas públicas***, *ob. cit.*, p.p.773.

[92]    *Ibídem*, p.767.

la producción petrolera, hace un esfuerzo ingente por concretar una reforma fiscal y una reforma administrativa, dentro de una política de diálogo nacional, que incluye a las representaciones de Fedecámaras, de la Corporación de Trabajadores de Venezuela, del Consejo de Economía Nacional y a personalidades de la talla de José Joaquín González Gorrondona, Alfredo Lafée y José González Navarro, además de Rodolfo Rojas, Godofredo González, Angel Cervini, Braulio Jatar Dotti, Andrés Boulton, Oscar Machado Zuloaga, Enrique Sánchez, Manuel Acedo Mendoza, Félix Miralles, Mario Pesci Feltri, Dagoberto González, Constantino Quero Morales, Valmore Acevedo, César Casas Rincón, Humberto Peñaloza, José Rafael Mata Rodríguez y Hely Malaret Miranda, entre otros.

En el marco de la *Política de Diálogo* incentivada por el gobierno nacional, Tinoco creó tres Comisiones para instrumentar la *planificación democrática* y hacer efectiva la democracia de participación mediante el diálogo y consenso con todos los sectores. (i) Una Comisión de Presupuestos para asesorar al Ejecutivo Nacional en la elaboración del Proyecto de Ley de Presupuesto, en el estudio de las perspectivas de la situación fiscal y en el control del cumplimiento de las metas y programas previstos para los organismos públicos y empresas del Estado. (ii) Un Comité Central de Puertos para adaptar la organización, funciones y funcionarios portuarios a los requerimientos de las técnicas más modernas y (iii) una Comisión para el estudio del funcionamiento del Mercado de Capitales de Venezuela.

De esta época es la Ley de Mercado de Capitales publicada en Gaceta Oficial el 31 de enero de 1973, cuyo proyecto fue encargado por el Ministro Tinoco a una comisión *ad-honorem* creada mediante Decreto Presidencial N° 41 del 24 de abril de 1969, para el estudio del funcionamiento del mercado de capitales en el país, con la intención de transformar las estructuras financieras existentes para lograr el perfeccionamiento de un mercado de capitales incipiente y tratar de crear un verdadero mercado monetario.[93]

Tinoco que veía el bosque y no solo el árbol, tenía en mente apuntalar el mercado de capitales como forma alternativa de financiamiento

---

[93]  *Ibídem*, p.781.

y de atracción de la inversión extranjera. De allí la necesidad de intensificar y acelerar el desarrollo mediante un mercado de capitales dinámico, advirtiendo que las limitaciones del momento, por su reducida dimensión dificultaba reunir los capitales de riesgo que se requieren para acometer metas industriales más ambiciosas, que habíamos superado la etapa en que los recursos propios del grupo familiar satisfacían suficientemente los requerimientos de capital de la gran empresa moderna y para llegar a ella había que recurrir forzosamente a los ahorros del público inversionista.

Como señala el profesor Brewer el mercado de valores en Venezuela, tanto el mercado primario o de emisión como el mercado secundario o de intercambio de títulos en circulación, y que abarcan el denominado mercado de capitales, no habían sido objeto, hasta 1973, de una regulación relativamente general. El mercado de valores públicos había sido regulado en la Ley Orgánica de la Hacienda Pública Nacional y posteriormente, en la Ley de Crédito Público, el mercado de valores bancarios, había sido regulado por la legislación especial de bancos y otros institutos de crédito y por la Ley del Sistema Nacional de Ahorro y Préstamo; y de resto, el mercado de valores societarios había sido regulado tradicionalmente por el Código de Comercio (emisión de acciones y de obligaciones) donde se regulaban, también, las Bolsas de Comercio. La importancia que venía revistiendo la inversión en valores y el desarrollo de la oferta pública de los mismos, así como el interés del Estado en promover el ahorro público y la democratización de la inversión en sociedades mercantiles, llevaron al legislador a dictar la Ley de Mercado de Capitales...".[94]

Los aspectos fundamentales del Proyecto de Ley de Mercado de Capitales impulsado por Tinoco desde la cartera de Hacienda, se centraban en otorgar incentivos fiscales para el fomento del mercado de capitales y popularizar el capital accionario; crear la Comisión Nacional de Valores y Registro Nacional de Valores con amplias facultades para supervisar la oferta pública de valores; proteger a los accionistas minoritarios con la posibilidad de representación en las juntas directivas de

---

[94] Brewer Carías, A.R., Comentarios a la Ley de Mercado de Capitales" Libro Homenaje a José Melich Orsini, Vol. 1, Facultad de Ciencias Jurídicas y Políticas, Universidad Central de Venezuela Caracas, 1982. p.284.

las sociedades mercantiles; regular la oferta pública de títulos y regular la organización y funcionamiento de las Bolsas de Valores, entre otros.

En la Exposición de Motivos del Anteproyecto de Ley de Mercado de Capitales, se contemplaba que "[d]ebe prestarse especial atención al hecho de que la vigilancia de la Comisión se concreta a los títulos-valores que emitan para ser colocados mediante suscripción pública. El interés general que protege la Comisión Nacional de Valores sólo está comprometido cuando la emitente acude al ahorro público para financiar sus programas y esa situación es la que justifica la intervención de la Comisión. Sin embargo, la dificultad de controlar el hecho mismo de la utilización del ahorro público, obligó a la comisión redactora a suponerla cuando se haga oferta pública de los títulos valores emitidos. De esta manera se traslada el control del hecho de la colocación, de muy difícil vigilancia, al de la oferta pública"

Como parte de su gestión, durante el año 1969 el Ministro Tinoco se encargó de la suscripción de los contratos de crédito con organismos financieros del exterior, como el Banco Internacional de Reconstrucción y Fomento, para sufragar parcialmente la construcción de la Cota Mil (Avenida Boyacá), la ampliación de la Central Hidroeléctrica Guri, ampliación de plantas de fertilizantes, de Urea y de la industria de la petroquímica.

Como era de esperarse, desde el inicio de su gestión como Ministro de Hacienda, es una preocupación central de Tinoco, la vulnerabilidad derivada de la elevada dependencia fiscal del petróleo y la necesidad de recurrir al endeudamiento público. De modo que con la construcción de la Cota Mil, propone el estudio del establecimiento de peajes en la zona metropolitana de Caracas, como forma de paliar el gasto y obtener recursos para el mantenimiento de las arterias viales.

En 1971 el despacho a cargo del Dr. Tinoco presentó al Congreso Nacional, previa tramitación de los estudios económicos ante el Banco Central de Venezuela, los proyectos de ley para financiar la primera etapa del Metro de Caracas, tramo Pro-Patria-La Hoyada, para financiar el Programa de Electrificación Rural y para la construcción de la primera etapa de la autopista Petare-Guatire, entre otras.

Además, Tinoco impulsó la creación de la Zona Franca de Margarita mediante Resolución del 8 de septiembre de 1971, que permitía la compra de bienes no gravados con aranceles de aduanas, para contribuir a desarrollar las nuevas actividades económicas de la isla y complementar los atractivos turísticos de la región. Esta medida generó resultados muy satisfactorios, con el otorgamiento de licencias de operaciones, creación de puestos de trabajo y el incentivo tributario para que en el primer año visitaran la isla 43.664 turistas.

Al Dr. Tinoco se le debe la creación de la Escuela Nacional de Hacienda (1970), con la fusión de la Escuela de Aduanas y la División de Adiestramiento; consciente como estaba de la necesidad de formar técnicos de todos los niveles que contribuyan a la elevación de la eficacia en la recaudación y administración de los recursos públicos.

En el primer año se diseñó un programa de estudios con las especializaciones técnicas de las diferentes direcciones del Ministerio, se promovieron seminarios y conferencias con la participación de expertos y de otros organismos públicos, así como acuerdos concertados con entidades públicas internacionales para la formación de los funcionarios.

Así mismo, desde el punto de vista organizativo, la modificación más importante impulsada por Tinoco en el despacho de Hacienda, fue la creación de la Dirección General de Finanzas Públicas, la Dirección General de Servicios y la Dirección General de Rentas. Esta última con la misión de planificar los flujos fiscales en un contexto regionalizado, que garantice la eficaz y oportuna percepción de la más alta recaudación, supervisando la Administración General del Impuesto sobre la renta. Se creó, a cargo de la Dirección General de Servicios el Centro Electrónico de Procesamiento de Datos, una unidad para controlar la alta evasión fiscal.

Tinoco crea la Coordinación Nacional de Fiscalización (1970), con una unidad central programadora del control fiscal y unidades regionales ejecutoras de las medidas y normas generadas por la oficina principal-muy similar a la estructura actual del Servicio Nacional de Administración Aduanera y Tributaria (SENIAT)-, lo que permitió la normalización de las políticas, métodos y sistemas de control. Se ejecutó la denominada "Operación Blanqueo" destinada a la localización de contribuyentes potenciales y control de declaraciones y retenciones.

En el ejercicio correspondiente a 1970 el Ejecutivo Nacional, por medio del Ministerio a cargo del Dr. Tinoco, presentó un programa de modificaciones impositivas destinado a equilibrar las finanzas públicas, ampliar la base tributaria, dar mayor flexibilidad al sistema impositivo y disminuir su dependencia del sector externo. Se contemplaba -por primera vez que se tenga noticia- la creación de un impuesto general sobre ventas de consumo final, con carácter progresivo, que gravaría con un 3 % las ventas de bienes y 15 % del valor de los bienes suntuarios, dejándose exentos los bienes de consumo básico de la población. Además, Tinoco propone una modificación puntual de la Ley de Impuesto sobre la Renta para aumentar la recaudación y medidas complementarias para incentivar la actividad económica mediante la exoneración a las exportaciones y a los diversos aspectos de la industria del turismo.[95]

---

[95] *Cfr.* Carrillo Batalla, Tomás Enrique, **Historia del pensamiento rector de las finanzas públicas**, *ob. cit.*, p.p.777-779.

La propuesta de Tinoco de la creación de un impuesto general sobre ventas de consumo final y una modificación puntual de la Ley de Impuesto sobre la Renta, se complementaba con el aumento sobre los impuestos sobre cigarrillos y alcoholes, el aumento de los aranceles al whisky y de la tasa *ad-valorem* para la carga aérea, así como el aumento de cinco céntimos el precio final del litro de gasolina de alto octanaje. Además, se sugerían una serie de nuevas modalidades y procedimientos destinados a facilitar la recaudación y a darle un mayor grado de tecnicismo a la administración impositiva.

En esa ocasión puntualizaba Tinoco que el criterio de la administración financiera fue incrementar la tributación interna para cubrir íntegramente tanto los gastos corrientes como de inversión. El Ejecutivo Nacional presentó una solución al problema deficitario que progresivamente ha venido confrontando las finanzas públicas venezolanas, como consecuencia de la continua expansión de los programas de desarrollo social, de la necesidad de incrementar la provisión de servicios públicos básicos y de las periódicas demandas de mayores remuneraciones por parte de los funcionarios públicos.[96]

Sin embargo, dentro de la tradición propia del *rentismo petrolero*, el programa impositivo presentado por Tinoco fue diferido por el Congreso Nacional que ignoró su reforma fiscal y administrativa integral y decidió aprobar una reforma parcial de la Ley de Impuesto sobre la Renta, aumentando la carga tributaria que grava a las empresas petroleras y mineras. Estos recursos derivados de la reforma permitieron al Ejecutivo equilibrar el presupuesto para 1971,[97] pero dejaron un muy mal sabor de boca a Tinoco empeñado en diversificar las fuentes de ingreso y "reorientar el gasto público para que tenga efectos más inmediatos sobre el desarrollo económico y social del país".[98]

Como lo describe muy elocuentemente Hernández Delfino "[c]uando en 1969 asume la presidencia el Dr. Rafael Caldera, se conjugan el saldo negativo de las transacciones corrientes externas y el déficit en las cuentas fiscales. Se acentúan las condiciones adversas que habrían de interrumpir el crecimiento registrado durante décadas: por

---

[96]    *Ibidem.*

[97]    *Ibidem.*

[98]    *Ibidem*, p.770.

un lado, se contrae el valor de las exportaciones de hidrocarburos y, por el otro, el modelo de crecimiento basado en la sustitución de importaciones revela síntomas de agotamiento. Se desacelera el crecimiento económico, aumenta el desempleo mientras que la elevada propensión a importar y la asincronía entre el crecimiento de los ingresos ordinarios y el de los gastos corrientes del Gobierno, asumen un carácter estructural. Frente a estas perturbaciones la respuesta política fue la de elevar la dependencia fiscal del petróleo y recurrir al endeudamiento público, y no la de acometer una reforma fiscal y administrativa integral, conforme a lo propuesto por el Despacho de Hacienda, cuando ocupaba esa cartera el Dr. Pedro Tinoco, hijo".[99]

Aquí la conclusión se hace evidente. De la mano de la Carta Económica de Mérida (1962) y de las memorias y cuentas correspondientes a los ejercicios anuales 1969-1972 del Ministro Tinoco. Cada día se hace más clara la imposibilidad del Estado para hacer frente a las necesidades colectivas porque los recursos disponibles son finitos, haciendo necesario que aumente la participación privada en el desarrollo del país y se logre que cada ciudadano cumpla con la responsabilidad que le corresponde en el desarrollo.[100]

Esto exige como lo describe Tinoco con precisión quirúrgica: "...ampliar la base tributable al expandirse la actividad económica y lograr que todos los que deben ser contribuyentes cumplan sus obligaciones tributarias; alcanzar un mejor cumplimiento de las obligaciones financieras con los organismos públicos; y contemplar también el pago de algunos servicios gubernamentales que actualmente se prestan gratuitamente, aunque este pago fuera selectivo de acuerdo a las posibilidades económicas de los beneficiarios, etc. Complementaría esta acción el estímulo a las iniciativas privadas para aprovechar todo el potencial del país en su propio beneficio y para su propio progreso, incrementándose simultáneamente el producto territorial y el ingreso fiscal".[101]

---

[99] Hernández Delfino, Carlos, *Economía y finanzas en la Venezuela democrática: la ruta del endeudamiento público*, Venezuela: República Democrática, Grupo Jirahara, Barquisimeto, 2011, pp. 503-556.

[100] Carrillo Batalla, Tomás Enrique, *Historia del pensamiento rector de las finanzas públicas*, *ob. cit.*, p.773 y 774.

[101] *Ibidem.*

Incluso, quienes señalan que el Estado de Bienestar constituye "…el grandioso e históricamente único intento por renunciar a esta forma de resolución de problemas sin desembarazarse de ellos, no ocultan que esta receta resulta demasiado cara, crea burocracia como la consecuencia directa de las crecientes prestaciones, promueve tendencias inflacionistas, que luego lo vuelven a arruinar".[102]

En fin, Tinoco plantea que con el desarrollo de la economía lograremos solucionar de una manera real nuestros problemas sociales. La contundencia del mensaje retumbará pero con muy poco eco en los sectores políticos, sociales e intelectuales y en los medios de comunicación que, anquilosados al rentismo petrolero, seguían viendo al pasado por el retrovisor y no vieron el árbol ni anticiparon el desastre, porque no quisieron ver el más que conveniente y oportuno *VIII Plan de la Nación"*, "El Gran Viraje"(1989-1992). Esta etapa la hemos denominado el *Momento estelar* del pensamiento de Tinoco, tiempo en el que se pretendió poner en práctica aquella idea de la Carta Económica de Mérida que postulaba que un programa de desarrollo económico capaz de crear empleo y de elevar el nivel de vida de la población, es el más eficaz programa de reforma social.

### c. Momento estelar

Finalmente, Pedro Tinoco vivió un momento estelar de concreción de su pensamiento, al intentar sintetizar sus ideas en la ejecución del *"VIII Plan de la Nación"*, denominado "El Gran Viraje"(1989-1992), junto a Miguel Rodríguez Fandeo y un equipo económico de primer orden, que integraba el gabinete del segundo Gobierno de Carlos Andrés Pérez ("CAP II")[103], en un momento en que el país padecía el

---

[102]  Luhmann, Niklas, ***Teoría política en el Estado de Bienestar***, versión española e introducción de Fernando Vallespín, Alianza Editorial. Madrid, 1981, p.158.

[103]  Como señala Arráiz Lucca, las reformas fueron coordinadas por el Ministro de Cordiplan Miguel Rodríguez Fandeo, con la asesoría de un veterano en estas lides: el presidente del Banco Central de Venezuela designado por Pérez: Pedro Tinoco. Además, el equipo de gobierno estaba integrado por el Ministro de Fomento, Moisés Naím, la Ministra de Hacienda, Egleé Iturbe de Blanco, el Ministro de la Secretaria de la Presidencia de la República, Reinaldo Figueredo Planchart, el presidente del Instituto de Comercio Exterior, Miguel Rodríguez Mendoza, y los otros integrantes del Gabinete Económico y Social presidido directamente por Pérez y Coordinado por Nelson Ortíz en la Secretaría: Leopoldo Sucre

agotamiento del modelo de desarrollo que rigió por más de tres décadas, en las que se obtuvieron grandes logros para la población, pero se acumularon graves problemas en todos los ámbitos.

En esta ocasión el Dr. Tinoco fue nombrado Presidente del Banco Central de Venezuela. Trabajó en los lineamientos macros asesorando al coordinador del programa, Miguel Rodríguez Fandeo, encabezó la

---

Figarella (CVG), Marisela Padrón (Ministro del Trabajo), Eduardo Quintero (presidente del FIV), Gustavo Roosen (Ministro de Educación). Por otra parte, estaban los equipos que acompañaban a Rodríguez en Cordiplan y a Tinoco en el BCV, y materializaban las políticas decididas en el Gabinete Económico, integrados por Cecilia Garmendia (luego sustituida por Pedro Rosas Bravo), Fernando Martínez Móttola, Roberto Smith Perera, Alí Johnston y Nelson Ortíz en Comisión de Servicios del BCV en el primero, y en el BCV, donde Tinoco trabajó con el personal de carrera altamente calificado que tenía el banco. Formaban parte de la estructura administrativa del BCV José Vicente Rodríguez Aznar (Primer Vice-presidente), Omar Bello Rodríguez (Segundo Vice-presidente), Pedro Rosas Bravo (Vice-presidente de Estudios), Carlos Hernández Delfino (Vice-presidente de Operaciones Internacionales), pero de inmediato fue enviado al Ministerio de Hacienda como Director de Finanzas Públicas, y fue sustituido en la Vice-presidencia por Victoria Hurtado de Manzano, quien hacía carrera en la institución desde hacía años". Arráiz Lucca, Rafael, *Pedro Tinoco: epicentro y cambio*, Prólogo: Humberto Romero-Muci, Academia de Ciencias Políticas y Sociales, Caracas, 2021,p.p.116-117.

Reforma Financiera que formaba parte esencial del cambio macroeconómico e integró la Comisión Renegociadora de la Deuda Externa.

El VIII Plan de la Nación aplicó básicamente un conjunto de transformaciones en el modelo de desarrollo, haciendo énfasis en la competitividad, el papel del Estado, una nueva política social y un conjunto de cambios institucionales. El nuevo rol del Estado pretendía ser más promotor y menos interventor, incorporando a la sociedad civil en la concertación de la política social para procurar la eficacia en la prestación de los servicios públicos básicos. Es por ello que se promovió una democracia participativa, así como la racionalización y descentralización del poder político como estrategia de la política social.

La idea de la participación democrática en la gestión gubernamental no era nueva para el Dr. Tinoco, que la había implementado en el ámbito financiero cuando, siendo ministro de Hacienda (1969-1972), creó las Comisiones de presupuesto, de puertos y de mercado de valores, integradas por miembros de la CTV, Fedecamaras, el Consejo de Economía Nacional y expertos de la sociedad civil, en el marco de la *Política de Diálogo* incentivada por el gobierno nacional, para hacer efectiva la participación y planificación democrática mediante la integración de amplios sectores de la vida del país.

"El Gran Viraje" postulaba la política fiscal de equilibrio que se fundamenta en la promoción del sector privado como motor del crecimiento, actuando sobre los ingresos públicos con la creación de nuevas fuentes de ingreso para disminuir la dependencia de la renta petrolera y la reestructuración del gasto público, concentrándose en el gasto de inversión.

Como precisa Emeterio Gómez, el gobierno de CAP II puso en práctica un programa económico que intentó ir mucho más allá del simple

"ajuste" y de la estabilización de la economía; un programa que supuso un profundo cambio estructural de nuestra sociedad y cuya característica esencial, fue la creación en Venezuela de una economía competitiva, no sólo en su interior, sino fundamentalmente competitiva en los mercados externos".[104]

En efecto, el programa económico pretendía además eliminar el déficit fiscal y reformar el Estado, sobre todo en lo concerniente a la privatización o reestructuración de sus numerosísimas empresas, para que éstas pasaran a ser rentables y dejaren de producir cuantiosas pérdidas, ...que el peso fundamental de la inversión pase al sector privado, nacional o extranjero y que el criterio básico sobre el cual se organice la actividad económica, pública o privada, sea el de la rentabilidad.[105]

Sin embargo, como advirtiera Gómez la profundidad de los cambios estructurales que se pretendían producir en la economía venezolana y las consecuencias que ellos tendrían para la sociedad en su conjunto, para la cultura, la ética, el Derecho y aun la política, son tales, que difícilmente podían ser enmarcados en la Constitución de 1961, agregando que lo que está en juego es "...la forma de constituirse la sociedad, hasta sus cimientos más profundos, ...y, en consecuencia -si el proceso tiene finalmente éxito-, el documento que pretenda regirlo debería también reflejarlo",[106] rematando que nada de ello implica, por supuesto, que el ajuste estructural no vaya a poder realizarse si no se modifica la Constitución".[107]

Sobre este período encontramos una muy completa explicación en la obra de Pedro Palma que señala: "a finales de 1988, después de seis años de control cambiario, la economía sufría grandes problemas. Además del desequilibrio fiscal, la congelación de las tasas de interés a niveles artificialmente bajos y divorciados de la realidad inflacionaria se tradujo en una sobredemanda de créditos y en dificultades crecientes para la banca de captar depósitos del público, generando ello un

---

[104] Gómez, Emeterio, La Constitución de 1961 y la creación de una economía competitiva, **Revista de la Facultad de Ciencias Jurídicas y Políticas de la Universidad Central de Venezuela**, Universidad Central de Venezuela, Facultad de Ciencias Jurídicas y Políticas, N° 88, Caracas, 1993, pp. 49-64.

[105] *Ibidem.*

[106] *Ibidem.*

[107] *Ibidem.*

desequilibrio en el mercado financiero y monetario. Adicionalmente, la estabilización de las exportaciones petroleras, combinada con las crecientes importaciones debido al mayor nivel de actividad económica y a la sobrevaluación de la moneda, generó déficits crecientes de la cuenta corriente y una pérdida sostenida e intensa de reservas internacionales. Todo lo anterior creó una situación insostenible que exigía la aplicación de un plan de ajuste orientado a corregir los profundos desequilibrios existentes. Eso hizo que a comienzos de 1989 la administración entrante, encabezada por Carlos Andrés Pérez, implantara un plan de ajuste, eliminando el control de cambios y unificando la tasa cambiaria a los niveles prevalecientes en el mercado paralelo, implicando una devaluación del bolívar muy intensa. Adicionalmente, se comenzaron a sincerar las tarifas de los servicios públicos y los precios de varios productos básicos como la gasolina, y se firmó una carta de intención con el Fondo Monetario Internacional con su consiguiente condicionamiento. La implementación de ese plan de ajuste fue traumática…".[108]

Pero el mismo Pedro Palma reconoce que "[e]n 1989 Venezuela ha tenido que enfrentar una de las situaciones más difíciles de su historia económica reciente. La política de ajuste que se ha implantado con el fin de corregir los severos desequilibrios y problemas causados por la última crisis busca el saneamiento de la economía, pero el logro de este objetivo será difícil y traumático. Sin entrar a evaluar dicha política (ver Palma y Fontiveros, 1989), creemos que, independientemente de a quién le hubiera tocado manejar los destinos del país desde febrero de 1989, el gobierno entrante tenía que aplicar con carácter prioritario e impostergable un ajuste económico que tuviera como objetivo aquellos correctivos. Esta es una condición necesaria para que ulteriormente se pueda implantar con éxito una política económica racional, coherente, y con objetivos claros a lograr, no sólo en el corto plazo, sino también en el mediano y largo plazo, en línea con las reiteradas proposiciones que se han hecho en el pasado…".[109]

---

[108] Palma, Pedro, "Riesgos y consecuencias de las economías rentistas: El caso de Venezuela", **Revista Problemas del Desarrollo**, 165 (42), abril-junio 2011, p.p.35-59.

[109] Palma, Pedro, "La economía venezolana en el periodo (1974-1988): ¿últimos años de una economía rentista?", *separata del libro* **Venezuela Contemporánea (1974-1989),** Fundación Eugenio Mendoza, Caracas, 1989, pp. 157-248.

No obstante, Palma fue uno de los firmantes de la "Carta de los Notables" del 10 de agosto de 1990 dirigida a Carlos Andrés Pérez; a los senadores y diputados al Congreso Nacional y a los partidos políticos representados en el Congreso por un grupo de intelectuales y académicos,[110] que se presenta como una iniciativa que no constituye una agrupación política, ni siquiera un grupo de acción cívica, sino un fortuito conjunto de venezolanos que han creído necesario denunciar, *inter alía*, *"…la necesidad de introducir reformas sustanciales en el funcionamiento del Estado y de sus órganos, hacer más eficaz y responsable la administración pública, pasar de una ecónoma y una sociedad subsidiadas por la renta petrolera a otras distintas, más sanas, estables y progresistas, …y lograr una ecónoma productiva para una sociedad más libre, más justa, más segura de sí misma", "Serán necesarios reducir y adecuar el número de ministerios a los grandes sectores fundamentales de la administración, llevar adelante la descentralización de la administración pública, desembarazar al Estado de su ineficiente y costoso papel de empresario fracasado y ruinoso, reemplazar eficazmente el capitalismo de Estado por una ecónoma más libre, más competitiva y más productiva".*

El mismo Pedro Palma señalaba unos meses antes que "… independientemente de a quién le hubiera tocado manejar los destinos del país desde febrero de 1989, el gobierno entrante tenía que aplicar con carácter prioritario e impostergable un ajuste económico que tuviera como objetivo aquellos correctivos". Esto último y lo descrito en la Carta de los Notables era justamente lo que se pretendía con el *VIII Plan de la Nación"*(1989-1992), desmontar el *capitalismo de Estado* promoviendo al sector privado como motor del crecimiento, actuando sobre los ingresos públicos con la creación de nuevas fuentes de ingreso para disminuir la dependencia de la renta petrolera y la reestructuración

---

[110] La Carta fue suscrita por Arturo Luis Berti, Alfredo Boulton, Miguel Ángel Burelli Rivas, María Teresa Castillo, Jacinto Convit, Tulio Chiossone, José Román Duque Sánchez, Arnoldo Gabaldón, Ignacio Iribarren, Eloy Lares Martínez, Ernesto Mayz Vallenilla, Domingo F. Maza Zavala, José Melich Orsini, Hernan Méndez Castellanos, Pastor Oropeza, Pedro A. Palma, Rafael Pizani, Carlos Guillermo Rangel, José Vicente Rangel, Alfonzo Ravard, Elías Rodríguez Azprua, Isabelia Sequera Segnini, José Santos Urriola, Arturo Uslar Pietri, Martín Vega.

del gasto público, concentrándose en el gasto de inversión. Se intentaba construir una economía abierta, competitiva y diversificada y por esa vía procurar la equidad social.

Por su parte, Emeterio Gómez no se ahorra las advertencias a este respecto, señalando el peligro de que el Estado incremente desproporcionadamente el gasto público. No es fácil la creación de una economía competitiva, con un Estado capaz de garantizar la rentabilidad y el libre juego de la oferta y la demanda, aún para sus propias empresas, máxime cuando en el *VIII Plan de la Nación"* (1989-1992) se pretendía erradicar una economía fuertemente protegida bajo el modelo de la sustitución de importaciones y el crecimiento hacia dentro y pasar a otra cuyas empresas se vean obligadas a competir tanto entre ellas mismas como con las importaciones. "A partir de una economía "redistribucionista", cuyo eje central era el reparto de los ingresos petroleros, se intenta construir otra alrededor de ideas como producción, productividad y rentabilidad; de una sociedad centrada en el consumo de una riqueza fundamental ya existente, el petróleo, se pretende hacer surgir otra, orientada a la creación de nuevas riquezas. De un sistema de precios, tanto de los bienes finales como de los factores productivos, fuertemente regulado y controlado por el Estado, deberá emerger otro, de precios liberados, constituido a partir de la relación entre la oferta y la demanda".[111]

He allí la complejidad inherente al *VIII Plan de la Nación*: erradicar una economía fuertemente protegida, a partir de una economía "redistribucionista", cuyo eje central era el reparto de los ingresos petroleros. La economía venezolana fue históricamente identificada como "rentista". Este término resume su condición de dependencia de la renta generada por la actividad petrolera. "El Estado, como único dueño de las riquezas del subsuelo, ha percibido ingentes recursos de la explotación de los hidrocarburos a través del cobro de impuestos y otros gravámenes, particularmente en los años en los que se han producido abruptos aumentos de los precios de exportación, lo que ha permitido la implementación de políticas de gasto ampliamente expansivas, con

---

[111] Gómez, Emeterio, La Constitución de 1961 y la creación de una economía competitiva, ***Revista de la Facultad de Ciencias Jurídicas y Políticas de la Universidad Central de Venezuela***, Universidad Central de Venezuela, Facultad de Ciencias Jurídicas y Políticas, N° 88, Caracas, 1993, pp. 49-64.

importantes repercusiones en la economía interna. Esto ha llevado a la conformación de una estructura económica conocida como capitalismo rentístico (ver Baptista, 1989 y 2005 y Palma, 1989)".[112]

Uno de los objetivos centrales de esa nueva política - el *"VIII Plan de la Nación"*, "El Gran Viraje", a decir de Palma, tenía que ser la abolición definitiva del carácter fundamentalmente rentista de la economía venezolana. Si bien la renta petrolera seguiría teniendo por muchos años una importancia primordial, es necesario tomar conciencia de que lo que hay que buscar es la optimización en el uso de esos aún abundantes recursos".[113]

Por su parte, Carlos Hernández Delfino precisa que "…las políticas económicas iniciadas en 1989 dejaban atrás una economía controlada y restringida en sus manifestaciones de mercado más elementales; una economía protegida, beneficiaria de una renta generada en el exterior, y distorsionada por una excesiva injerencia del Estado en los asuntos económicos. Se intentaba construir una economía contributiva, abierta, competitiva y diversificada, con crecimiento equilibrado y equidad social. Las restricciones, resistencias y riesgos asociados a este proceso pueden no haber sido apropiadamente anticipados y evaluados, por lo que quizás no se percibió en toda su magnitud, la estricta necesidad de dotar este esfuerzo de una base de apoyo político y social más amplia".[114]

Coincidimos con Hernández Delfino en que las resistencias a los cambios, la defensa de parcelas de poder, el escepticismo y la incomprensión jugaron un papel determinante. Pero a pesar de las tensiones políticas, militares y sociales de 1992, en diciembre, fue promulgada la Ley del Banco Central de Venezuela, que consagraba su autonomía formal y efectiva y fue designado el primer directorio independiente del instituto conforme a las previsiones de la nueva ley. No obstante, la acción concurrente de tan variados elementos desestabilizadores, la

---

[112] Palma, Pedro, "Riesgos y consecuencias de las economías rentistas: El caso de Venezuela", **Revista Problemas del Desarrollo**, 165 (42), abril-junio 2011, p.p.37

[113] *Ibidem.*

[114] Hernández Delfino, Carlos, **La economía venezolana: un ensayo para Jirahara** *Grupo Jirahara: veinte encuentros por Venezuela*, Asociación Civil Grupo Jirahara, Barquisimeto, estado Lara, Editorial Arte, S. A., Caracas, Venezuela, mayo de 2007, pp 115-167.

economía continuó creciendo: el PIB aumentó en 6,1 por ciento y 3,7 por ciento en términos per cápita.[115]

En este *Momento estelar* Tinoco plantea -al unísono con el equipo económico de CAP II-, que con el desarrollo de la economía se solucionarán de una manera real nuestros problemas sociales, que es necesario deslastrase de un Estado omnipresente e intervencionista y dependiente de una economía monoproductiva para ensayar una economía abierta, competitiva y diversificada que pudiese crecer equilibradamente y con equidad social. Sin embargo, la contundencia del mensaje no recibirá el eco esperado en los sectores políticos, sociales e intelectuales ("Los Notables"), ni en los medios de comunicación que seguían viendo al pasado con el caleidoscopio del rentismo petrolero.

El país no supo o no quiso entender y reaccionar positivamente ante un conveniente y oportuno *"VIII Plan de la Nación"*, "El Gran Viraje" (1989-1992), con el que se pretendía poner en práctica aquella idea de la Carta Económica de Mérida que postulaba que el mejor programa de reforma social es un programa de desarrollo económico capaz de crear empleo y de elevar el nivel de vida de la población.

En efecto, como concluye Hernández Delfino, las asonadas militares de 1992 y el sentimiento de inestabilidad e incertidumbre que estas sembraron en la población, habrían de resquebrajar el ya debilitado apoyo que podrían haber reunido las reformas pendientes de aprobación legislativa, entre ellas la nueva legislación para el sector financiero cuyo retraso fue uno de los factores que influyeron en la crisis financiera de 1994; y la reforma tributaria que hubiese favorecido una mayor flexibilidad fiscal. A pesar de ello, fue promulgada, en diciembre, la nueva Ley del Banco Central de Venezuela, que consagraba la autonomía formal de esa institución; se cumplió la reforma de la ley del impuesto sobre la renta y se promulgaron las nuevas leyes orgánicas de presupuesto y de crédito público. No obstante, lo adverso de las circunstancias del momento, la economía continuó creciendo durante 1992 (3,7% el PIB *per cápita*); la inversión total aumentó en 29% y prosiguió el proceso de reformas, privatizaciones y reestructuraciones de entes públicos.[116]

---

[115] *Ibídem.*

[116] Hernández Delfino, Carlos, "Economía y finanzas en la Venezuela democrática: la ruta del endeudamiento público", ***Venezuela: República Democrática***, Grupo Jirahara, Barquisimeto, 2011, pp. 503-556.

En todo caso, se trataba de un cambio radical en la política económica que comenzó con la firma de una carta de intención con el Fondo Monetario Internacional para liberalizar la economía y el comercio, "incomprensibles" desde la perspectiva del rentismo y las expectativas que se tenían desde la *mentalidad rentista de los ciudadanos*[117] de que Carlos Andrés Pérez repetiría las "vacas gordas" de su primer mandato (1974- 1979) apalancado en el *boom* petrolero de la época, cuyas características clientelares, populistas y paternalistas pretendió enmendar y erradicar en su segundo gobierno.

Más allá de que entre los rasgos esenciales de la idiosincrasia del venezolano se advierta la inclinación por gobernantes de personalidad fuerte y la dependencia del asistencialismo del Estado, los rasgos fundamentales de los gobiernos desde 1936 y los partidos políticos y grupos sociales y económicos que los sustentaron, se pueden sintetizar en la existencia de un Estado o de gobiernos *rentistas* y *asistencialistas*, de gobiernos promotores del paternalismo clientelar, fenómeno que es inversamente proporcional al estatuto de ciudadano consciente de sus deberes y derechos, y un Estado de fuerte presencia en la economía abiertamente intervencionista.

"El Gran Viraje" de CAP II fundado sobre las consecuentes y sobrias ideas de Tinoco, se convirtieron rápidamente en ideas económicas "nocivas" a causa de las destempladas y reticentes opiniones de "Los Notables", el reduccionismo y "sensacionalismo" de los medios de comunicación y las componendas de los partidos políticos (incluyendo el propio partido de CAP II: Acción Democrática). Pero serán el itinerario liberal perdido, despreciado por el pensamiento económico y arrinconado por la práctica política venezolana.[118]

---

[117] "La "mentalidad rentista" de los ciudadanos se basa no solo en la popular creencia de que Venezuela es un país muy rico, sino además que esas riquezas nos pertenecen a todos y que deben ser distribuidas entre todos. Dicha orientación o representación social...ha constituido uno de los aspectos fundamentales de la cultura política del venezolano a partir del siglo XX". Koeneke Ramírez, Herbert, "El rentismo petrolero en la cultura política del venezolano ", *Venezuela y su tradición rentista: visiones, enfoques y evidencias*, Catalina Banko ... [et al.], compilado por Carlos Peña. - 1a ed . - Ciudad Autónoma de Buenos Aires : CLACSO ; Caracas :Universidad Central de Venezuela. Facultad de Ciencias Económicas y Sociales. Instituto de Investigaciones Económicas y Sociales Dr. Rodolfo Quintero, Buenos Aires, 2017, p.16.

[118] Con sus excepciones. Por ejemplo, Humberto Celli, Secretario General y Presidente de Acción Democrática (AD) en 1989 y en 1991, respectivamente, responsabilizó por la caída

Ese itinerario liberal que pretende hacerse plausible luego de más de cincuenta años de ensayo y error debe ser valorado como el intento más serio de abandonar las políticas económicas estatistas, populistas y redistribucionistas en la historia de nuestro país.

Los gobiernos de la democracia prometieron llevar justicia social al pueblo oprimido. Pero llevaron también "…desesperanza y desilusión [y] los costos negativos de la mala e irresponsable gestión gubernamental; además, su tendencia a sumir y condenar a nuestros sistemas políticos a la corrupción, el nepotismo y el patrimonialismo",[119] y desde luego a la antipolítica.

## 1.3. Reforma fiscal, memoria oficial y antipolítica

Como señala Carrillo Batalla, fue en 1936 que empezó a desaparecer la petrificación de las instituciones fiscales, consecuencia del influjo

de Carlos Andrés Pérez y por la fractura de la democracia a los antipolíticos: "Los que creyeron que acabando con los partidos iban a surgir ellos, los que tenían dinero, los que tenían medios, empresas" (Rivero, 2010: 70). Por su parte, Pedro Pablo Aguilar, destacado dirigente de COPEI, se expresó de manera coincidente con la versión de Celli sobre el colapso del segundo gobierno de Pérez: "La antipolítica terminó por convertirse en la bandera política que más daba dividendos: hablan de que todos los males se debían al sistema… Eso cogió mucha fuerza entonces, y esa bandera de la antipolítica la tomaron los medios de comunicación. Aquí, en Venezuela, daba rating" (Ibid: 294) Dentro de este contexto partidocrático, de profunda frustración social y de crisis económica se produjeron el "Caracazo" en 1989, los fracasados golpes militares de 1992, la remoción y enjuiciamiento del Presidente Carlos Andrés Pérez en 1993, el triunfo de Rafael Caldera sin el apoyo de los grandes partidos (AD y COPEI) ese mismo año y, finalmente, la victoria de Hugo Chávez Frías en las elecciones presidenciales de diciembre de 1998. Triunfo este que, sin duda, se debió en gran medida a la capitalización del descontento popular con el estabishment político por un líder que si bien había fracasado militarmente, estaba muy consciente de las marcadas deficiencias de los gobiernos anteriores y de las debilidades de los dirigentes y organizaciones partidistas tradicionales. Con la llegada de Chávez a la Presidencia se puede afirmar, en los términos empleados por Schedler (1997), que se implantó en el país un gobierno antipolítico "colonizador", controlado por un Teniente Coronel en situación de retiro e integrado por militares y "revolucionarios" afines al modelo castrista impuesto en Cuba en 1959 y vigente al día de hoy.*Cfr.* Koeneke, Herbert y Varnagy, Daniel, *La desconfianza interpersonal e institucional, los sentimientos de ineficacia política y el surgimiento de la antipolítica en Venezuela* , Revista Derecho y Democracia, número 4, Facultad de Estudios Jurídicos y Políticos, Universidad Metropolitana Cuadernos unimetanos 30 / Año VII, Julio 2012, p.p. 16-24.

[119] Gil-Contreras, Douglas, "La herencia de la libertad: Liberalismo y desobediencia civil en Venezuela", *La experiencia liberal en Venezuela. Contribuciones para interpretar y promover una sociedad liberal*, Edición aniversario, Compilador: Óscar Vallés, Centro de Divulgación del Conocimiento Económico(CEDICE), Caracas, 2020, p.250.

de las nuevas ideas que llevaron al gobierno a hombres como Alberto Adriani, Arturo Uslar Pietri, Rodolfo Rojas, J. J. González Gorrondona, Alfredo Machado Hernández, Manuel R. Egaña, y desde la oposición voceaban conductores del calibre de Carlos D'Ascoli, Manuel Pérez Guerrero, Juan Pablo Pérez Alfonzo, entre otros.[120] A esta lista agregaríamos a José Antonio Giacopini Zárraga, Arturo Sosa (h), José Antonio Mayobre, Tomás Enrique Carrillo Batalla, Andrés Germán Otero y por supuesto Pedro R. Tinoco (h).

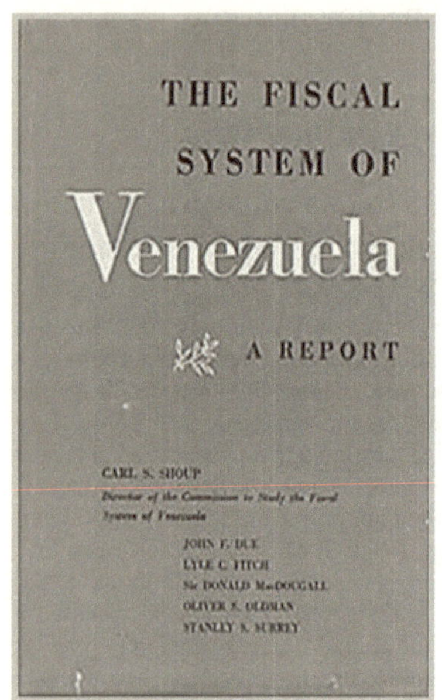


A finales de la década de los 50 del siglo XX con el nombramiento de una Comisión para el Estudio del Sistema Fiscal que trazó los lineamientos de la investigación llevada a cabo por Carl Shoup,[121] Sr. Donald McDougall[122], John F. Due[123], Stanley S. Surrey[124], Oliver S. Oldman[125], Lyle C. Fitch[126] la cual se publicó bajo el título: "The Fiscal System of Venezuela, A report", The John Hopkins Press, Baltimore, 1959, se inició en Venezuela una profunda reforma fiscal que sirvió de guía para las reformas que se aprobaron en la década de 1960-1970 en materia tributaria y fiscal.

---

[120] Carrillo Batalla, Tomás Enrique, *Historia del pensamiento rector de las finanzas públicas*, Tomo I, Academia Nacional de Ciencias Políticas y Sociales, Caracas, 1983, p. CXV

[121] Profesor emeritus de Columbia University y Director, International Economics Integration Program, también autor de *Government Finance and Economics Analysis*, Richard D Irwin, Inc., Homewood, Illinois, 1954, *Fiscal Harmonization in Common Markets*, Carl S. Shoup, Editor, Columbia University Press, New York, 1967 y Taxing *to Prevent Inflation: Techniques for Estimating Revenue Requirements*, Carl Sumner Shoup, Milton Friedman, Ruth Prince Mack, Columbia University Press, 1943, pp. 236.

[122] Miembro del Nuffield College, Universidad de Oxford.

[123] Profesor de Economía la Universidad de Illinois.

[124] Profesor de Leyes de la Facultad de Derecho de la Universidad de Harvard; director del Programa Internacional de Tributación, Universidad de Harvard.

[125] Ayudante del Profesor de Leyes, Universidad de Harvard; Director de Seminarios en el Programa sobre Tributación de la Facultad de Derecho de la mismo Universidad.

[126] Primer Adjunto del Administrador Municipal de la ciudad de Nueva York.

Este hito marcó, si se quiere, más allá del terreno ideológico o retórico, el inicio en Venezuela del proyecto liberal en lo económico -muy cuesta arriba frente a la arraigada tradición rentista- pero que pretendía consolidar la democracia liberal recientemente conquistada, de cuyo itinerario fallido no quedan sino vestigios. Eso sí, lo que si resulta visible son las secuelas traumáticas de un proyecto militarista felón, personalista, promotor de la barbarie, del populismo de una izquierda autoritaria[127] que solo representa las siete plagas de la servidumbre (Castro Leiva): populismo, demagogia, pobreza, autoritarismo, colectivismo, estatismo y revoluciones.

Luego de la caída del régimen de Marcos Pérez Jiménez el 23 de enero de 1958, el doctor Arturo Sosa (h) fue designado Ministro de Hacienda y a invitación suya los profesores Shoup y Surrey pasaron una semana en Caracas, cruzaron ideas con el propio doctor Sosa, el doctor Tomás Enrique Carillo Batalla y otras personalidades del gobierno y del mundo académico y empresarial sobre la factibilidad del proyecto. Como resultado de estas conversaciones se llegó definitivamente a un acuerdo para emprender el estudio. A fines de mayo de 1958, y con el paso del ministro Sosa a la Junta de Gobierno, fue nombrado Ministro de Hacienda José Antonio Mayobre, quien dio a la Comisión su respaldo dinámico y comprensivo durante toda la investigación.

---

[127] El autoritarismo de izquierda "… suele caracterizar tanto a los movimientos populistas como a los regímenes que fundan se asocia a la fuerza personal de dirigentes cuyo discurso suele ser una mezcla ideológica que gira en torno de la exaltación del «pueblo», que es una noción vaga referida a la existencia de una dualidad social nefasta que es necesario liquidar. Por supuesto, la presencia de líderes políticos fuertes y carismáticos no es algo exclusivo del populismo. Lo que se ha observado como propiamente populista es el discurso ideológico del líder y las peculiares mediaciones que lo conectan con las masas que lo apoyan. Se trata del carácter multi-ideológico de un discurso con fuerte carga emocional que apela directamente a la masa pluriclasista y heterogénea agraviada. Pero, aunque el discurso populista se dirige, por decirlo así, al corazón del pueblo al que convoca directamente, el movimiento tiende a organizar −especialmente cuando llega al poder− una compleja red de mediaciones de tipo clientelar", Bartra, Roger "Populismo y autoritarismo en América Latina", *La izquierda como autoritarismo en el siglo XXI* / Chaguaceda Armando ... [et al.] ; compilado por Chaguaceda Armando ; Gisela Kozak Rovero. - 1a ed . - Ciudad Autónoma de Buenos Aires : Fundación Cadal ; Guanajuato : Universidad de Guanajuato ; México D.F. : Centro de Estudios Constitucionales Iberoamericanos AC ; Caracas : Universidad Central de Venezuela. Facultad de Humanidades y Educación 2019, p.80.

El Ministro Mayobre nombró a su vez un Comité de Reforma Fiscal integrado por Carlos D'Ascoli, Tomás Enrique Carrillo Batalla (Director), Alfredo Machado y José Andrés Octavio, que sirvió para suministrar información, generar discusiones sobre técnica y política fiscal, observaciones a las recomendaciones y sirvió de enlace a la Misión Shoup con las regiones del país.

Los objetivos que se persiguen son claros, como explica Carrillo Batalla, hacer del sistema fiscal un mejor instrumento para el desarrollo económico y para la estabilidad económica del país, hacer de la administración tributaria una organización más eficiente, más eficaz en el control y aumentar el producido de los impuestos de una forma racional.[128] En otras palabras, como precisa el profesor Shoup la búsqueda de un sistema tributario debe omitir las provisiones que causen injusticia, o que frustren el desarrollo económico, o compliquen indebidamente la administración del impuesto.[129]

La idea de realizar el análisis del sistema fiscal de Venezuela corresponde al doctor Tomás Enrique Carrillo Batalla, en la época en que asistía a un curso de economía para graduados, con énfasis especial en finanzas públicas en la Universidad de Columbia, Nueva York. Durante las entrevistas celebradas por el profesor Shoup, Carrillo Batalla tomó parte muy destacada en el planteamiento del proyecto de estudio, ampliándose el alcance por recomendación suya a la descripción de la economía venezolana.

El estudio es un amplio enfoque del sistema fiscal de Venezuela, con más de dos años de discusiones, planteamientos, entrevistas, lecturas de manuscritos y comentarios sobre los hechos en que documentaba sus exposiciones la Comisión, así como sobre las conclusiones a que ésta llegaba en materia de política fiscal; comprende los impuestos nacionales, estadales y municipales, y abarca tanto la política como la

---

[128] Carrillo Batalla, Tomás Enrique, "La Investigación y reforma de nuestro sistema impositivo", ***Control Fiscal y tecnificación administrativa***, N° 5, junio, Contraloría General de la República, Caracas, 1959, p.25.

[129] Shoup, Carl S. "El impuesto sobre la renta en Venezuela y en Estados Unidos", ***Control Fiscal y tecnificación administrativa***, N° 5, junio, Contraloría General de la República, Caracas, 1959, p.7.

administración tributarias. Se describe y analiza la economía venezolana en lo concerniente a aquellas características impositivas más importantes: distribución del ingreso, tasa de inversiones y fuentes de su financiamiento, así como los usos óptimos del capital. Conjuntamente con la presentación de costos estimados para realización de determinados programas en educación y sanidad, se analizó el sistema de contabilidad fiscal en función de aquellos cambios que permitan suministrar datos a las cuentas del ingreso nacional.[130]

Como señala Leonardo Vera, el Informe sobre el Sistema Fiscal de Venezuela de la Misión Shoup junto con el informe Musgrave de Colombia, constituyen "dos de los mejores reportes de misiones tributarias conocidos en los países en vías de desarrollo...".[131]

Las recomendaciones principales que formula el Informe presentado el 22 de agosto de 1958 se dirigen a **i.** la *diversificación de las fuentes de ingreso*, porque la mayor parte de los ingresos impositivos del Gobierno Nacional proceden en proporción elevada de los impuestos que gravan a las compañías petroleras que operan en Venezuela y a **ii.** la *descentralización fiscal*, porque el Gobierno Nacional percibe prácticamente todos los ingresos de carácter tributario existentes. Los Estados no cuentan casi con fuentes impositivas propias. En concreto se sugiere:

i. Reformar la estructura del impuesto sobre la renta, reemplazando los nueve impuestos cedulares y el impuesto complementario, por un solo impuesto unitario, además realizar algunos cambios en el procedimiento administrativo;

ii. reformar los derechos de aduana y de su administración;

---

[130] Misión Shoup, Informe sobre el sistema fiscal de Venezuela, título original Commission to Study the Fiscal System of Venezuela (1960). Commission to Study the Fiscal System of Venezuela, Carl Sumner Shoup, Volumen I, publicado por República de Venezuela, Ministerio de Hacienda, Comisión de Estudios Financieros y Administrativos, Caracas, 1960, p.p. IV-V.

[131] Vera, Leonardo, "Tomás Enrique Carrillo Batalla: su temprana contribución al fortalecimiento del régimen democrático en Venezuela", *Homenaje de las Academias Nacionales al Dr. Tomás Enrique Carrillo Batalla (en el centenario de su natalicio)* / Academias Nacionales, Academia de Ciencias Políticas y Sociales; edición: Humberto Romero-Muci, Caracas, 2021, p.72.

iii.   derogación del impuesto sobre ingresos brutos del "cinco por mil";

iv.   aumentar el impuesto sobre la gasolina;

v.   fortalecimiento del impuesto municipal sobre inmuebles en áreas urbanas.

vi.   En las ciudades más populosas podrían aplicarse en mayor escala los gravámenes especiales (contribuciones de mejoras, a fin de ayudar a sufragar los costos de pavimentación, cloacas, y otras mejoras que valorizan el terreno en zonas particulares)

vii.   Derogar el impuesto municipal sobre los negocios, corriente en todas las Municipalidades de Venezuela y conocido como "patente", porque es una forma burda de imposición. Debe ser derogada tan pronto se evidencie la capacidad del municipio para obtener mayores proventos del impuesto sobre inmuebles.

viii.   Se proceda a efectuar una revisión del Sistema de Situado Constitucional utilizado por el Gobierno Nacional para otorgar ayuda monetaria a las entidades federales y municipales (Estados, Distritos).

ix.   Se estima el monto de impuestos directos e indirectos que pesan sobre ciertas familias venezolanas típicas, aunque es posible que el cálculo adolezca de un margen considerable de error.

Entre 1936 y 1958 se desarrolla una etapa en la que el nuevo clima de renovación es una constante, como lo periodifica Carrillo Batalla, enumerando los logros: Ley Orgánica de la Hacienda Nacional (1938) que deroga la Ley Orgánica de la Hacienda Nacional de 1934, la Ley del Banco Central (1939), la Ley de la Contraloría General de la República (1938), la Ley del Instituto Técnico de Inmigración y Colonización (1938); que significaron avances innegables en el proceso de modernización y un viraje del Sistema Fiscal Venezolano.

Pero la Reforma Fiscal se profundizó aún más al aprobarse la Ley de Impuesto Sobre la Renta (1942), hecho éste que significó un viraje trascendental en la estructura de nuestro sistema tributario. Desde la formación de la República los impuestos indirectos habían constituido el componente más importante del cuadro de los impuestos nacionales. En las estadísticas fiscales el porcentaje que ocupaban era abrumador y entre estos, los de importación marcaban el volumen más elevado. Con la entrada en vigencia de la Ley de Impuesto sobre la Renta, este tributo va creciendo de forma sostenida hasta constituir la fuente más importante de los ingresos impositivos no petroleros.[132]

Además de la introducción del impuesto directo en Venezuela, se produjeron otras dos importantes reformas como la relativa al sistema de hidrocarburos de 1943 y la de reparto del 50% para la Nación y 50% para las empresas, derivado del movimiento de octubre de 1945. Como señala Carrillo Batalla estas reformas dieron al Fisco una prosperidad nunca antes experimentada por el ingreso público venezolano.[133]

En la década del 50, el presupuesto del gobierno Militar de Marcos Pérez Jiménez se alimentaba con los ingresos petroleros y no peroleros, pero los gastos derivados de las grandes obras de infraestructuras, autopistas, carreteras, obras de riego y hoteles fueron engordando el gasto, sepultando los ingresos ordinarios, incluso los extraordinarios.

Luego de la caída de Pérez Jiménez se produjo la reforma de la Ley de Impuesto Sobre la Renta del 19 de diciembre de 1958. El Presidente de la Junta de Gobierno, doctor Edgar Sanabria decía sobre esta reforma presentada por el gobierno provisional que la misma "…satisface un anhelo nacional… al proporcionar al país una participación más justa en las ganancias de las grandes empresas y al tratar de consolidar nuestro régimen económico como base indispensable para la estabilidad política y la tranquilidad ciudadana"[134]

Sin embargo, el Ministro de Hacienda del gobierno provisional, J.A Mayobre aclaró que las modificaciones al impuesto sobre la renta no alteran su estructura fundamental Las recomendaciones de la Misión Shoup significaban una alteración de todo el sistema, por lo que

---

[132] Carrillo Batalla, Tomás Enrique, *ob.cit.*, 1983, p. CXV.

[133] *Ibídem.*

[134] "Exposición del Dr. Edgar Sanabria", **Control Fiscal y tecnificación administrativa**, N° 1, enero, Contraloría General de la República, Caracas, 1959, p.10

seguirán estudiándose y en su lugar se introdujo el sistema de exoneración parcial del impuesto para las inversiones.[135]

El impacto de la medida en materia fiscal fue sustancialmente menor al esperado por el efecto de condicionantes externos, tales como la disminución del precio del crudo en los mercados internacionales y la imposición de un sistema de cuotas a la importación de petróleo por parte de los Estados Unidos, país receptor de las exportaciones venezolanas. La medida significó el inicio de un enfrentamiento directo con las empresas petroleras extranjeras que reaccionaron disminuyendo progresivamente sus inversiones en el país, lo que se tradujo tanto en desempleo en la industria petrolera nacional en el corto plazo, como en una pérdida de la importancia relativa de Venezuela como exportador en los mercados globales. Este argumento fue utilizado años más tarde para acelerar el proceso de nacionalización del petróleo.

Con estas reformas legislativas y las iniciativas de las misiones tributarias como la Misión Shoup, la Comisión de Estudio y de Reforma Fiscal, la cual culminó con el conocido Informe Final sobre la Reforma del Sistema Fiscal Venezolano del año 1983,[136] de alguna forma se estaría perfilando la necesidad de una profunda reforma fiscal dentro de una perspectiva liberal económica más amplia, pero el itinerario liberal pretende hacerse plausible con el VIII Plan de la Nación, "El Gran Viraje" de la década de los noventa, luego de más de cincuenta años de ensayo y error.

En la Reforma del Sistema Fiscal Venezolano (1983) se prestó especial atención a los problemas derivados del desbordamiento del gasto y de la deuda pública, por la insuficiencia de los ingresos públicos, por

---

[135] "Exposición del Dr. J.A. Mayobre", "Seis preguntas al Ministro Mayobre", *Control Fiscal y tecnificación administrativa*, Nº 1, enero, Contraloría General de la República, Caracas, 1959.

[136] Carrillo Batalla, Tomás Enrique, *Comisión de Estudio y Reforma Fiscal*, Caracas, 1983. Esta Comisión fue creada por iniciativa de la Cámara de Diputados, en Acuerdo del Congreso Nacional, y derivó en el Decreto Nº 550 del 20 de marzo de 1980 del presidente de la República Luis Herrera Campins, designándose miembros y definiéndose los objetivos. La Comisión estuvo presidida por el Dr. Carrillo Batalla. Estuvo integrada por Domingo Maza Zavala, Pedro Palma, Luis Matos Azocar, Ruth de Krivoy. Manuel Acedo Mendoza, Asdrúbal Batista, Luis Enrique Oberto, Armando Chumaceiro, Armando Sánchez Bueno, Iván Pulido Mora, Jimmy Mathinson, entre muchos otros.

el debilitamiento de los precios del petróleo y las dificultades en la administración, presupuesto, contabilidad y control fiscal. Los resultados de la investigación sobre el modelo económico-fiscal que abarca entre 20 y 25 años, hasta 1982 para ser precisos, arrojó que la economía venezolana perdió potencialidad de crecimiento, que la relación gasto público-Producto Territorial Bruto ha tomado la pendiente del descenso, al punto que afirman que el modelo aplicado no es útil para el desarrollo efectivo del país.[137]

Se sugiere en consecuencia el desarrollo de un nuevo modelo, con cambio en el patrón de consumo y en el de inversión. Señalan que toda reforma fiscal eficiente debe ir de la mano de una reforma a fondo de la estructura y el funcionamiento del Estado. No puede entenderse por reforma fiscal aquella que solo allana más ingresos para que el Estado los gaste ineficientemente. Es necesaria una revisión exhaustiva de ingresos, gastos y objetivos de desarrollo, que haga más eficiente el sistema fiscal y lo independice del ingreso petrolero que representa más del 75% de las recaudaciones ordinarias de las décadas de los años 70 y 80. Se refieren además a la baja presión fiscal y a la persistente evasión fiscal como circunstancias que justifican la reforma del lado del ingreso, mientras que del lado de los egresos, menciona el persistente crecimiento del gasto público, las nuevas responsabilidades del Estado empresario y el aumento de la deuda pública, en mayor parte externa.[138]

La Comisión de Reforma del Sistema Fiscal presidida por Carrillo Batalla señala que "en más de cincuenta años de próspera explotación petrolera no se ha podido lograr el objetivo de transformar esa riqueza en fuente permanente de producción y empleo, ni lograr una economía diversificada…lo que pone de manifiesto la irracionalidad con que se han erogado los ingresos petroleros. Pero, además, se ha contraído una elevada deuda externa que no estamos en capacidad de cancelar… convirtiéndose en una gravosa carga para el Estado".[139]

Esto confirma que una reforma fiscal, ni siquiera una reforma económica profunda son suficientes para producir los cambios. Es

---

[137]   *Ibidem.*

[138]   *Ibidem.*

[139]   *Ibidem.*

necesario un nuevo pacto fundacional, una reforma política e institucional que defienda y promueva la libertad individual y la dignidad humana como único camino de prosperidad que cale en el ciudadano, en los políticos, en los partidos políticos y organizaciones sociales, en los empresarios y en los medios de comunicación. Un país deslastrado de las rémoras del populismo clientelar y rentista, que marque distancia con el estatismo y promueva la iniciativa privada como valor fundamental, un país de ciudadanos comprometidos con sus deberes y derechos y no de menesterosos y privilegiados a las sombras del poder.

Este período en el que el itinerario liberal pretende hacerse plausible, comenzó realmente a finales de los años ochenta del siglo XX, cuando se intenta deslastrar al sistema político de las rémoras del populismo clientelar, del rentistismo y del estatismo. Se piensa por primera vez en la sociedad civil como actor político de relevancia, más allá de las representaciones gremiales (Fedecámaras y CVG) y de los partidos políticos. Es por ello que se promovió una democracia participativa, así como la racionalización y descentralización del poder político como estrategia de la política social. Se inició el proceso de descentralización política y fiscal en Venezuela, con la elección directa de gobernadores y alcaldes y la promulgación de la Ley Orgánica de Descentralización, Delimitación y Transferencia de Competencias del Poder Público.

Sin duda, una etapa de importantísimos cambios económicos, que intentó pasar de una economía con fuerte presencia del Estado a otra de libre mercado, con la institucionalización de una política fiscal de equilibrio, la promoción del sector privado como motor del crecimiento y la creación de nuevas fuentes de ingreso para disminuir la dependencia de la renta petrolera, entre otras medidas. Parte de ese proceso de preparación para instaurar por primera vez en Venezuela un liberalismo económico conjugado al liberalismo político, fue obra de Tinoco.

Esto justifica hablar sobre la obra de un personaje fundamental de esta época, con una obra escrita que además se conecta esencialmente con las ideas del VIII Plan de la Nación, El Gran Viraje, lo nutre y da coherencia. Es una oportunidad para poner en contexto un momento de nuestra historia contemporánea que ha sido recreado bajo las características más inconsistentes de la historiografía venezolana: "con una fuerte carga anecdótica, muy escasa elaboración conceptual e inquietud filosófica, metodología precaria y rudimentaria, …estrecha relación con el poder público, …fuerte carga literaria, entre otras".[140]

En otras palabras, recreando el pensamiento y la acción de Tinoco se contribuye a una mejor comprensión de las representaciones colectivas del pasado reciente tal y como se forjan en el presente. Es una oportunidad para poner en su sitio a la segunda Presidencia de la República de Carlos Andrés Pérez, un período intenso en cambios políticos y económicos que pretendía bajo las ideas condensadas en el VIII Plan de la Nación y la conducción de Pedro Tinoco y Miguel Rodríguez Fandeo, llevar al país hacia un sistema económico basado en la producción, la productividad y la iniciativa individual. El Gran Viraje pretendía una sociedad más equitativa, con mayor eficiencia económica y profundización del desarrollo cultural, integrando la acción eficiente del Estado con la participación real de la sociedad civil.[141]

Para llegar al ideario del autor no solo hay que atenerse a la expresión externa de sus ideas "a los símbolos que las evocan",[142] a esas ideas plasmadas en sus libros o discursos, sino que es necesario hacer una reconstrucción reflexiva de aquellos principios o ideas, articularlos con sus acciones, con sus actuaciones en la vida pública, para luego cotejarlos con la realidad de su tiempo, con la memoria colectiva, porque como señala Marc Bloch "a diferencia de otros tipos de cultura, la civilización occidental siempre ha esperado mucho de su memoria".[143]

La memoria que es una de las principales materias primas de la historia, no pretende legitimar una determinada visión del mundo, ni un proyecto político o social, y menos aún deslegitimar a determinados oponentes políticos. La memoria histórica no es un concepto inocuo

---

[140] Carrera Damas, G., Historia de la Historiografía Venezolana, Textos para su estudio, Selección, introducción e índices de Germán Carrera Damas, Tomo I, Segunda edición corregida y aumentada: 1985 Ediciones de la Biblioteca, Universidad Central de Venezuela, Caracas, 1985, p.526.

[141] Fuente: VIII Plan de la Nación, El Gran Viraje, Presentación al Congreso, Cordiplan, 1990.

[142] Aftalión, Enrique, "El saber de los juristas como conocimiento por comprensión", *Revista de Estudios Políticos*, N° 57, ISSN 0048-7694, Madrid, 1951, p.p. 107-146.

[143] Bloch, Marc, ***Apología de la historia o el oficio del historiador***, Segunda edición en español, revisada, Edición anotada por Etienne Bloch, Prefacio de Jacques Le Goff, Traducción de María Jiménez y Danielle Zaslavsky, Traducción del Prefacio De María Antonia Neira B., Fondo de Cultura Económica México, 2001, p.42.

porque "aquellos que no pueden recordar el pasado están condenados a repetirlo", como reza la célebre y trillada frase de George Santayana. Pero la mentira oficial, la tergiversación de las verdades de hecho y el adoctrinamiento histórico son caldos de cultivo para el error y la tragedia.

La historia como señala Carr, "es la larga lucha del hombre mediante el ejercicio de su razón, por comprender el mundo que le rodea y actuar sobre él".[144] Por eso la prudencia debe marcar el camino frente a las dinámicas de los procesos sociales producidos durante el recorrido vital del Dr. Pedro R. Tinoco (h), en especial las circunstancia acaecidas durante el segundo gobierno de Carlos Andrés Pérez (1989-1993), que comenzaron con el estallido social conocido como «El Caracazo» en 1989, con el intento de Golpe de Estado de 1992, liderado por el entonces, Teniente Coronel Hugo Chávez Frías, el juicio ante la Corte Suprema de Justicia autorizado por el Congreso Nacional contra Carlos Andrés Pérez, por el mal uso de un partida secreta por un monto cercano a los 250 millones de bolívares, que culminó separándolo de su cargo y nombrando al senador Ramón J. Velásquez como Presidente de la República, para que culminara el período constitucional 1989-1994 y el fin del bipartidismo AD-COPEI en las elecciones presidenciales de 1993, la segunda presidencia de Rafael Caldera[145] apoyado por el partido Convergencia Nacional, integrado por un grupo de partidos minoritarios y atomizados, una coalición electoral denominada chiripero –integrada en su mayoría por la izquierda– creada por los partidos

---

[144] Carr, Edward, *¿Qué es la historia?*, conferencias George Macaulay Trevelyan dictadas en la Universidad de Cambridge en enero-marzo de 1961, 6ª edición, Editorial Seix Barral, Barcelona, 1976.

[145] "Rafael Caldera aprovechando la intentona golpista del 4 de febrero de 1992, así como la ola de antipolítica y rechazo a los partidos tradicionales existentes en el país, confirió un discurso ante el Congreso de la República, en su calidad de Senador vitalicio, aprovechó para dirigirse a toda la población y ganar espacio en el espectro político nacional. En su discurso, Rafael Caldera no expresó apoyo al golpe de Estado; sin embargo, a nuestro juicio, mostró una posición contraria a la política gubernamental del Presidente Pérez". Vid. Kedzo, Nikola y Rincón, Juan Andrés, Análisis crítico del juicio por los 250 millones de la partida secreta del Ministerio de Relaciones Interiores al ex Presidente Carlos Andrés Pérez (1993), Trabajo final para optar al título de Licenciado en Estudios Liberales, Tutor: Rafael Arráiz Lucca, Decanato de la Facultad de Estudios Jurídicos y, Políticos de Universidad Metropolitana, Caracas, 20 de septiembre de 2007, consultado en: http://repositorios. unimet.edu.ve/docs/50/ATEL2007K4A5.pdf

que apoyarían la candidatura de Caldera en esa elección, tales como el Movimiento al Socialismo, el Partido Comunista de Venezuela y el Movimiento Electoral del Pueblo, entre otros y de independientes pertenecientes a diversos sectores del país, los gremios académicos y empresariales, entre otros, lo que luego derivó en la insurgencia de nuevos actores en la escena política.

Existen otras interpretaciones sobre este período y sus secuelas. Sobre los saqueos y protestas violentas de febrero de 1989 se dice que ningún grupo político conocido apareció como organizador de los sucesos. Luego vinieron los intentos de golpe de 1992 precedidos en 1991 por un manifiesto público llamado "Carta de los Notables", que destacaba la corrupción del sistema político y la inoperancia de los jueces, incluida la Corte Suprema de Justicia. El intento de golpe de febrero de 1992 fue un fracaso militar, pero puso en evidencia la magnitud de la crisis política.[146]

Se dice también que "...la relación entre la multitud y la autoridad que caracterizó los sucesos del 27 de febrero de 1989 hirió profundamente a la democracia venezolana. La ignorancia por parte del gobierno de lo que se desarrollaba en todo el ámbito urbano nacional por casi 18 horas, más el retardo con que actuó una vez que adquirió conciencia de la situación, aunado a la torpeza y violencia de esa respuesta (que sobrepasó los límites que un Estado de Derecho exige de un orden democrático), erosionó de manera perdurable las bases de apoyo y legitimidad de ese gobierno, y fue factor influyente en los procesos políticos que llevaron entre 1992 y 1993 a una crisis institucional y a la destitución del presidente Pérez ...".[147]

Pero solo basta leer lo que reseña el Centro Nacional de Historia, que describe el Caracazo como "un estallido masivo y sorpresivo de

---

[146]  Pérez Perdomo, Rogelio, "Venezuela 1958-1999: el derecho en una democracia renqueante", *Culturas jurídicas latinas de Europa y América en tiempos de globalización*, Autor(es): Fix Fierro, Héctor, Friedman, Lawrence M., Pérez Perdomo, Rogelio Editores, Instituto de Investigaciones Jurídicas, Serie Doctrina Jurídica, Núm. 139, Universidad Nacional Autónoma de México, México, 2003, p.p. 643-644.

[147]  López Maya, Margarita," ¡Se rompieron las fuentes! La política está en la calle Venezuela siglo XX". *Visiones y testimonios*. Libro 3, Primera reimpresión, Editor: Asdrúbal Baptista, Fundación Empresas Polar, Caracas, 2003, p.p.101-103.

violencia popular", que "serviría de justificación para los militares que se alzaron el 4 de febrero de 1992",[148] para empezar a dudar de su espontaneidad.

La conclusión de que los saqueos del «Caracazo» expresaban el rechazo del pueblo a las medidas económicas que el gobierno acababa de anunciar "…ha sido la más aceptada por ser, hasta nuevo aviso, la versión política e ideológica admitida, propagadas vehemente e interesadamente por Hugo Chávez, y respaldadas por un imponente aparato comunicacional que actúa a discreción y sin tener que enfrentar desmentidos o contraargumentaciones comparables en cuanto a su poder de penetración".[149]

Sin duda, la antipolítica es enemiga de la democracia, un estorbo para el consenso y por ende para cualquier transformación económica, para una reforma fiscal, económica, política y cultural con miras a concretar un proyecto liberal en el país.

Como advierte Manuel Caballero que, parafraseando a Mariano Picón-Salas, señala que el siglo XX venezolano comenzó en 1936 y termina en 1992, entre estas dos fechas aparece y se desarrolla la política en Venezuela. Con Juan Vicente Gómez se puede hablar de un régimen "prepolítico"; con su muerte "el país comienza a pensar y a actuar en términos políticos", "se comienza a reconocer la existencia del adversario, al cual se le puede discutir, persuadir y vencer en una pelea dialéctica pero no se le niega y sobre esa base, tampoco se le persigue, como a un enemigo, hasta aniquilarlo" y con los golpes de estado de 1992 comienza la "antipolítica".[150]

Aclara Caballero que "en 1936 <nace> la política en Venezuela, se suele pensar que es porque también <nace> la democracia. Una cosa no va con la otra, y eso es verdad en particular en Venezuela. Pero aunque eso sea cierto en este caso concreto, no se debe confundir ambos asuntos: la política contiene a la democracia, pero la recíproca no siempre es

---

[148] "El 27f el día que nace la revolución", Consultado en: http://www.snc.gob.ve/noticias/27-de-febrero-de-1989-caracazo.

[149] Bautista Urbaneja, Diego, *La renta y el reclamo. Ensayo sobre petróleo y economía política en Venezuela*, 1era Edición, Editorial Alfa, Caracas,2013, p.p. 316 y 317.

[150] Caballero, Manuel, "El pensar venezolano en el siglo XX. Siete documentos políticos", **Suma del pensar venezolano**. Política. Con la vista en el presente,Libro2, Editor Asdrúbal Batista, Fundación Empresas Polar, Caracas, 2015, p.3.

verdad; porque hay quienes confunden la democracia con la dictadura de la mayoría. Sin respeto a la minoría, pero más que eso, sin diálogo y sin la posibilidad, teórica si no práctica del consenso, no hay política; por lo general tampoco hay democracia, aunque se sigan al pie de la letra los más cambiantes caprichos de la mayoría, sus prejuicios, sus errores".[151]

La *antipolítica* como la describe magistralmente Juan Carlos Rey, "en una de sus formas es el desinterés por la política, un cierto *tedium politicae*, un hastío de todo lo que tiene que ver con la política y con los políticos. Pero puede ir mucho más allá, pues suele manifestarse como una animadversión, que comprende desde el desprecio hasta el odio hacia los políticos profesionales y a los partidos políticos, y que en el fondo muchas veces lo que hace es ocultar un rechazo a la democracia. Pero también forma parte de la *antipolítica*, la renuncia a la libertad y responsabilidad personal que nos corresponden como ciudadanos libres y responsables y que nos obliga a tener que decidir sobre lo común mediante el uso de la deliberación y argumentación racional, para, en su lugar, optar por la aclamación ciega de personajes carismáticos, en los que se confía y se deposita toda esperanza de salvación".[152]

Con los golpes de estado de 1992 comienza la "antipolítica" y con ello se entierra el diálogo y el consenso y cualquier posibilidad de instaurar un proyecto liberal económico y político (liberal *tout court*) que encamine al país por el sendero del progreso, del desarrollo individual y colectivo. Sin embargo, este hito puede plantearse según entiendo con el Caracazo de 1989, si se logra demostrar que no fue un hecho sobrevenido, espontáneo, popular, sino conectado con el ascenso al poder de la izquierda radical (convidada de piedra del Pacto de Punto Fijo) y el militarismo populista de izquierda, movimiento insurreccional que venía fraguándose desde principios de los años ochenta del siglo XX.[153]

---

[151] *Ibidem.*

[152] Rey, Juan Carlos, "Apología y elogio de la Política"(Palabras pronunciadas por el Profesor Juan Carlos Rey el 7 de mayo de 2009, en el Paraninfo de la Universidad Central de Venezuela, al recibir el "Doctorado Honoris Causa" que le fue conferido por esa casa de estudios), se puede consultar en: <http://www.analitica.com/va/politica/opinion/1729969.asp>

[153] En una entrevista sostenida con el profesor Agustín Blanco Muñoz, publicada en 1998 (*Habla el comandante*), Hugo Chávez señala que comenzaron a conspirar en serio cuando

En todo caso, como señala Arráiz Lucca, el Caracazo de 1989: "...fue una combinación de espontaneidad con mínima planificación".[154]

Todo lo que vino después del Caracazo de 1989 y los golpes de estado de 1992 fue la negación de la democracia y la negación de la política y con ello la ruptura del liberalismo político, la confusión de la democracia con la dictadura de la mayoría, luego con la imposición de la tiranía de la formas constitucionales con la Constitución de la República Bolivariana de Venezuela (1999)[155] que derivó en la dictadura de las mayorías y finalmente en la dictadura pura y dura, no dejando espacio alguno para la concreción de los principios del liberalismo económico.

No cabe duda que la época que va desde el Caracazo de 1989, los golpes de estado de 1992, el juicio ante la Corte Suprema de Justicia autorizado por el Congreso Nacional contra Carlos Andrés Pérez, y su posterior destitución, condena y reclusión, el interinato de Ramón J. Velásquez como Presidente de la República, para finiquitar el período constitucional 1989-1994, el fin del bipartidismo AD-COPEI en las elecciones presidenciales de 1993, la segunda presidencia de Rafael Caldera apoyado por una coalición electoral de partidos en su mayoría de izquierda y el ascenso de Hugo Rafael Chávez al poder en 1999; representa uno de los períodos de la historia contemporánea donde regularmente se recurre a simplificaciones y reduccionismos al momento

---

juraron ante el Samán de Gûere, el 17 de diciembre de 1982. De modo que les tomó diez años ir ascendiendo dentro de las Fuerzas Armadas, hasta tener mando de tropa y poder ejecutar una acción armada. Señala , Bautista Urbaneja que "[d]esde 1983 un grupo de jóvenes oficiales empieza a preparar una conspiración destinada a acabar con lo que ven como un amasijo de corrupción, injusticia social, incompetencia administrativa, deterioro institucional, debilitamiento y entreguismo nacional. A medida que pasa el tiempo, a juicio de los comprometidos, ese lúgubre paisaje acentúa sus rasgos, la red conspirativa se extiende y aumenta la heterogeneidad de sus componentes", Bautista Urbaneja, Diego, *La renta y el reclamo. Ensayo sobre petróleo y economía política en Venezuela*, 1era Edición, Editorial Alfa, Caracas, 2013, p.233.

[154] Arráiz Lucca, Rafael, *Venezuela: 1830 a nuestros días*, Biblioteca Rafael Arráiz Lucca, N°1, Editorial Alfa, Caracas, 2007, p.195.

[155] La Constitución de 1999 fue un caballo de Troya porque no nació con auténtica vocación emancipadora y tuitiva de los derechos, sino como una de esas *Constituciones fachada* abigarrada de los valores del constitucionalismo, que terminan convirtiéndolo todo en declaraciones de buenas intenciones y satisfacciones simbólicas, pero que sacrifican lo que es verdaderamente importante, esto es, la protección individual de los derechos fundamentales.

de explicar sus causas, sus consecuencias y sus derivas, siendo un problema importante, frente a otros que lucen francamente banales.

Veamos cómo se suelen reducir los hechos registrados en el "El Caracazo" al eslogan "el día en que bajaron los cerros"[156] o se refieren al VIII Plan de la Nación, El Gran Viraje del segundo Gobierno de Carlos Andrés Pérez como el "Paquetazo Económico", señalándolo como el detonante de los lamentables hechos del 27 y 28 de febrero de 1989. Luego se magnifica la frase del "por ahora..." de Hugo Chávez[157] el Coronel felón que iba a ser sometido a un consejo de guerra y le dieron insólitamente la oportunidad de hablar en televisión para supuestamente pedir la rendición de sus secuaces.

Si quisiéramos determinar el momento o contexto histórico en que surge y se propaga el sentimiento antipolítico en Venezuela, como señalan Koeneke y Varnagy: "… los analistas, en su mayoría, ubican la génesis de la antipolítica en las décadas de los ochenta y los noventa, en coincidencia con diversas crisis entonces vividas en el país. Lo cual sugiere, al mismo tiempo, que existe una convergencia explicativa de las causas del fenómeno antipolítico: las crisis económica, social y política experimentadas durante esos años por la población venezolana y la no solución de las mismas por sus gobernantes (…) Por último, como principal efecto del fenómeno se coincide en señalar el ascenso de Hugo Chávez al poder, a finales de los noventa, y su afán por reemplazar la cuarentona democracia representativa por una supuesta democracia participativa y protagónica…La remoción –y posterior enjuiciamiento–

---

[156] Ver en "El Nacional", edición del 01 de marzo de 1989, un reportaje de Roberto Giusti, cuyo título "El día en que bajaron los cerros" luego fue popularizado como descripción de los hechos ocurridos el 27 y 28 de febrero de 1989, el periodista decía: "El proceso, devastador y metódico, empezó en Carapa y siguió rumbo a Antimano. Con tanta saña y eficacia como el que distinguió a quienes sacaron y a quienes permitieron sacar más de 35 mil millones de dólares de este país en los últimos años. O la misma ansia de quienes se beneficiaron o autorizaron cartas de crédito por más de seis mil millones.
Sólo que aquí el proceso era sudoroso y violento. En medio de la relativa tolerancia, de la impunidad parcial con que se realizaba el pillaje, es decir, el de ayer, decenas de personas resultaron muertas y centenares heridas. Y, por supuesto, los beneficiarios formaban parte de un colectivo, de una masa desatada y no de una élite privilegiada con objetivos concretos, cuyos componentes parecen haber salido indemnes en su tarea de saquear al país."

[157] Hugo Chávez Frías dijo: "Compañeros, lamentablemente, por ahora, los objetivos que nos planteamos no fueron logrados en la ciudad capital"; frase que admitía una derrota militar y luego será convertida en un triunfo político.

del Presidente Pérez en mayo de 1993 por el delito de malversación de fondos públicos, el interinato de Ramón J. Velásquez en la Presidencia de la República y la reelección presidencial de Rafael Caldera en diciembre de ese año, postulado por el novísimo partido Convergencia, serían la fase final de la crisis generalizada que abriría las puertas al proyecto antipolítico de Hugo Chávez en diciembre de 1998 (Cf. Levine, 2001; Durán, 2004; Hernández y Rondón, 2005; Aveledo, 2007; Garavini, 2010)".[158]

Esta sucesión de eventos críticos y el consiguiente triunfo electoral de Hugo Chávez habrían sido reforzados, en opinión de analistas y de dirigentes de los partidos tradicionales, por las estrategias antipolíticas adoptadas tanto por sectores interesados... en "colonizar" la política venezolana, como por importantes líderes de dichos partidos... Con la llegada de Chávez a la Presidencia se puede afirmar...que se implantó en el país un gobierno antipolítico "colonizador"...".[159]

Como señala Ana Teresa Torres "el derrumbe del mito democrático probablemente se inicia en los años ochenta, con dos fechas emblemáticas: el "viernes negro" de 1983 y el "Caracazo" de 1989; seguidas por los golpes de Estado de 1992. En el lapso comprendido entre esos diez años se consolida una matriz de opinión (que persiste hoy) según la cual Venezuela quedó literalmente destruida durante el período de la democracia representativa; opinión, creencia o sentimiento que se transformará en idea fuerza en el discurso de la Revolución Bolivariana y será una de las coordenadas del mito y utopía que propone. La negación de todo lo construido a partir de 1958 se insertó en el pensamiento de los venezolanos como una idea irrefutable... no suficientemente contestada por los factores opositores, que por temor al rechazo de los electores, han mostrado una conducta tímida, y hasta cierto punto avergonzada, en la defensa de los innegables logros del período".[160]

---

[158] Koeneke, Herbert y Varnagy, Daniel, *La desconfianza interpersonal e institucional, los sentimientos de ineficacia política y el surgimiento de la antipolítica en Venezuela* , Revista Derecho y Democracia, número 4, Facultad de Estudios Jurídicos y Políticos, Universidad Metropolitana Cuadernos unimetanos 30 / Año VII, Julio 2012, p.p. 16-24.

[159] *Ibidem.*

[160] Torres, Ana Teresa, "La cuestión de la democracia en el imaginario venezolano" , Revista Derecho y Democracia, número 4, Facultad de Estudios Jurídicos y Políticos, Universidad Metropolitana Cuadernos unimetanos 30 / Año VII, Julio 2012, p.34.

En español castizo se dice: "Tanto va el cántaro a la fuente, que deja el asa o la frente, o que al fin se quiebra". Enseña a los incautos que se exponen a algún peligro, que tarde o temprano se les malogrará su intento, y que su inconsideración les causará algún daño. Desde luego se puede decir mucho más de la profecía autocumplida de Uslar Pietri cuando premonitoriamente declara a "El Nacional" el 17 de diciembre de 1991 que "Venezuela se desintegra y puede haber un golpe[de Estado]". Los Notables

mirando al pasado eran incapaces de comprender la propuesta del *"VIII Plan de la Nación"*, "El Gran Viraje"(1989-1992).

Al condenar la asonada golpista, Rafael Caldera[161] en su condición de Senador Vitalicio pronunció un discurso ante el Congreso en horas de la tarde del 4 de febrero de 1992: "Es difícil pedirle al pueblo que se inmole por la libertad y por la democracia, cuando piensa que la libertad y la democracia no son capaces de darle de comer", dejaba caer una frase falaz porque fue pronunciada cuando las armas de la intentona golpista aún estaban tibias. En esa ocasión, señaló: "Los venezolanos no defenderán la democracia porque la democracia no les da de comer". Una frase falaz porque el venezolano hoy y ayer ha sido demócrata, ha colocado la democracia por encima de su situación económica.

---

[161] Rafael Caldera dijo: «…la normalidad y el orden público están corriendo peligro después de haber terminado el deplorable y doloroso incidente de la sublevación militar (…) Yo pedí la palabra para hablar hoy aquí antes de que se conociera el Decreto de Suspensión de Garantías, cuando esta Sesión Extraordinaria se convocó para conocer los graves hechos ocurridos en el día de hoy en Venezuela, y realmente considero que esa gravedad nos obliga a todos, no sólo a una profunda reflexión sino a una inmediata y urgente rectificación (…) Debemos reconocerlo, nos duele profundamente pero es la verdad: no hemos sentido en la clase popular, en el conjunto de venezolanos no políticos y hasta en los militantes de partidos políticos ese fervor, esa reacción entusiasta, inmediata, decidida, abnegada, dispuesta a todo frente a la amenaza contra el orden constitucional». Pero remató diciendo: «Los venezolanos no defenderán la democracia porque la democracia no les da de comer».

Así lo demuestra la Encuesta Latinobarómetro. En efecto, según la Encuesta Latinobarómetro, un informe que presenta resultados selectos sobre la democracia y la situación económica de sus habitantes en la región, en el estudio de 1995 –en pleno gobierno de Rafael Caldera- cuando se les preguntaba a los venezolanos si la democracia es preferible a cualquier otra forma de gobierno en un 59,8 %, respondían afirmativamente, en 1996: 62,2, en 1997: 64,1, en el año 2002: 72, 8, en el 2004: 74,2 y en el 2013: 87,2.

En 1995 para los venezolanos el problema más importante era la inflación (31%). Como la inflación y el desempleo son los problemas prioritarios en la región desde hace años y las políticas económicas para combatir uno y otro tienen grandes diferencias, los gobiernos tienen que optar entre medidas antiinflacionarias o medidas para disminuir el desempleo. Es importante saber qué piensan los ciudadanos ante esta importante opción de política económica. Ante esta alternativa la respuesta de los ciudadanos fue clara en favor de las medidas antiinflacionarias en Venezuela, con un 65% de apoyo. Justamente las medidas que se tomaron en el VIII Plan de la Nación, El Gran Viraje, del segundo gobierno de Carlos Andrés Pérez tan denostado por Rafael Caldera, Arturo Uslar Pietri y los Notables.

Luego de que Rafael Caldera condenara el intento de golpe de estado y justificara comprensiblemente los motivos esgrimidos por los insurrectos, su candidatura a las elecciones presidenciales de 1993 subió como la espuma. Su interpretación del sentir popular le abriría las puertas de Miraflores. No obstante, esa segunda presidencia de "uno de los creadores de la democracia representativa y de partidos, será la de la antipolítca",[162] que pone fin del bipartidismo AD-COPEI apoyado por el partido Convergencia Nacional, grupo de partidos minoritarios y atomizados, lo que luego abrió espacio a nuevos actores en la escena política.

La doctrina politológica más autorizada comenta que luego de las bonanzas petroleras vinieron "…las restricciones al pluralismo, aunadas al clientelismo partidista, que condujeron a la llamada "partidocra-

---

[162] Arráiz Lucca, Rafael, *Venezuela: 1830 a nuestros días*, Biblioteca Rafael Arráiz Lucca, Nº1, Editorial Alfa, Caracas, 2007, p.p. 196 y 220.

cia", que provocaría un progresivo malestar y un rechazo a los partidos tradicionales y a su dirigencia. El aumento del precio de la gasolina y de las tarifas del transporte colectivo, como parte del programa de ajuste anunciado por el reelecto presidente Carlos Andrés Pérez, constituyeron factores detonantes de las protestas y saqueos protagonizados por distintos sectores de la población, que venían padeciendo serios problemas de escasez, desabastecimiento e inflación y que se sintieron frustrados por las mencionadas medidas económicas, impulsadas por quien a su primera gestión (1974-1979) se le había adherido la etiqueta de la "Gran Venezuela" o la "Venezuela Saudita" (Kornblith, 1998).

La remoción y enjuiciamiento del presidente Carlos Andrés Pérez en 1993, profundizó la grave crisis económica y social, con la justificación de que habría incurrido en actos de corrupción administrativa. En medio de esta situación política, en cuyos cimientos se hallaban la frustración y el descontento popular, se produciría en diciembre de ese año la reelección del presidente Rafael Caldera, quien se había promovido como el líder que pondría fin al "neoliberalismo" y que contaba con el apoyo de su nueva organización partidista, Convergencia, y de una coalición de pequeños partidos de izquierda. Con ese triunfo electoral quedaba roto o descartado lo que se ha denominado "bipartidismo atenuado", es decir, la prevalencia en los comicios presidenciales y parlamentarios de Acción Democrática y COPEI. [163]

La pendiente resbaladiza se acentuó ante la caída sustancial del ingreso fiscal petrolero, por lo que el gobierno de Caldera se vio forzada a adoptar en abril de 1996 un programa de ajuste reminiscente del implementado por el gobierno anterior, el cual había sido duramente cuestionado por el propio Caldera desde su curul como Senador vitalicio en el Congreso Nacional. Para los decepcionados ciudadanos, se había aplicado un nuevo "paquetazo" económico [denominado "Agenda Venezuela], que agravaba sus duras condiciones de vida. Con esa

---

[163] Koeneke Ramírez, Herbert, "El rentismo petrolero en la cultura política del venezolano ", *Venezuela y su tradición rentista : visiones, enfoques y evidencias*, Catalina Banko ... [et al.], compilado por Carlos Peña. - 1a ed . - Ciudad Autónoma de Buenos Aires : CLACSO; Caracas :Universidad Central de Venezuela. Facultad de Ciencias Económicas y Sociales. Instituto de Investigaciones Económicas y Sociales Dr. Rodolfo Quintero, Buenos Aires, 2017, p.p.20-21.

extensa frustración colectiva se abrían las puertas para la llegada de Hugo Chávez a la Presidencia de la República.[164]

El país en emergencia
EL DIARIO DE CARACAS jueves 2 de marzo de 1989

Poco a poco se intenta volver a la normalidad

### Rafael Caldera.: la receta del FMI no es nuestro único camino

El ex Presidente pidió un derecho de palabra ante el Senado, en su condición de tal, para referirse a la "grave" situación actual. Dijo que si los ingresos petroleros se utilizaran como se debe y no tuviéramos la obligación de la deuda, Venezuela tendría otras salidas. Llamó a una concertación real a políticos, trabajadores, empresarios, y a el pueblo

Caldera hizo un llamado para que todos trabajen por la recuperación del país

Incluso, se dice que "si bien la resistencia popular a la Agenda en un principio fue menor que la confrontada por las medidas de ajuste de Pérez, la caída de los precios internacionales del petróleo a partir de octubre de 1997, a la cual contribuyó la política de apertura petrolera y expansión de la producción en Venezuela, jugó un papel relevante en su derrota política, expresada en el triunfo de Hugo Chávez Frías en los comicios presidenciales de diciembre de 1998. Fue Chávez quien presentó al electorado la propuesta más alejada del neoliberalismo (López Maya y Lander, 1999: pp. 41-50).[165]

Lo cierto es que después de haber criticado en público y en privado la ejecución del *"VIII Plan de la Nación"*, el Gran Viraje de Carlos Andrés Pérez, de haber renegado el acercamiento al Fondo Monetario Internacional luego del Caracazo (1989), alegando que lo que estaba en riesgo era la paz social y la democracia en Venezuela y en la región, consecuencia de las férreas recetas del FMI, "porque no se puede poner la política económica antes que la social", y "es un error grave dejar

---

[164] *Ibidem.*

[165] López Maya, Margarita y Lander, Luis E. "Ajustes, costos sociales y la agenda de los pobres en Venezuela: 1984-1998 El ajuste estructural en América Latina. Costos sociales y alternativas En: Buenos Aires Lugar CLACSO, Consejo Latinoamericano de Ciencias Sociales Editorial/Editor 2001 Fecha Colección Gastos sociales; Conflictos sociales; Indicadores económicos; Indicadores sociales; Pobreza; Macroeconomia; Ajuste Estructural; Costos Sociales; Protesta social; Sectores pobres; Venezuela; Temas Capítulo de Libro Tipo de documento http://bibliotecavirtual.clacso.org.ar/clacso/gt/20101003021642/11cap10.pdf

para más tarde que la gente coma y viva mejor ("El Diario de Caracas", 2 de marzo de 1989)", y de haber denostado todo el esfuerzo del equipo económico del gabinete del segundo Gobierno CAP II; en abril de 1996, ante la ineficacia de sus recetas intervencionistas, Caldera optó por las medidas ortodoxas de corte neoliberal que el FMI venía reclamándole como condición para liberar un préstamo *stand by* de 1.400 millones de dólares y que hasta entonces el presidente, preocupado por las repercusiones sociales, se había resistido a adoptar en cumplimiento de una promesa electoral. Así, el Gobierno devaluó el bolívar un 70%, unificó los tipos de cambio, levantó los controles sobre las transacciones corrientes y de capitales, y liberalizó los tipos de interés bancarios, las tarifas de los servicios públicos y los precios de los combustibles, que se encarecieron un 800%. "De los presupuestos del Estado se detrajo una tercera parte para atender el servicio de la deuda externa (elevada hasta los 36.000 millones de dólares), se abrazó la disciplina fiscal ligada a una reforma tributaria ad hoc (que supuso la implantación del IVA) y se reformó el régimen de prestaciones sociales (para que los trabajadores las percibieran cada año y no al finalizar la relación laboral con la empresa que los asalariaba). El nuevo paquete de estabilización y ajuste estructural recibió el nombre de Agenda Venezuela".[166]

Como señala Miriam Kornblith, el gobierno del Presidente Caldera, electo en diciembre de 1993, también confrontó serias dificultades, fundamentalmente en la esfera económica. Las dificultades económicas llevaron al gobierno a considerar la puesta en marcha de un nuevo programa de ajuste económico y a entablar conversaciones con el Fondo Monetario Internacional, a pesar de que la campaña electoral de Caldera se basó, en buena medida, en la crítica al gobierno de Pérez por haber seguido las recomendaciones de ese organismo.[167]

Se dice, con mucha razón, que ni siquiera la llegada de un débil segundo gobierno de Rafael Caldera pudo reparar en parte la decrepitud

---

[166] CIBOD, *Barcelona Center for International Affairs*, Actualización 24 de enero de 2019, consultado en: https://www.cidob.org/biografias_lideres_politicos/america_del_sur/venezuela/rafael_caldera_rodriguez

[167] Kornblith, Miriam, Crisis y transformación del sistema político venezolano: nuevas y viejas reglas de juego, consultado en: http://biblioteca.clacso.edu.ar/ar/libros/lasa97/kornblith.pdf

del estatismo. De este tiempo se recuerda la célebre frase del ministro Teodoro Petkoff, "Estamos mal pero vamos bien". Este fue "...el último intento moderado de fomentar el liberalismo como dinámica social y económica en Venezuela. Las rectificaciones de Pérez y Caldera llegaron demasiado mal, y tarde.[168]

Ya con Chávez en el poder se diseñó una lengua ideologizada para justificar cualquier exabrupto, toda aberración es posible cuando la palabra es una piedra artera en manos del poder. Se instaló el simplismo de la lucha de clases, de los oprimidos-opresores, y demás dicotomías maniqueas como: pueblo y oligarquía, "escuálidos" y patriotas, república puntofijista y democracia de partido, más recientemente, el imperialismo y la guerra económica, falacias instrumentalizadas para justificar el fracaso, afianzar una historia oficial e ignorar los grandes nudos historiográficos de estas tres décadas.

Todo esto ha contribuido al fortalecimiento progresivo de la Historia Oficial y la relegación de los problemas básicos, como señala Carrera Damas, "factor y expresión esencial del fortalecimiento de la Historia Oficial ha sido el auge del culto a los héroes, como parte de la ideología de dominación correspondiente a la estructura de poder interna",[169] además de los grandes nudos historiográficos, que permanecen igual de apretados como si no hubiesen sido estudiados en absoluto, por su falta de resultados razonablemente adquiridos.[170]

Como señalamos, el itinerario liberal pretende hacerse plausible en la década de los noventa, luego de más de cincuenta años de ensayo

---

[168]  Herrera León, Bernardino, "Todos fuimos liberales, todos fuimos de izquierda. El postergado proyecto liberal en Venezuela, *La experiencia liberal en Venezuela. Contribuciones para interpretar y promover una sociedad liberal*, Edición aniversario, Compilador: Óscar Vallés, Centro de Divulgación del Conocimiento Económico(CEDICE), Caracas, 2020, p.117.

[169]  Carrera Damas, G., *Historia de la Historiografía Venezolana*, Textos para su estudio, Selección, introducción e índices de Germán Carrera Damas, Tomo I, Segunda edición corregida y aumentada: 1985 Ediciones de la Biblioteca, Universidad Central de Venezuela, Caracas, 1985, p. 40.

[170]  Carrera Damas, G., *Historia de la Historiografía Venezolana*, Textos para su estudio, Selección, introducción e índices de Germán Carrera Damas, Tomo I, Segunda edición corregida y aumentada: 1985 Ediciones de la Biblioteca, Universidad Central de Venezuela, Caracas, 1985, p. p.28 y 539.

y error. El intento más serio de abandonar las políticas económicas estatistas, asistencialistas, populistas y redistribucionistas que se ha probado en la democracia representativa fue el conocido VIII Plan de la Nación, El Gran Viraje, conocido despectivamente como el "Paquetazo Económico" del segundo gobierno de Carlos Andrés Pérez.[171]

Otra característica loable y que da cuenta del cariz democrático de Carlos Andrés Pérez y de todo su gabinete, es el hecho de que todas estas medidas se tomaron restituyendo las garantías económicas. Como recuerda Bautista Urbaneja, a principios del período puntofijista, en el gobierno de Rómulo Betancourt, se toman decisiones económicas de gran significado: la suspensión de las garantías económicas y la política de no más concesiones.[172]

El mismo día de la promulgación de la Constitución de 1961, el presidente Rómulo Betancourt suspende varias de las garantías consagradas en el Texto Fundamental, entre ellas las garantías económicas, otorgándole al Ejecutivo un amplio margen de maniobra para la toma decisiones económicas, otorgándole una gran flexibilidad y discrecionalidad para -fijando salarios, precios y otras magnitudes económicas...- nivelar cargas, balancear satisfacciones, atender inquietudes que sobrevengan. Esa decisión tuvo sus propias razones de índole política, debidas a la intensificación de la actividad subversiva, que ya había motivado en 1960 la suspensión de las garantías de la Constitución de 1953, entonces vigente. Las garantías económicas permanecieron suspendidas durante treinta años más, hasta que en 1991 son restituidas en el segundo gobierno de Carlos Andrés Pérez.[173]

Por su parte, Pérez Perdomo señala que el Ejecutivo usó la suspensión de las garantías económicas (artículo 96 de la Constitución de 1961) como una manera de tener las manos libres en la regulación de la economía, pero lo hizo con considerable moderación (Planchart et al., 1985; Njaim, 1995). Esta garantía fue restituida en 1991 por el cam-

---

[171] Vid. Emeterio Gómez y la "siembra del petróleo, por David Ruiz Chataing, Prodavinci, Perspectivas 25/05/2021, consultada en: https://prodavinci.com/emeterio-gomez-y-la-siembra-del-petroleo/

[172] Bautista Urbaneja, Diego, *La renta y el reclamo. Ensayo sobre petróleo y economía política en Venezuela*, 1era Edición, Editorial Alfa, Caracas,2013,p.233.

[173] *Ibidem.*

bio de política económica iniciado en 1989.[174] Mientras que Aurelio F. Concheso recuerda que desde 1991, Consecomercio llamó la atención sobre el hecho de que la libertad es una sola e indivisible y que mal podría pensarse que existía el disfrute pleno de la misma, mientras estuvieran suspendidas las Garantías Económicas, advirtiendo que "...al amparo de esa suspensión se desarrollaron inimaginables trabas, privilegios y distorsiones económicas que nos empobrecieron como país y permitieron un crecimiento avasallante del Estado a expensas del individuo y la sociedad civil en general".[175]

Así como se restituyeron las garantías económicas, en el Gobierno de CAP II se eliminaron los subsidios a la empresa privada, se eliminan los aranceles a los productos importados y se abrieron totalmente los mercados, obligándose a las empresas venezolanas a competir en igualdad de condiciones con las foráneas radicadas en el país.[176] La realidad del fracaso del modelo de crecimiento basado en la sustitución de importaciones golpeaba inclementemente la economía, la macroeconomía como la economía doméstica de las familias venezolanas.

Como consecuencia de los severos correctivos, recuerda Pedro Palma que "...en 1989 el PIB se contrajo 8.6%, la inflación se ubicó en 82%, y la caída del poder de compra del ingreso del venezolano fue muy intensa. No obstante, la recuperación de los precios y de la renta petrolera en 1990 como consecuencia de la Guerra del Desierto posibilitó la aplicación de una política fiscal expansiva que se tradujo en una importante recuperación de la economía. A su vez, los esfuerzos por crear un clima propicio a la inversión, el desmantelamiento de los férreos controles del pasado, y la implementación de una política cambiaria realista que buscaba evitar la sobrevaluación de la moneda a través de minidevaluaciones periódicas, parecía prometer un cambio

---

[174] Pérez Perdomo, Rogelio, "Venezuela 1958-1999: el derecho en una democracia renqueante", *Culturas jurídicas latinas de Europa y América en tiempos de globalización*, Autor(es): Fix Fierro, Héctor, Friedman, Lawrence M., Pérez Perdomo, Rogelio Editores, Instituto de Investigaciones Jurídicas, Serie Doctrina Jurídica, Núm. 139, Universidad Nacional Autónoma de México, México, 2003, p.p. 657.

[175] Gómez, Emeterio, *Venezuela: Dilemas de una economía petrolera*, Prólogo de Aurelio F.Concheso, CEDICE, Editorial Panapo, Caracas, 1991.

[176] Arráiz Lucca, Rafael, *Venezuela: 1830 a nuestros días*, Biblioteca Rafael Arráiz Lucca, N°1, Editorial Alfa, Caracas, 2007, p.191.

de rumbo en la conducción de la economía. Sin embargo, en 1992 todo cambió con el descalabro político causado por dos intentos de golpe de Estado, seguidos por un hostigamiento político contra el presidente Pérez liderado por su propio partido, Acción Democrática, debido a la pérdida de prebendas de otrora, que llevó a su destitución en 1993 y al establecimiento de un gobierno de transición encabezado por Ramón J. Velásquez".[177]

No obstante, como precisa Emeterio Gómez, para el año 1991 los resultados cuantitativos de dos años de ejecución del Programa del gobierno de Carlos Andrés Pérez podrían resultar realmente impresionantes. Señala que el gobierno logró, hasta ese momento, mantener el control de la economía, dando "...pasos firmes y decisivos -la reforma arancelaria y la política monetaria sostenidamente restrictiva, entre otros- hacia el saneamiento de la economía venezolana, hacia su conversión en una economía competitiva. Los resultados cuantitativos de estos dos años de ejecución del Programa, si se los mira fuera de contexto, podrían resultar realmente impresionantes. La reducción de la inflación de 81 a 36%, el pasar la balanza de pagos de un déficit de 4.600 millones de dólares en 1988 a un superávit de 3.700 millones en 1991 y la conversión del fuerte déficit fiscal de 1988 (9,3% del PIB) en superávit en 1990 (0,8% del PIB) no son, de ninguna manera, logros desdeñables".[178]

En el Plan Operativo denominado "El Gran Viraje en Acción", VIIII Plan de la Nación, publicado por CORDIPLAN en marzo de 1991 se advierte que: "El año 1991 se presenta como el inicio de una fase de crecimiento acelerado que hará posible el aumento del bienestar social de todos los venezolanos. La economía nacional, luego de haberse restablecido los equilibrios económicos y financieros, estará en condiciones de crecer en forma estable. Entre los diversos factores que dan viabilidad al crecimiento estable y sostenido durante ese año se citan la reestructuración de la deuda pública externa con la banca acreedora internacional y la importancia estratégica adquirida por el petróleo

---

[177] Palma, Pedro, "Riesgos y consecuencias de las economías rentistas: El caso de Venezuela", *Revista Problemas del Desarrollo*, 165 (42), abril-junio 2011, p.p.44-45

[178] Gómez, Emeterio, *Venezuela: Dilemas de una economía petrolera*, CEDICE, Editorial Panapo, Caracas, 1991, p. 2.

nacional al mejorar Venezuela su condición de suplidor seguro en los mercados internacionales. Se prevé que la política monetaria, el control de las presiones inflacionarias sobre el tipo de cambio permitirá un crecimiento del P.I.B. Como resultado de la política económica global se esperaba que durante 1991 el Producto Interno Bruto no petrolero creciera a una tasa de 6.0 por ciento. Sin embargo, el Producto Interno Bruto no petrolero creció 9,6 % y el Índice de Precios al Consumidor pasó de 84,5 %en 1989 a 34,1 % en 1991.

## Venezuela: variables macroeconómicas seleccionadas, 1986-1996

| Año | 1986 | 1987 | 1988 | 1989 | 1990 | 1991 | 1992 | 1993 | 1994 | 1995 | 1996 |
|---|---|---|---|---|---|---|---|---|---|---|---|
| Porcentajes de variación anual | | | | | | | | | | | |
| Producto Interno Bruto per cápita (PIBPC) | 4,0 | 1,1 | 3,3 | -11,1 | 4,0 | 7,5 | 3,9 | -1,9 | -5,0 | 1,2 | -3,8 |
| Producto Interno Bruto (PIB) | 6,5 | 3,6 | 5,8 | -8,6 | 6,5 | 9,7 | 6,1 | 0,3 | -2,8 | 3,4 | -1,6 |
| PIB Petróleo | 8,7 | 5,2 | 4,1 | 0,0 | 13,9 | 10,3 | -1,2 | 7,1 | 4,7 | 7,1 | 4,9 |
| PIB No petrolero (PIBNP) | 6,0 | 5,6 | 5,0 | -9,8 | 4,5 | 9,6 | 8,2 | -1,5 | -4,9 | 1,7 | -3,6 |
| PIB Agrícola (PIBA) | 7,7 | 4,0 | 4,6 | -5,1 | -1,5 | 2,4 | 2,1 | -2,7 | 1,9 | 0,6 | 0,3 |
| PIB Manufactura | 7,1 | 2,5 | 6,9 | -11,8 | 6,0 | 9,7 | 2,5 | -1,0 | -4,2 | 2,6 | -5,8 |
| PIB Construcción | 6,3 | 3,0 | 7,9 | -27,0 | 7,8 | 30,9 | 34,6 | -5,5 | -26,2 | -11,4 | -3,9 |
| Indice de Precios al Consumidor (*) | 11,6 | 28,1 | 29,5 | 84,5 | 40,8 | 34,1 | 31,4 | 38,1 | 60,8 | 59,9 | 99,9 |

Continuación cuadro...

| | | | | | | | | | | | |
|---|---|---|---|---|---|---|---|---|---|---|---|
| Salarios Reales | -4,3 | -15,1 | -8,8 | -15,8 | -7,9 | -8,2 | 3,8 | -6,8 | -11,0 | -7,0 | s.i |
| Porcentaje | | | | | | | | | | | |
| Tasa de desempleo abierto | 10,3 | 8,5 | 6,9 | 9,6 | 9,9 | 8,7 | 7,1 | 6,6 | 8,6 | 10,2 | 12,4 |
| Porcentaje del PIB | | | | | | | | | | | |
| Sector Público (balance) | -7,4 | -6,0 | -9,4 | -1,1 | -2,1 | 2,7 | -3,6 | -2,4 | -6,8 | -4,8 | 0,7 |
| Oferta Monetaria (M1) | 21,4 | 19,2 | 15,3 | 10,5 | 8,2 | 9,8 | 11,2 | 7,2 | 7,8 | 8,9 | s.i |
| Tasa de interés anual sobre los depósitos (%) | | | | | | | | | | | |
| Tasa de Interés | 8,9 | 9,0 | 9,0 | 33,1 | 29,1 | 31,3 | 35,6 | 53,9 | 39,0 | 25,1 | 25,2 |
| Bolívares por US Dólar | | | | | | | | | | | |
| Tipo de cambio | 8,1 | 14,5 | 14,5 | 34,7 | 46,9 | 56,8 | 68,4 | 90,8 | 148,5 | 180,0 | 415,5 |
| | | | | | | | | | | | |
| Indice 1990 =100,0 | | | | | | | | | | | |
| Tipo de Cambio Real Efectivo | 61,2 | 85,4 | 76,5 | 89,8 | 100,0 | 93,6 | 89,6 | 86,6 | 89,9 | 71,9 | s.i |
| Millones de US Dólares | | | | | | | | | | | |
| Exporta-ciones | 8535 | 10437 | 10028 | 12915 | 17444 | 14968 | 13955 | 14222 | 15688 | 18630 | 22802 |
| Exporta-ciones No Petroleras | 1486 | 1510 | 2059 | 3053 | 3341 | 2633 | 2719 | 3422 | 4398 | 5058 | 5190 |

Continuación cuadro...

| | | | | | | | | | | | |
|---|---|---|---|---|---|---|---|---|---|---|---|
| Importaciones | 7866 | 8870 | 12080 | 7030 | 6608 | 10042 | 12672 | 11019 | 8277 | 11458 | 10598 |
| Balanza en Cuenta Corriente | -2245 | -1390 | -5809 | 2161 | 8279 | 1736 | -3365 | -2223 | 2450 | 2255 | 7355 |
| Balanza en Cuenta Capital | -707 | 960 | -1180 | -3650 | -3294 | 2962 | 2822 | 1159 | -3074 | -2887 | -478 |
| Variación en Reservas Monetarias | -3882 | -965 | -3872 | 113 | 2476 | 2424 | -662 | 124 | -972 | -1784 | 5507 |
| Servicio de la Deuda Externa | 5103,1 | 4871,9 | 5551,6 | 3830,8 | 4989,8 | 3321,5 | 3331,4 | 3944,8 | 3690,9 | 4651 | s.i |
| Intereses Deuda/ Exportaciones (%) | 34,3 | 25,9 | 29,1 | 26,6 | 17,1 | 15,5 | 18,3 | 17 | 17,5 | 15,6 | s.i |

Fuente: Banco Interamericano de Desarrollo (1996), Banco Central de Venezuela.

En 1990 los índices económicos tienen una notable mejora. Luego de una contracción del PIB no petrolero, para 1991 esa magnitud experimenta un gran crecimiento de 9,9%. Los indicadores sociales disponibles también señalan que esas mejoras de 105 datos económicos tienen alguna expresión en los niveles de pobreza, que en algo se reducen. El coeficiente Gini pasa de 0,588 en 1990 a 0,572 en 1992. Sin embargo, Bautista Urbaneja advierte desde el terreno de las percepciones colectivas, "lo que a ese respecto tenemos en el año 1989 son dos golpes masivos, inesperados, comprimidos en el tiempo y cuyos efectos estaban socialmente concentrados en los sectores bajos de la población. En cambio, lo que de bueno ocurra en 1990 y 1991 será más gradual, 'econométrico', de dispersión social desigualitaria, pero en sentido inverso: más notoria en los sectores altos y medios, mientras que en los bajos iría al ritmo del llamado".[179]

---

[179] Bautista Urbaneja , Diego, *ob.cit*, Caracas, 2013, p. 318.

En todo caso, el segundo gobierno de Carlos Andrés Pérez intentará algo más que una modificación radical de la economía política del país. Se trata del primer y único gobierno de la era democrática, que no se deja seducir por el populismo, la retórica, el argumento vacío y las falsas promesa. Todos los gobiernos incluyendo los socialdemócratas fueron gobiernos más o menos populistas, intervencionistas y asistencialistas, para lo que necesitaron apelar al sofisma, a la ocultación, a la falsificación y a la propaganda, todo lo cual se amplificó a niveles aberrantes en la era post-democrática de Chávez y Maduro.

No obstante, lo dicho hasta aquí es un intento de exploración y explicación de unos hechos históricos que, "por su misma complejidad", como advierte Octavio Paz, "y por el número de factores, circunstancias y personas que participan en cada uno de ellos, requiere siempre explicaciones plurales. No hay nunca una sola explicación para un hecho histórico, ni siquiera para el más simple".[180]

---

[180] Octavio Paz, ***Hombres en su siglo***, Biblioteca de bolsillo, Editorial Seix Barral, Bogotá, p. 134.

# 2. Razón y pasión por el Derecho, la política y la economía

Pedro R. Tinoco (h) se gradúa de abogado en la Universidad Central de Venezuela en 1949. Comienza su corta pero fructífera carrera docente especializándose en Derecho Fiscal y Derecho Financiero, lo que combinaba con la práctica profesional en el despacho de abogados fundado por su padre Pedro Rafael Tinoco Smith, el Escritorio Tinoco, Travieso.

Tinoco fue Jefe de Trabajos Prácticos de la Cátedra de Hacienda Pública y luego sustituiría a José Joaquín González Gorrondona en la Cátedra de Hacienda Pública, ya como profesor Titular designado. En la misma Facultad de Ciencias Jurídicas y Políticas de la Universidad Central de Venezuela fue titular de la Cátedra de Economía Política, fundada por González Gorrondona y Arturo Uslar Pietri en 1936 que luego se concretará en la Escuela Libre de Economía. Hasta entonces sólo la Escuela de Derecho de la Universidad Central impartía algunos conocimientos de Economía a través de las asignaturas Economía Política y Hacienda Pública.

Según señala Arturo Uslar Pietri, en la década de los treinta del siglo XX "… no existían estimaciones sobre el Ingreso Nacional, ni PIB ni otras variables económicas, ni un índice general de precios, ni una Balanza de Pagos; lo único que se sabía de Economía en el país, era que existía una Cátedra de Economía Política en la Escuela de Derecho de la UCV, en el cual recitaba el viejo y delicioso Manual de Charles Gide".[181]

---

[181] Uslar Pietri, Arturo "Revista del Colegio de Economistas de Venezuela", Caracas, pp. 58-59, citado por Guardia de Sanz, Amelia, *Historia de La Facultad de Ciencias Económicas y Sociales de la Universidad Central de Venezuela 1938-1958*, Universidad Central de Venezuela, Facultad de Ciencias Económicas y Sociales Escuela de Administración

Cuándo el doctor José Joaquín González Gorrondona regresó al país procedente de Europa, en donde había realizado cursos de especialización en Finanzas Públicas y Política Económica en Roma y en Política Financiera en La Sorbona de París, conjugó sus conocimientos e inquietudes con los doctores Arturo Uslar Pietri, Tito Gutiérrez Alfaro y Manuel Hernández Ron, en el sentido "... de interpretar el deseo y la necesidad que tenía el país de hombres expertos en la materia económica".[182] Nace así la Escuela Libre de Economía.

Entretanto, el ejercicio profesional del Dr. Tinoco iba en ascenso y la docencia demandaba un tiempo que el joven profesor no pudo continuar dándole, salvo en esporádicas ocasiones en la recién fundada Facultad de Derecho de la Universidad Católica Andrés Bello, en los primeros años de la década de los años sesenta.[183] Siendo estudiante había sido Secretario del Consejo de Representantes Estudiantiles de la Facultad de Derecho y, una vez graduado, pasó a ser banquero (Banco Mercantil y Agrícola y Presidente del Banco Latino,1974-1989), diputado al Congreso de la República (1969-1972), ministro de Hacienda (1969-1972), candidato presidencial del Movimiento Desarrollista (1973), líder empresarial (Carta Económica de Mérida), presidente de la Comisión de Reforma Integral de la Administración Pública (1974-1977) y Presidente del Banco Central de Venezuela (1989-1992). Sin dudas Tinoco desarrolló un liderazgo que se hilvanó desde el Derecho, pero profundamente consustanciado por la economía y la política, y viceversa.

El Dr. Tinoco era un especial tipo de jurista. En su primera etapa profesional fue un jurista por antonomasia, que en la clasificación de Alejandro Nieto, describe a los autores, es decir, los que publican o hablan en público, que en su inmensa mayoría son profesores. Pero luego

---

y Contaduría Ediciones FACES, UCV, CARACAS. 1988 (Versión digitalizada, Caracas, noviembre 2012), p.p.57-58.

[182] Guardia de Sanz, Amelia, *Historia de La Facultad De Ciencias Económicas Y Sociales De La Universidad Central De Venezuela 1938-1958*, Universidad Central de Venezuela, Facultad de Ciencias Económicas y Sociales Escuela de Administración y Contaduría Ediciones FACES, UCV, CARACAS. 1988 (Versión digitalizada, Caracas, noviembre 2012), p.p.57-58.

[183] Arráiz Lucca, Rafael, ***Pedro Tinoco: epicentro y cambio***, Academia de Ciencias Políticas y Sociales, Caracas, 2021, p.37.

se convirtió en otro tipo de jurista, descrito por Nieto como aquellos que dictaminan, asesoran y actúan en el foro jurídico y aunque sus escritos no terminen en la imprenta, su importancia real es mayor incluso que la de los profesores.[184]

Tinoco en muchas ocasiones actuó inspirado por la razón política, que es la que mueve al legislador empecinado como estaba en hilvanar las políticas públicas que encaminaran por el sendero del desarrollo al país. En otras ocasiones se movió por la razón jurídica que predispone y ordena el Derecho elaborado por los juristas,[185] pero siempre se movió inspirado en la razón económica.

El particular *ars iuris*[186] de Tinoco es el económico, perspectiva con la que aborda los datos exteriores, un referente para calcular los costos de la imposición y de los resultados del Derecho y las políticas públicas, una perspectiva técnica a disposición de los juristas y que forma parte de la razón humana identificando una razón económica con decidida comprensión y ordenación de la economía.[187]

Pero Tinoco fue también y principalmente un político, sin contradicción vocacional fue un hombre de acción capaz siempre de identificar las razones para la acción y desde el pensamiento práctico unificar intereses y pasiones y organizar a las mejores voluntades para la ejecución de sus planes, de sus programas.

Luigi Einaudi uno de los más prestigiosos economistas italianos de su época, Primer presidente de la República italiana y cuyos conocimientos y prudencia, lo convirtieron en artífice máximo de la obra de reconstrucción monetaria y económica que permitió el admirable desarrollo de ese país después de la Segunda Guerra Mundial,

---

[184] Nieto, Alejandro, **Crítica de la razón jurídica,** Editorial Trotta, Madrid, 2007, p. 180.

[185] Nieto, Alejandro, *ob.cit.,* 2007, p. 180.

[186] "El jurista aborda los datos exteriores y estos referentes desde varias perspectivas y utilizando instrumentos diversos que no son de ordinario exclusivos de él. Si pensamos en las leyes cabe *en* primer término un análisis político-sociológico, para indagar las causas y circunstancias concretas de su aparición o económico, para calcular los costos de su imposición y de sus resultados; o gramatical, para precisar su intención precisa; o lógico, que es el más habitual; O ético, incluido el valor Justicia o de racionalidad, etc. Como se ve, todas estas perspectivas y técnicas no son jurídicas en sentido propio y, por ende, pueden ser utilizadas -y de hecho lo son y lo han sido siempre-por Otros especialistas, aunque también están, naturalmente, a disposición de los juristas". Nieto, Alejandro, *ob.cit.,* 2007, p.16.

[187] Nieto, Alejandro, *ob.cit.,* Madrid, 2007, p. 24.

comentaba que: "El economista debe analizar objetivamente los beneficios y costos de cada una de las posibles alternativas dentro de cada propuesta, para luego informar a quien debe tomar la decisión. Los motivos de las decisiones son políticos. El político está persuadido de que esos fines son los que contribuyen al mejoramiento de la colectividad, a procurar el bien común, a elevar el nivel de bienestar económico y de perfeccionamiento moral e intelectual de la generación actual".[188]

Tinoco era un político, un estadista, un jurista, un gerente exitoso y aunque no era economista de profesión, sus conocimientos sobre finanzas públicas y personales y su profunda experiencia empresarial y en la hacienda y función públicas, lo dotaban de una extraordinaria capacidad para analizar objetivamente los beneficios y costos de las alternativas dentro de cada propuesta y para captar dentro de los fines propuestos los que contribuirán a procurar el bien común de la colectividad.

A decir de Faraco la crisis cambiaria de 1983 alteró sustancialmente las relaciones políticas y económicas dentro del sistema bancario. "En lo político se consolidó el liderazgo de Pedro Tinoco hijo, como personaje clave en la intermediación entre algunos grupos bancarios y un segmento de la dirigencia política del país, y entre instituciones públicas relevantes y la banca internacional acreedora. Desde este momento hasta su muerte en 1993, las estrategias políticas, económicas, públicas y privadas, pasarán por el tamiz del tupido entramado que Tinoco tejió con infinita paciencia y dedicación. Muere Tinoco, viene la crisis".[189]

Para Arráiz "muy pocos venezolanos han tenido en sus manos tal cantidad de hilos axiales del poder económico y político como Tinoco, sin haber llegado a ejercer la primera magistratura". La singularidad del personaje es evidente, solo comparable con Manuel Antonio Matos y José Joaquín González Gorrondona por la muy excepcional confluencia del poder político y económico en un solo hombre.[190]

---

[188]  Einaudi, Luigi, ***Políticos y Economistas***, Clásicos Contemporáneos Nº 5, CEDICE Libertad, segunda reedición, Caracas, 2019, p.p. 1-23.

[189]  Faraco, Francisco," Poderosos caballeros: Don dinero y los banqueros", ***Venezuela siglo XX. Visiones y testimonios***. Libro 2. Compilación de ensayos de importantes personalidades de la Venezuela del siglo XX, Fundación Polar, Caracas, p.p. 381-416.

[190]  Arráiz Lucca, Rafael, ***Pedro Tinoco: epicentro y cambio***, Prólogo: Humberto Romero-Muci, Academia de Ciencias Políticas y Sociales, Caracas, 2021, p.18.

Destaca Faraco los esfuerzos de todo signo que durante un siglo hicieron Manuel Antonio Matos, J.J. González Gorrondona y Pedro Tinoco para que el negocio bancario fuese asunto reservado a los venezolanos con poder e influencia para obtener la licencia que les permitiera explotar una actividad enormemente protegida, influyente, sin riesgos para el capitalista privado y capaz de garantizar un camino directo y fácil a la riqueza.[191]

Tinoco sabía por experiencia que el derecho necesita a la economía para comprender sus consecuencias en el comportamiento humano en torno a los mercados y las relaciones de intercambio, y la economía necesita al derecho para entender los fundamentos de los mercados. Los economistas y los abogados pueden aprender ciertas técnicas entre sí. Los abogados pueden aprender el razonamiento cuantitativo de los economistas para formular teorías y llevar a cabo investigaciones empíricas. De los abogados, los economistas pueden aprender a razonar y a persuadir a la gente común, un arte que los abogados practican y refinan a diario. Los abogados pueden describir hechos y darles nombres con resonancia moral, mientras que los economistas son obtusos a la lengua con demasiada frecuencia. Si los economistas escuchan lo que el derecho les puede enseñar, podrán aproximar más sus modelos a la realidad.[192]

Al prologar la obra del profesor Humberto Romero-Muci -probablemente una de las últimas expresiones externas de Tinoco antes de su muerte el 30 de marzo de 1993 -, deja algunas pinceladas sobre la relación entre Economía y Derecho. Al señalar que la nueva economía y el nuevo derecho deben articularse para dejar atrás la excesiva acción directa e intervencionista, reguladora del Estado sobre la economía, evolucionando hacia una economía de mercado, más abierta, libre y competitiva. Tinoco recomienda abandonar el proteccionismo a ultranza, abrir los mercados y permitir la inversión extranjera en casi todos los sectores de la actividad económica. Esta nueva economía más moderna

---

[191]  Faraco, Francisco, *ob.cit.*, p.p. 381-416.

[192]  Cooter, Robert y Ulen, Thomas, *Derecho y economía*, Primera edición electrónica, Traducción autorizada de la edición en inglés titulada Law and Economics, 6ª edición, de Robert Cooter y Thomas Ulen, Fondo de Cultura Económica, Ciudad de México, 2016, p.p.21.22.

en su concepción y en su funcionamiento, precisa Tinoco, requiere de unas nuevas estructuras jurídicas también modernizadas y renovadas, un 'nuevo derecho' con nuevas reglas sobre la acción de las personas naturales o jurídicas para asegurar la libertad y la transparencia en los mercados.[193]

---

[193] Romero-Muci, Humberto, *Los ajustes por inflación en la ley de impuesto sobre la renta*, con Prólogo de Tinoco, Pedro R. (h), 2da edición, Colección Estudios Jurídicos N° 56, Editorial Jurídica Venezolana, Caracas, 1993, p.7-8.

# 3. Líder empresarial y punta de lanza del liberalismo

El Dr. Tinoco era liberal en su acepción original, la que se refiere al temple o disposición del ánimo, sin duda era liberal no sólo ideológicamente sino que asume esa condición como una virtud, la virtud liberal en la que se practica el espíritu crítico, el respeto por la dignidad de cada persona y por la libre iniciativa. Eso lo veremos reflejado consistentemente en todas sus obras.

En el período que va de 1962 a 1968 surge el líder empresarial y el líder político del Movimiento Desarrollista, fundamentalmente con la redacción y publicación de la Carta Económica de Mérida, la creación de la AVI (Acción Venezolana Independiente) fundada el 28 de septiembre de 1962 por sectores determinantes del empresariado con el propósito de alzar una voz política liberal, que defienda la libre empresa, la economía de mercado, y el Movimiento Nacional de Independientes (MNI), de cara a las elecciones de 1968. Luego vendrá el intento de concreción de sus ideas en el VIII Plan de la Nación, El Gran Viraje en la década de los noventa del siglo XX.

Con estas objetivaciones o símbolos externos Tinoco se convertirá hasta nuestros días en punta de lanza del liberalismo, de un itinerario liberal económico, que quiso llevar a la acción pero que resultó frustrado.

Si bien Carlos Rangel es considerado "…el más importante de los pensadores liberales venezolanos (y acaso latinoamericanos) del siglo XX, casi un ave solitaria (o muy poco acompañada) en aquella Venezuela".[194] Vargas Llosa lo coloca en una lista de pensadores liberales de primer orden, textualmente: "…como Ludwig von Mises, Milton

---

[194] Straka, Tomás, *Presente y Pasado. Revista de Historia.* Universidad de Los Andes, Mérida. *El liberalismo venezolano y su historiografía…* Tomás Straka, Revista de Historia. Nº 46, Año 23, Julio-Diciembre, 2018, p.p. 125-159.

Friedman, el argentino Juan Bautista Alberdi y el venezolano Carlos Rangel, estos dos últimos casos verdaderamente excepcionales de genuino liberalismo en el continente Latinoamericano"[195].

Por su parte, Pedro R. Tinoco (h) es uno de los más destacados exponentes del liberalismo económico y político en Venezuela. Su consistencia ideológica desde la Carta Económica de Mérida (1962) ratificada en su Trabajo de incorporación como Individuo de Número a la Academia de Ciencias Políticas y Sociales en 1991 hasta su prematura muerte en 1993, lo convierten en uno de los más comprometidos hombres de acción en el intento fallido de instaurar en Venezuela un gobierno liberal. Tinoco fue consistente en su pensamiento y acción liberal durante más de 30 años, así lo demostró con sus directrices y ejecutorias como Ministro de Hacienda (1969-1972). Su sólido e irreductible pensamiento ayudó a configurar el único intento de concretar un gobierno liberal en lo económico en el país, que tuvo lugar en el segundo gobierno de Carlos Andrés Pérez, con el programa denominado el Gran Viraje.

El Gran Viraje pretendía sacar al país del letargo económico y el intervencionismo. Rescatar el país entregado al estatismo populista,

---

[195] Vargas Llosa, Mario, *La llamada de la tribu*, Alfaguara, Madrid, 2017, p.15. Fotografía: Carlos Rangel, Carmen Montilla de Tinoco, Pedro Tinoco y Sofía Ímber de Rangel, en Arráiz Lucca, Rafael, *Pedro Tinoco: epicentro y cambio*, Prólogo: Humberto Romero-Muci, Academia de Ciencias Políticas y Sociales, Caracas, 2021.

mediante una terapia de choque diseñado por Tinoco y Rodríguez Fandeo derogándose los controles de precios, los controles de cambio, las restricciones arancelarias, aplicando la simplificación de trámites administrativos y levantando las barreras burocráticas, se creó una Superintendencia de promoción de la libre competencia y se concentró un plan de ajuste fiscal necesario para enfrentar la pesada deuda pública.[196]

Es evidente, como comenta Arráiz Lucca, "que la filosofía política y económica que sustenta las ideas de Tinoco es el liberalismo",[197] el liberalismo político y el liberalismo económico como nunca se ha conjugado en la vida del país, muy a pesar de los venezolanos, porque como explica Sartori "[c]omo quiera que se conciba -como una filosofía, una teoría, una doctrina o una ideología-, el hecho es que el liberalismo sigue siendo la única ingeniería de la historia que no nos ha traicionado: abarca a medios y fines, y su praxis traduce (en lugar de traicionar) en realidad a su teoría. En su propio ámbito -la construcción del Estado- el liberalismo (no el marxismo) es una teoría con praxis, un programa que «funciona», un saber capaz de realizarse".[198]

Tinoco señala que "…hemos comenzado la década de los 90, la última que nos quedará para terminar el siglo, con un gran impulso de renovación de la acelerada evolución en el campo de la economía. Nos ha tocado presenciar el derrumbe progresivo del marxismo como filosofía de orientación de la economía en dictaduras socialistas que se imponían y mantenían por la fuerza y el terror. Se está abriendo para la humanidad un mundo nuevo en el cual juega un papel preponderante la libertad, y la economía tiende a orientarse por la libre interacción de las fuerzas del mercado".[199]

---

[196]  Herrera León, Bernardino, "Todos fuimos liberales, todos fuimos de izquierda. El postergado proyecto liberal en Venezuela, *La experiencia liberal en Venezuela. Contribuciones para interpretar y promover una sociedad liberal*, Edición aniversario, Compilador: Óscar Vallés, Centro de Divulgación del Conocimiento Económico(CEDICE), Caracas, 2020, p.116.

[197]  Arráiz Lucca, Rafael, *Pedro Tinoco: epicentro y cambio*, Prólogo: Humberto Romero-Muci, Academia de Ciencias Políticas y Sociales, Caracas, 2021, p.p. 129.

[198]  Sartori, Giovanni, *Elementos de teoría política*, versión española de Mª Luz Morán, Alianza Editorial, Madrid, 1992, p.127.

[199]  Tinoco, Pedro R. (h), Prólogo, Romero-Muci, Humberto, *Los ajustes por inflación en la ley de impuesto sobre la renta*, 2da edición, Colección Estudios Jurídicos Nº 56, Editorial Jurídica Venezolana, Caracas, 1993, p.7.

El liberalismo que tiene en mente Tinoco, precisa Arráiz Lucca, es particularmente aquel que en 1991 está en expansión ante la caída del socialismo soviético y, muy pronto, con la aparición de la Web en 1993 experimentará un proceso globalizador vigoroso. En tal sentido, Tinoco como un visionario que era, vislumbraba los cambios y advertía el indetenible proceso de la Globalización. En el dilema entre subirse a esa ola o dejarla pasar, tinoco no dudó en subirse a la tabla.[200]

Sin embargo, no creo que a Tinoco se le haya presentado el dilema entre subirse a la ola del liberalismo o dejarla pasar, porque creo que había estado esperando toda su vida por esa ola y atesoraba la mejor tabla para correrla hasta la playa. Se había preparado toda su vida para lo que no consideraba una opción, sino una necesidad que debía llegar más bien como un tsunami capaz de borrar los atavismos del estatismo, del intervencionismo, del asistencialismo y del proteccionismo de Estado.

Esas ideas económicas de Tinoco son más antiguas, son anteriores a la cresta de la ola del liberalismo de la década de los noventa del siglo XX. La veremos expresadas en textos como la *Carta Económica de Mérida* de Fedecámaras.

Se trata de un pensamiento liberal, como puntualiza Arráiz, pero inclinado a señalarle al Estado funciones determinantes en el desarrollo de la economía y, además, a soslayar el vocablo liberal y fundarse sobre el vocablo "Desarrollismo" tal vez para eludir, a decir de Arráiz, el dilema liberalismo-socialismo en el que entonces estaba enfrascado buena parte del mundo.[201]

Tinoco fue uno de los ideólogos del movimiento empresarial. Al respecto comentaba que la actitud del empresario venezolano ha sido diferente según se trate del proceso político o del proceso social. Su participación ha sido plena, dinámica y positiva en lo que se refiere al proceso social. El empresario venezolano tiene una concepción muy definida de su responsabilidad social y de lo que le toca aportar como factor de progreso social. Apoya al sindicalismo y a la contratación colectiva como instrumentos para asegurar por medios pacíficos una justa

---

[200] Arráiz Lucca, Rafael, ***Pedro Tinoco: epicentro y cambio***, Prólogo: Humberto Romero-Muci, Academia de Ciencias Políticas y Sociales, Caracas, 2021, p.p. 129.
[201] *Ibidem*, p.86.

distribución del producto. Reclama una actuación social eficaz del estado en materia educativa, de salud y de vivienda. Valora positivamente la concertación de fuerzas de trabajadores y patronos para buscarle soluciones prácticas al Seguro Social.[202]

Sin embargo, en materia política, salvo, el apoyo general al sistema democrático, el empresario ha tenido menor participación, como puntualiza Tinoco, justificándolo en que la mayor parte de los empresarios son independientes y no participan en la política partidista. Es bueno afirmar, continúa Tinoco, que este fenómeno no es exclusivo del hombre de empresa. También se observa entre los profesionales y el vasto sector gerencial. Sus causas son variadas. En primer lugar la histórica. Las cruentas guerras civiles y luego las dictaduras, hicieron de la política una actividad en extremo riesgosa que conducía al poder o la cárcel y al exilio. Al nacer la democracia, con la plena libertad de actuar en política, nuestros partidos se convierten todos en partidos rígidos sometidos al comando de un grupo y una disciplina vertical. Esto choca con la autonomía de pensamiento del empresario, del profesional y del gerente que admira en la democracia precisamente la libertad de pensamiento, de expresión y de acción.

Sin embargo, Tinoco acota que progresivamente, el empresario participa más en política. Deja oír su opinión sobre el Pacto Andino, la política petrolera y el gasto público. En muchos casos trata de diferenciar entre opinar sobre política económica y política en su sentido de lucha por el poder.[203]

Tinoco fue un líder empresarial en el ámbito bancario, jurídico y gremial. Contaba con una aguda capacidad para formar equipos y delegar. Contribuyó significativamente en la formación de un liderazgo empresarial que hoy resiste el paso del tiempo, movimiento al que se dedicó con responsabilidad intelectual, profesional y cívica. Se le recuerda como punta de lanza del liberalismo, por la consistencia de su pensamiento y acción liberal durante más de 30 años de vida profesional, académica y política.

---

[202] Tinoco, Pedro R. (h), ***En el gobierno y fuera del gobierno/cuatro Entrevistas/Pedro R. Tinoco h.***, Colecciones los Desarrollistas, Pascual Estada Editor, Italgráfica, Caracas, 1973, p.p.51-56.

[203] *Ibidem.*

Su consistencia ideológica se pude apreciar sin fisuras desde la Carta Económica de Mérida (1962) ratificada en su Trabajo de incorporación como Individuo de Número a la Academia de Ciencias Políticas y Sociales en 1991. La correspondencia entre sus ideas y sus actuaciones, algo poco común en el foro y en la política, la veremos con la puesta en escena de su gestión a cargo del Ministerio de Hacienda (1969-1972), o como Presidente del Banco Central de Venezuela (1989-1992), época en la que además trabajó en los lineamientos macros del Gran Viraje asesorando al coordinador del programa, Miguel Rodríguez Fandeo, ocasión en la fue artífice de la Reforma Financiera e integró la Comisión Renegociadora de la Deuda Externa, dos de las gestiones esencial del cambio macroeconómico.

Su sólido e irreductible pensamiento ayudó a configurar el único intento de concretar un gobierno liberal en lo económico en el país, que tuvo lugar en el segundo gobierno de Carlos Andrés Pérez, con el programa denominado el Gran Viraje. Esto lo convierte en uno de los más comprometidos hombres de acción en el intento fallido de instaurar en Venezuela un gobierno liberal.

Como se ha señalado, en 1962 se celebra en Mérida la Asamblea Anual de Fedecámaras. Pedro Tinoco coordina el grupo redactor de la célebre Carta Económica de Mérida, presentada a la plenaria del organismo cúpula empresarial. Comienza señalando el documento histórico que los hombres de empresa tienen el deber de contribuir a la orientación del país en relación a los problemas fundamentales que afecten al destino nacional. Así, hacen un planteamiento de acción y de progreso que solo busca encontrar mejores soluciones para el futuro.

La *Carta Económica de Mérida* comienza señalando que las experiencias históricas tanto en Venezuela como en el resto del mundo, han evidenciado que no puede haber progreso social sin realismo económico. El Desarrollo Económico constituye la única fórmula verdadera de progreso para toda la colectividad. Entre otras cosas, postula y promueve:

1.  La libertad de iniciativa y de empresa porque el óptimo aprovechamiento de los recursos productivos solo se logra a través de la libre iniciativa y de empresa.

2. El libre funcionamiento del mercado porque determina cómo han de ser empleados los factores de la producción y es esencial para el funcionamiento y desarrollo de la economía. Las reglamentaciones de la economía lo detienen, y es indispensable tener en cuenta su temporalidad y provisionalidad.

3. El ahorro porque uno de los elementos fundamentales que se requieren para el desarrollo, es el incremento sustancial de la inversión, así como el estímulo de la inversión nacional y extranjera.

4. La revisión de la función del Estado en el sector productor de bienes y servicios, que debe cumplirse a través de una política de estímulos, fomento y coordinación de los esfuerzos de la empresa privada, que no perturbe el mecanismo del mercado. Incluso, históricamente la iniciativa privada ha demostrado poder lograr el desarrollo en estos campos con mayor eficacia que el Estado. La función más fructífera del Estado en este ramo debe estar constituida por la ayuda y estímulo a la iniciativa privada.

5. La necesidad de equilibrar el presupuesto, porque mientras no se equilibre el presupuesto, será difícil crear el clima de confianza requerido para impulsar el Desarrollo Económico. La persistencia de los déficits presupuestarios constituyen un facto peligrosamente inflacionista, debilita el valor de la moneda y mantiene al Fisco Nacional en una situación crítica que afecta a todas las actividades del país.

6. La necesidad de reorientar el gasto público hacia fines productivos, porque la naturaleza de nuestro ingreso fiscal nos obliga a invertir una alta proporción de nuestros fondos públicos en obras reproductiva, creadoras de la infraestructura necesaria para la generación de riqueza, que pueda al fin un día sustituir o complementar el petróleo como base de nuestra economía.

7. La necesidad de crear un clima de seguridad y estabilidad fiscal evitando continúa reforma a la base del sistema impositivo, porque para estimular la inversión, para lograr desarrollar su economía, es necesario tener en cuenta un ordenamiento

jurídico estable que dé seguridad a los inversionistas y estimule a las actividades económicas. Los cambios continuos de legislación y la proliferación de leyes especiales no le permiten a nadie conocer con exactitud sus derechos, que se ven modificados con demasiada ligereza, y hacen imposible toda planificación futura.

8. Un sistema impositivo que estimule el Desarrollo Económico, exige introducir en la Ley de Impuesto sobre la Renta, un régimen más efectivo de desgravámenes como estímulo a la inversión. Además, es conveniente evitar la creación de nuevos impuestos, simplificar nuestro sistema fiscal y agilizar los procedimientos y mecanismos administrativos de la administración tributaria.

9. Las bases para la óptima administración de los recursos fiscales. En Venezuela tiene especial importancia para el desarrollo económico, la inversión del Estado. En efecto, el Estado recibe y administra el producto de nuestra mayor fuente de riqueza, que es el petróleo. Le toca cumplir un verdadero papel de transformador del capital nacional. La renta petrolera no puede ser considerada como un recurso fiscal ordinario. Ella tiene en realidad el carácter de producto de la venta de un bien de capital que no existe sino en cantidades limitadas y que se agotará por su explotación. Corresponde, pues al Estado venezolano, reinvertir adecuadamente esa renta petrolera a fin de convertirla en un nuevo capital productivo que venga sustituir el que se está agotando.

10. Uso racional del crédito público como instrumento del desarrollo nacional porque es inadmisible que los recursos obtenidos a través del crédito público se utilicen, directa o indirectamente, para cubrir déficits presupuestarios. Esto será gravemente perjudicial para la economía del país para la solidez de nuestro signo monetario.

11. Una Política Agraria porque las necesidad de un programa eficaz de Desarrollo Económico no puede soslayar que nuestros campos son el único medio real de solucionar los grandes problemas sociales de nuestras zonas rurales. Ya hemos visto que

la causa fundamental del estado de atraso y de miseria de estas zonas, es el hecho real de que el 35 % de nuestra población total, que trabaja en nuestros campos, sólo produce apenas el 7 % de nuestro Producto territorial bruto. La productividad del hombre del campo venezolano alcanza sólo en promedio al 16 % de la productividad media del país. Esta Reforma Agraria integral no consiste en un simple reparto de tierras y otorgamiento indiscriminado de crédito.

12. La transformación de nuestros campesinos en empresarios individuales eficientes, capaces de alcanzar una rata de productividad que les permita lograr un nivel medio de bienestar satisfactorio. Para ello es fundamental la educación rural que convierta al campesino en productor agrícola más eficiente.

13. Un vigoroso programa de desarrollo y de estímulo a la producción en nuestras zonas rurales puede contribuir en alto grado a la solución del problema nacional del subempleo y del desempleo. Hay que incorporar a nuestros hombres del campo a la producción, si realmente aspiramos a realizar una labor de progreso social.

14. Rescatar la política monetaria porque uno de los factores determinantes para el desarrollo de nuestra economía sería que el bolívar recobrase el carácter de moneda sólida de cotización estable no sujetas a controles. Esto influiría en forma decisiva sobre la posibilidad de atraer crédito e inversión privada del exterior y tendería a reducir sustancialmente la exportación de capitales. Además, contribuiría a estimular el ahorro interno, porque sin confianza en la moneda difícilmente se puede lograr ninguna cantidad apreciable de ahorro. No podemos subordinar la política monetaria a las necesidades fiscales ni podemos seguir recurriendo a la manipulación monetaria para cubrir déficits presupuestarios, ni para resolver problemas cambiarios. Hay que lograr el restablecimiento de la confianza en la solidez y estabilidad de nuestro signo monetario. Este propósito sólo puede lograse a través de una política de disciplina monetaria sana, que evite a la vez la inflación y la deflación, la que deberá complementarse con una política de

estabilidad fiscal y con una política económica general que restablezca el equilibrio de la balanza de pagos.

15. La Política Laboral es uno de los factores que influyen de manera fundamental sobre el Desarrollo Económico. Nuestra legislación del trabajo es una de las más avanzadas del mundo y le asegura al trabajador la percepción de numerosos beneficios que no se contemplan en forma obligatoria en otros países. (…) No deben, sin embargo, aumentarse los beneficios como mínimos obligatorio en la Ley de forma tal, que constituyan factor negativo para el desarrollo industrial ni desaliento para la formación de nuevas empresas. El Desarrollo Económico requiere en clima de paz industrial y de seguridad en la contratación. Los contratos colectivos tienen que ser cumplidos por ambas partes, y hay que poner especial empeño en evitar los conflictos por causas extrañas a las relaciones de trabajo. Así se podrá lograr un aumento de la inversión, y la elevación en beneficio de todos, de los índices de productividad. El movimiento sindical no puede permanecer ajeno al objetivo nacional de desarrollo de nuestra economía. La estabilidad en el Trabajo no puede ser impuesta en forma artificial sin afectar adversamente los niveles de productividad y la necesaria disciplina interna en las empresas. Ella tiene que ser consecuencia de la conducta del trabajador y del nivel general del empleo en el país. La única manera real de lograr el mayor grado de estabilidad es estimular al máximo el Desarrollo Económico a fin de elevar sustancialmente el nivel de empleo. Una mayor demanda de trabajo es el factor que más contribuirá a crear una verdadera estabilidad.

### 3.1. El Desarrollismo y los desarrollistas

Para Tinoco el desarrollismo es la nueva manera de pensar en política no atada a ninguna ideología importada ni a ningún esquema abstracto adoptado como dogma inexorable. El progreso debe ser en todos sus órdenes. El desarrollo del hombre y el desarrollo del país deben ir de la mano. Esa es la única forma de resolver los problemas sociales, incorporar a los marginados a la vida activa del país y conquistar una verdadera independencia ideológica.

Señalaba que para alcanzar el verdadero desarrollo se requiere en primer lugar un profundo conocimiento de la realidad venezolana y la disposición de orientar todo esfuerzo en función de esa realidad. Luego es también condición indispensable tener conciencia de los procesos dinámicos capaces de impulsar a un país. El progreso no es el fruto de una hermosa retórica ni de la repetición de gastados lemas carentes de contenido real. Lograrlo es el resultado de una acción intensa, la cual sólo es eficaz en la medida en que se incorpore toda la capacidad de la colectividad nacional.

Al ser inquirido por su posición política, precisaba que los términos izquierda y derecha, pasando por el centro, son poco descriptivos de la realidad política nacional. Ellos vienen del siglo XIX y sirvieron para señalar posiciones políticas en los parlamentos europeos, " precisaba Tinoco.

Sobre el Movimiento Desarrollista señala que **"...no somos socialistas, pero creemos en una vigorosa acción del Estado. En Venezuela, por esa propensión del mundo político nuestro a importar ideas, tenemos actualmente los más variados matices del socialismo. El tradicional soviético que representa el partido comunista. El Socialismo Independiente de Moscú con ciertas semejanzas al que impera en Yugoeslavia planteado por el MAS y José Vicente Rangel. Un socialismo agresivo que encarna el MIR. El socialismo "allendista" copiado en el programa de la "Nueva Fuerza". Y por último, el socialismo del bienestar al estilo sueco, que ha planteado en ocasión Jorge Dáher. Los dos mayores partidos, Acción Democrática y Copei -sigue Tinoco- responden también a corrientes políticas occidentales bien definidas. A.D. es un partido social-demócrata y Copei es un partido socialcristiano. Ambos sin poder definir todavía a cabalidad un rumbo preciso para Venezuela porque en cierta medida aplican las tesis, hechas para países industrializados de las doctrinas que los inspiran"**.[204]

---

[204] Tinoco, Pedro R. (h), ***En el gobierno y fuera del gobierno/cuatro Entrevistas/Pedro R. Tinoco h.***, Colecciones los Desarrollistas, Pascual Estada Editor, Italgráfica, Caracas, 1973, p.p.51-56.

Tinoco expone lo que podría entenderse como un programa del Desarrollismo: "Nosotros creemos que la solución para Venezuela tiene que estar determinada por nuestras propias características nacionales. Necesitamos orden y seguridad. Los disturbios callejeros demasiado frecuentes y la acción violenta como fórmula de protesta son atentados contra la libertad de los demás. El que no se siente seguro cuando sale de su casa de noche o el estudiante que no puede asistir a clase, no está gozando de la plenitud de su libertad".[205]

Pocas naciones tienen como Venezuela tantos recursos conocidos, pero, a decir de nuestro autor, no aprovechados adecuadamente por falta de iniciativa y de programación. Por eso indica el camino: "Necesitamos de una educación eficaz que prepare la mente para entender el mundo en que vivimos y capacite al hombre para tareas prácticas dentro de una economía moderna. Necesitamos un Estado que estimule a la gente para que cada quien aporte su mayor y mejor esfuerzo".

Así mismo, "necesitamos de un Estado que movilice nuestros recursos humanos, naturales, empresariales, laborales, financieros de todo orden con sentido de eficacia y de progreso. Necesitamos desarrollar la cultura a través del arte, la ciencia y la investigación. En ninguna época de la humanidad había existido tanta posibilidad de realización para la personalidad humana y tantas maneras de utilizar su mente. Hemos tendido a conformarnos con alfabetizar y hemos descuidado esa juventud anhelante de descubrir nuevas fronteras de pensamiento y del conocimiento".[206] En la foto se ve al Dr. Tinoco a la derecha junto a Arístides Calvani, Ministro de Relaciones Exteriores, el 19 de enero de 1970, acto en el que Presidente de la República Rafael Caldera inauguró la Universidad Nacional Experimental Simón Bolívar en la antigua hacienda de Sartenejas.

---

[205] *Ibidem.*
[206] *Ibidem.*

La teoría del Estado desarrollista surgió durante la segunda mitad del siglo XX como explicación al fenómeno de acelerado crecimiento económico de las naciones del nordeste asiático. Su argumento central atribuye al intervencionismo estatal en el patrón de inversión la responsabilidad de los exitosos procesos de transformación industrial en la región. A finales de siglo XX, el concepto de Estado desarrollista cayó en desuso como resultado de la crisis financiera asiática y las consecuentes reformas estructurales que acometieron estos países, dejando así atrás su característico intervencionismo público. Sin embargo, diez años más tarde y ante el éxito de múltiples naciones emergentes en el ámbito económico, y también social y democrático, el concepto de Estado desarrollista volvió a cobrar fuerza explicativa desde diversas perspectivas.[207]

La doctrina que se ocupa del tema, señala que se puede considerar al desarrollismo de dos distintas maneras: a) como una forma de organización económica y política capitalista alternativa al liberalismo económico, y el correspondiente estilo de gestión económica del ca-

---

[207] De La Cruz Prego, Fernando, "Estados Desarrollistas En El Siglo XXI: Análisis de conglomerados para una taxonomía multidimensional", Tesis Doctoral, Programa de Doctorado de Análisis de Problemas Sociales Director: Sergio Tezanos Vázquez, Universidad Nacional De Educación A Distancia, Madrid, 2017, p.p. 1-159.

pitalismo; y b) como una escuela de pensamiento económico. En este segundo caso, el nuevo desarrollismo es un sistema teórico que se origina en la economía política clásica, la teoría económica keynesiana y el desarrollismo clásico. El desarrollista-liberal garantiza los derechos de propiedad y los contratos, administrar responsablemente sus facturas de impuestos pero también interviene moderadamente en el mercado para adoptar un nacionalismo económico razonable en la competencia entre los estados-nación.[208]

No obstante, Tinoco cree en una vigorosa acción del Estado, del que demanda funciones determinantes en el desarrollo de la economía. En este sentido, no cree como Nozick, por ejemplo, que "el Estado mínimo es el Estado más extenso que se puede justificar. Cualquier Estado más extenso viola los derechos de las personas".[209] Ese Estado mínimo dedicado solo a garantizar la seguridad, la defensa y la justicia, no es suficiente para Tinoco, por lo menos en un primer momento, en un país, el de las décadas de los 60 y 70 del siglo XX, en la que todo está por hacerse. Con el paso del tiempo su posición se irá inclinando por la disminución de la intervención del Estado.

El Dr. Tinoco es un pragmático no un fanático, está consciente de la necesidad del Estado para el desarrollo económico, social y político, percibe la realidad y no entiende como sí lo hace algunas doctrinas liberales, que el liberalismo tiene como su principal enemigo al Estado, fuente de constantes amenazas a la libertad de los individuos.

Tinoco entiende bien la necesidad de poner límites al Estado –tanto en su ámbito de acción como a sus niveles de gasto y endeudamiento– y acepta que este debe cumplir otras funciones adicionales. Tales como las destinadas a ayudar a las personas a tener una oportunidad inicial, a desarrollar capacidades productivas y a hacerse responsables de sí mismas; así como las orientadas a asistir a las personas que, por razones no

---

[208] Bresser-Pereira, Luiz Carlos, "La nueva teoría desarrollista: una síntesis", *Economía UNAM* vol. 14 núm. 40, enero-abril, 2017, Universidad Nacional Autónoma de México, Facultad de Economía, p.p. 48-66, consultada en: http://www.scielo.org.mx/pdf/eunam/v14n40/1665-952X-eunam-14-40-00048.pdf

[209] Nozick, Robert, *Anarquía, Estado y utopía*, Fondo De Cultura Económica Buenos Aires-México-Madrid, Segunda reimpresión argentina, Fondo de Cultura Económica, Buenos Aires,1991, p. 153.

imputables a ellas, no pueden forjarse una vida de manera autónoma, "…esta perspectiva liberal asume que la desaparición total de los bienes públicos no es realista y se preocupa, por tanto, de los mecanismos más adecuados para invertir en la creación de bienes públicos. Atendiendo siempre al principio de que su prestación sea realizada, en todos los casos posibles, por empresas privadas en competencia. Desde este punto de vista, advierte Casanova, estaríamos ante intervenciones estatales conforme al mercado, tanto en sus propósitos como en sus mecanismos de ejecución. El debate liberal sobre estos asuntos es importante y no ha sido agotado. Puede afirmarse, de todos modos, que la mayoría de las doctrinas liberales no son anti-Estado. Todas ellas reconocen la necesidad del Estado, aunque limitado. La discusión gira, en definitiva, en torno a la definición de tales límites".[210]

Además de las monografías de Tinoco: *El Estado eficaz* (1973) y *En el gobierno y fuera del gobierno* (1973), se publicaron varios libros de los integrantes del Movimiento Desarrollista como *Democracia y educación* de Guillermo Morón, *La idea del desarrollo y la empresa contemporánea* de José Antonio Cordido-Freytes, *Independentismo y desarrollismo* de Santiago Gerardo Suárez; *Los Desarrollistas* de Ney Himiob; *Universidad y Política* de Gustavo Gómez López y *Un Estado para el desarrollo* de Ignacio Andrade Arcaya.

Para José Antonio Cordido-Freytes la idea del *Desarrollo* nace principalmente después de la Primera Guerra Mundial, como consecuencia de las experiencias históricas mencionadas y

---

210 Casanova, Roberto, "Liberando al liberalismo de algunas falsas acusaciones", *La experiencia liberal en Venezuela. Contribuciones para interpretar y promover una sociedad liberal*, Edición aniversario, Compilador: Óscar Vallés, Centro de Divulgación del Conocimiento Económico(CEDICE), Caracas, 2020, p.p.303-305.

como formulación teórica de una nueva manera de encararse con la realidad. Se basa fundamentalmente en una utilización racional de la ciencia y de la técnica, para programar lo más conveniente para lograr un nivel de bienestar económico y social superior, diferenciándose de la concepción *progresista* propia del Positivismo del siglo pasado, por la especial importancia que le da a la *acción humana* en la determinación de los resultados económicos y de convivencia social que se puedan lograr.[211]

En resumen, "la idea del Desarrollo tiene de común con el pensar positivista, su reconocimiento de la realidad en cuanto tal, es decir, de las situaciones históricas concretas. No es por lo tanto un pensar metafísico o meramente teórico, sino una programación práctica basada en posibilidades reales. (…) La idea del Desarrollo no acepta la categoría *revolucionaria* para la solución de problemas que puedan ser resueltos por otros medios más eficaces, los cuales pueden ser vistos por los impacientes grupos o partidos políticos (que consideran que la realidad social-política y económica es mera esclava obediente de los deseos de un hombre), como lentos o poco operativos".[212]

Mientras que Ignacio Andrade Arcaya señala en referencia al país, para contrarrestar que el proceso de industrialización no se cristalizó, que los sistemas educativos están mal diseñados y que una gran masa de la población continúa marginada del proceso económico y cultural de la nación, que todo se sintetiza en la palabra *Desarrollo*, idea que descansa en una base fundamental: "nuestros problemas sociales tienen su origen en la falta de producción más que en las desigualdades de distribución". Señalando incluso que "el fracaso de la inversión del petróleo es la responsabilidad de los hombres de la generación del 28". "Los hombres del 28 tienen en su haber 45 años de dominio político. Pero a su debe pueden cargársele siglos de ocasiones perdidas, de oportunidades desperdiciadas, de esperanzas frustradas. Su empeño en mantener esquemas importados de organización del Estado, su despreocupación por consultar la historia que en definitiva constituye la expresión de lo

---

[211] Cordido-Freytes, José Antonio, ***La idea del desarrollo y la empresa contemporánea***, Colección Los Desarrollistas N° 3, Caracas, 1970, p.p. 12 y 13.

[212] *Ibidem.*

que es un pueblo y da el sentido desde el cual resolver la tarea de cada día, constituye quizá la más radical acusación que puede hacérseles como políticos".[213]

Es así como los Desarrollistas no se conforman con el diagnóstico y pasan al plano propositivo, al plano electoral. Cuando es presentado el Dr. Tinoco como candidato del Movimiento Desarrollista a las elecciones presidenciales 1973, señala que no pertenece a la izquierda venezolana, caracterizada por expresar los más diversos matices del socialismo. Indica que son la expresión de la necesidad de Venezuela de desarrollarse, de crecer y prosperar, la expresión de la Venezuela que quiere una democracia eficaz, con orden y seguridad, la Venezuela de la libertad, pero dinámica y activa en todos los sentidos y aclara que si los quieren llamar de derecha, no les importa, "hasta puede ser útil para diferenciarnos del archipiélago de los que se autocalifican de izquierda".[214]

### 3.2. Un programa de gobierno desarrollista

El Dr. Tinoco es el líder del Movimiento Desarrollista. Asoman la posibilidad de participar en las elecciones presidenciales para el quinquenio constitucional 1974-1979. Comienzan su campaña en 1973. En sus "Lineamientos para un programa de gobierno del Movimiento Desarrollista" que se presenta como una filosofía sobre el progreso y el bienestar de los venezolanos, se dejan ver las principales preocupaciones de Tinoco sobre la eficacia del Estado, el desarrollo económico, la función del Estado como agente del desarrollo, el control de la gestión y del gasto público, el petróleo, el desarrollo social, la transformación de la educación, la incorporación de los marginados a la vida económica y a la sociedad, el empleo, la vivienda.

En el documento precisan que la participación de un movimiento político como el desarrollista se supedita al pragmatismo que exige, más allá de la simple retórica y de los planteamientos y tesis generales,

---

[213] Andrade Arcaya, Ignacio, *Un estado para el desarrollo*, Colección Los Desarrollistas, Nº 7, Caracas, 1973, p.51.

[214] Tinoco, Pedro R. (h), *En el gobierno y fuera del gobierno/cuatro Entrevistas/Pedro R. Tinoco h.*, Colecciones los Desarrollistas, Pascual Estada Editor, Italgráfica, Caracas, 1973, p.p.51-56.

calibrar la magnitud del progreso y del bienestar que se pretende alcanzar, para mejorar substancialmente la situación del país, y para iniciar el despegue hacia el desarrollo.

Comienzan refiriéndose al "Estado Eficaz" un tema central en el pensamiento de Tinoco. La eficacia del Estado se encuentra en el centro de sus preocupaciones. Con datos precisos indican que a pesar de que el volumen de gasto público aumenta de año en año y que el presupuesto es de catorce mil millones de bolívares, aproximadamente, la colectividad venezolana todavía no ha logrado el progreso y el bienestar que corresponde, en sana lógica a la cuantía de las erogaciones fiscales.

Se refieren al desarrollo político precisando que "así como aspiramos a progresar en el campo económico y en el campo social, también aspiramos a progresar en el político. Tenemos interés en que la democracia venezolana sea más realista y que el perfeccionamiento de las instituciones permitan al ciudadano una mayor participación, especialmente en lo tocante a la expresión de su voluntad electoral".

Señalan que a finales de 1972 propusieron una reforma constitucional. Prometen una reforma del sistema electoral, para que los miembros de los cuerpos deliberantes sean electos por distritos unipersonales, y liquidar, de esta manera, la viciosa y funesta práctica de que la verdadera elección los partidos al elaborar sus planchas y que el elector siga conformándose con ratificar decisiones electorales preestablecidas. La reforma del sistema electoral permitirá al elector seleccionar y respaldar a los candidatos que según su libérrimo criterio mejor lo represente y a los candidatos a enfrentarse en concurrencia competitiva.

Los Desarrollistas se refieren al *Nacionalismo Pleno*, señalando que el nacionalismo es la mayor fuerza aglutinante que existe hoy en el mundo: "Venezuela ha sido desde los comienzos de su historia un país que ha sentido como el que más, la afirmación de su propia nacionalidad. Sólo que la proyección de ese nacionalismo a la época que nos ha correspondido vivir, debe y tiene que manifestarse en forma cónsona con las realidades del presente y del futuro". "El país está consciente de que el único nacionalismo admisible y, en consecuencia, practicable, es el que se funda en un pensamiento nacional autónomo". Señalan que la independencia del país frente a cualquier imperialismo económico "… solo se alcanza gracias a una efectiva capacitación nacional. Con gritería y demagogia al gusto de las sectas y de los partidos, no se construye un país ni se crea un nacionalismo verdadero".

Desde luego que no se refieren al nacionalismo como identidad, aquel que ensangrentó Europa, sino al lastre del comunismo y a la imposición de ideas importadas por los partidos tradicionales. Como lo explica uno de los Desarrollistas, al señalar que "…los políticos debe tener un alto sentido de la historia y una clara visión de su propia circunstancia, mientras que nuestros políticos del 28 han vivido dentro de esquemas racionalistas importados de Europa y del siglo XVIII. Y eso es así tanto para los partidarios de la democracia liberal o populista como para los militantes del marxismo ortodoxo revisionista".[215]

---

[215] Andrade Arcaya, Ignacio, *Un estado para el desarrollo*, Colección Los Desarrollistas, Nº 7, Caracas, 1973, p.51.

# 4. Las ideas de un individuo de Número

El Dr. Pedro R. Tinoco (h), ocupó el Sillón 27 de la Academia 
de Ciencias Políticas y Sociales, vacante tras la muerte del Dr. Oscar 
García Velutini. Fue electo en sesión de 17 de septiembre de 1991 y se 
incorporó el 10 de diciembre de 1991 hasta su muerte el 30 de marzo 
de 1993. Luego de hacer un pequeño panegírico del Dr. García Velutini 
con quien el Dr. Tinoco compartió quehaceres en el campo del derecho, 
de la economía y de la vida pública, destacando su participación en 
forma activa en la vida financiera al ocupar cargos de importancia en el 
sistema bancario y escribir varios trabajos sobre la materia, se refiere al 
tema de su disertación: El nuevo derecho.[216]

### 4.1. El nuevo Derecho

El discurso de incorporación a la Academia es una síntesis del 
pensamiento de Tinoco que está a medio camino entre el Derecho y la 
Economía, entre la Política y las Políticas Públicas, demostrando que 
nuestro autor entiende la consubstancialidad entre estas disciplinas, las 
ha vivido de cerca, porque su enfoque multidisciplinar recoge más de 
cuarenta años de experiencia en todas las áreas en que el derecho, la 
economía y la política confluyen en los ámbitos público y privado.

Señala Tinoco que en la Venezuela de la última década del siglo 
XX, siguiendo una tendencia que se va haciendo universal, estamos 
construyendo una nueva economía. Vamos dejando atrás la excesiva 
acción directa e intervención reguladora del Estado sobre la economía 
y vamos evolucionando hacia una economía de mercado, más abierta, 
libre y competitiva. Esto ha significado abandonar el proteccionismo a

[216] Academia de Ciencias Políticas y Sociales, Consultado en: https://www.acienpol.org.ve/
wpcontent/uploads/2019/09/BolACPS_1991_67_123_277-289.pdf

ultranza, abrir nuestros mercados y permitir la inversión extranjera en casi todos los sectores de la actividad económica.

Con este proceso, y a pesar de sus inconvenientes y hasta de sus traumas, insiste Tinoco, que deberíamos abrirnos a una economía más sana, más eficiente y más competitiva, de la que derive un mayor desarrollo no solo en lo económico sino también en lo social, que nos permita salir del atraso e incorporarnos al mayor progreso que vienen logrando los denominados países industrializados.

Para Tinoco esta nueva economía, más moderna en su concepción y en su funcionamiento, requiere de unas nuevas estructuras jurídicas también modernizadas y renovadas, justamente lo que denomina "nuevo derecho" con el que no se pretende modificar la esencia de nuestro derecho sustantivo, el cual refleja la experiencia de los siglos, pero sí de actualizar la acción e intervención del Estado en la economía y crear nuevas reglas sobre la acción de las personas naturales o jurídicas para asegurar la libertad y la transparencia en los mercados.

Así, se refiere al proceso de creación del nuevo derecho como una circunstancia que se está viviendo actualmente en Venezuela, señalando que ese será el objeto de su disertación. Recordemos que estamos en 1991. Sin duda se refiere al *Momento estelar* de su pensamiento, que sintetiza sus ideas en la ejecución del *"VIII Plan de la Nación"*, el denominado "El Gran Viraje" (1989-1992), tiempo en el que se pretendió poner en práctica aquella idea de la Carta Económica de Mérida que postulaba que el mejor programa de reforma social es un programa de desarrollo Económico, capaz de crear empleo y de elevar el nivel de vida de la población.

La premisa con la que inicia su disertación es que en el campo de la economía se han producido y se seguirán produciendo cambios fundamentales en las normas jurídicas que la rigen. El primero es la sustitución, en muchos y fundamentales aspectos, del *principio de la intervención* por el *principio de la libertad.*

Constata que este cambio tan profundo en el concepto normativo viene a quedar confirmado con el restablecimiento de la garantía constitucional de la libertad económica, suspendida por el Presidente Rómulo Betancourt, el 23 de enero de 1961, el mismo día de la entrada en vigencia de la Constitución, lo que le otorgaba al Ejecutivo un amplio margen de maniobra para la toma decisiones económicas, otorgándole una gran flexibilidad y discrecionalidad para los controles de precios, de salarios, de cambio y demás magnitudes económicas, pretendiendo, mediante las técnicas regulatorias, ablatorias y dirigistas, trazar el sendero del mercado.

Esa decisión tuvo sus propias razones de índole política, debidas a la intensificación de la actividad subversiva. Sin embargo, las garantías económicas permanecieron suspendidas durante treinta años más, hasta que son restituidas en 1991 por el gobierno de Carlos Andrés Pérez.[217] Parece razonable pensar según la información disponible que no se justificaba la suspensión de garantías económicas para mantener a raya a la guerrilla.

Tinoco señala que "[v]amos por un camino directo y cierto hacia una economía de mercado en la cual existe una amplia libertad de acción. Esta nueva naturaleza de la orientación y manejo de la economía exige nuevas normas para asegurarse que la libertad en el mercado sea efectiva y que la libertad de competir sea posible".

Matiza que "…no se trata de cambiar la intervención regulatoria del Estado por un dominio de origen privado que impida el libre funcionamiento del mercado y genere una distorsión negativa en el proceso de formación de los precios".

Precisando que "…la economía de mercado se fundamenta en la acción de una permanente competencia de calidad y precio, la cual estimula la eficiencia, propende a mejorar la calidad del producto y protege y beneficia al consumidor. Todo esto crea la necesidad de una nueva legislación, con un conjunto organizado de normas protectoras de la libertad de mercado y del libre acceso al mismo de productores y consumidores".

Para reforzar sus afirmaciones toma como ejemplo del concepto de libertad "que está presente en todo el proceso de reforma del sistema financiero", el proyecto de Ley Anti-Monopolio[218] presentado en ese

---

[217] Bautista Urbaneja , Diego, *La renta y el reclamo. Ensayo sobre petróleo y economía política en Venezuela*, 1era Edición, Editorial Alfa, Caracas, 2013,p.233.

[218] Ley para Promover y Proteger el Ejercicio de la Libre Competencia. Publicada en Gaceta Oficial N°34.880, de fecha 13 de enero de 1992.

tiempo al Congreso Nacional para garantizar la posibilidad de la multiplicidad de ofertas y prohibir los acuerdos que limiten la competencia abierta. Se enfatiza en la defensa de la libre competencia, en regular y prohibir las acciones y situaciones limitativas de la misma. El objeto del proyecto de ley es promover y proteger el ejercicio de la libre competencia y la eficiencia en beneficio de los productores y consumidores evitando las conductas monopólicas y las maniobras que puedan impedir, restringir, falsear o limitar el goce de la libertad económica.

Como señala Badell, a propósito de"…la Ley para Promover y Proteger el Ejercicio de la Libre Competencia del año 1992…estuvo inmersa (junto a otros textos legales de igual orientación, como la Ley de Privatización) en la tendencia liberalizadora y desreguladora, a la que concurrió Venezuela con otros países latinoamericanos durante la década de los noventa. Esta Ley Pro-competencia comprendía mecanismos que realmente tendían a favorecer la gestión natural de los agentes económicos y la auto-regulación del mercado, e incluso incluía expresamente entre sus regulaciones a las personas jurídicas de derecho público que realizasen actividades, con o sin fines de lucro".[219]

En este sentido, el derecho se hace dúctil, primando la libertad al eliminarse "el principio, limitativo a ultranza, de que sólo puede hacerse lo específicamente permitido y se le sustituye por una normativa más genérica y más abierta que permite la continua innovación y la utilización de los nuevos instrumentos que van desarrollando la ciencia financiera y la práctica de los mercados", "elimina la rigidez existente y deja un razonable margen de libertad a la acción gerencial que permita ir así asimilando los nuevos adelantos científicos y tecnológicos".

No le falta razón a Tinoco cuando señala que no puede tenerse un sistema financiero al día anquilosado en las normas y prácticas de hace 20 años. Además, insiste en que la reforma en el campo financiero es parte congruente del nuevo derecho que la economía requiere para su eficiente desenvolvimiento.

Sobre la inversión extranjera señala la necesidad de ir desarrollando una nueva actitud frente a los capitales foráneos, convencido desde

---

[219] Badell, Rafael, "Intervención del Estado en la economía", **Boletín de la Academia de Ciencias Políticas y Sociales** N° 154 , enero-diciembre, 2015, p.480.

la experiencia propia, de la conveniencia de hacer una apertura, amplia y plena, a la inversión extranjera. La explicación es muy elocuente: "En la época del auge de los precios del petróleo, consideramos que debíamos ir reduciendo progresivamente la inversión extranjera en el país y que esta pasara a manos nacionales, públicas o privadas. Esta decisión tuvo dos efectos importantes sobre nuestro futuro desarrollo. Por una parte nos desvinculó en muchas áreas de las fuentes de tecnología y eso desmejoró la capacidad de avance de nuestro proceso productivo. Además, limitó el flujo de capitales externos al país, lo que nos fue llevando a una sobre utilización del crédito externo. Todo esto nos fue conduciendo al grave problema de la deuda, cuando cambió la coyuntura petrolera y bajaron sensiblemente los precios del petróleo".

Por esta razón, afirma Tinoco que se liberalizó el régimen aplicable para que pueda entrar la inversión foránea en casi todos los sectores de la producción y de los servicios, sin necesidad de permisos y engorrosos trámites burocráticos. Se refiere a la ejecución de aspectos prácticos del *"VIII Plan de la Nación"* (1989-1992).

Al referirse al nuevo derecho señala que se está reflejando de manera determinante en las reformas planteadas al régimen fiscal. En el proyecto de reforma de la Ley General de Bancos y otros Institutos de Crédito se plantea una apertura progresiva a la actividad extranjera en todo nuestro sistema financiero a realizarse en un periodo de 5 años, acotando que esta apertura, quizás es la más amplia en toda la América Latina, complementada con conjunto de medidas adicionales de liberación que estimulan y facilitan los ingresos de nuevos capitales foráneos: i. la posibilidad de remitir libremente al exterior, sin permisos ni tramitaciones burocráticas, los beneficios realizados o los capitales invertidos; ii. la posibilidad de remitir también sin limitaciones y permisos los pagos por patentes o tecnología al exterior, y también la eliminación de la permisología relativa a los aumentos de capital.

Insiste en la necesidad de establecer un ordenamiento tributario que sea compatible con una economía competitiva y que favorezca su normal desenvolvimiento. En tal sentido, señala que la nueva dimensión del sistema tributario debe propender no sólo a cumplir su finalidad fiscalista de proveer recursos para financiar la acción del Estado, sino en cumplir con su dimensión finalista en coherencia con una política económica de apertura, eficiencia y competitividad. Entonces apuntala Tinoco que este nuevo derecho en materia fiscal podemos verlo claramente incorporado a la reforma de la Ley de Impuesto sobre la Renta. La rebaja de la tasa máxima empresarial del 50% al 30% tiene el claro propósito de hacer competitiva la tasa de tributación en comparación con las prevalecientes internacionalmente, para que nuestra economía pueda competir en paridad de condiciones en los mercados externos. La concepción tributaria se amolda así a los lineamientos generales de los logros económicos que persigue el país.

Se refiere también a otro de los aspectos de mayor interés de la reforma de la Ley de Impuesto sobre la Renta, como es la introducción de un sistema integral de ajustes por inflación,[220] que tiene por objeto neutralizar los efectos de la inflación en su interacción con la estructura legal del impuesto. De esta forma se asegura que el gravamen incida sobre la verdadera capacidad económica del contribuyente medida en

---

[220] Para un análisis de la evolución de este tema y la eliminación del sistema de ajuste regular por inflación en las reformas a la Ley del Impuesto sobre La Renta para el sector financiero (banca, seguros y mercado de valores) en 2014 y para los denominados contribuyentes especiales en 2015, Vid. Romero-Muci, Humberto, *Los ajustes por inflación en la ley de impuesto sobre la renta*, con Prólogo de Tinoco, Pedro R. (h), 2da edición, Colección Estudios Jurídicos Nº 56, Editorial Jurídica Venezolana, Caracas, 1993; Romero-Muci, Humberto, *La racionalidad del sistema de corrección monetaria fiscal*, Editorial Jurídica Venezolana, Caracas, 2005; Romero-Muci, Humberto «Aspectos protervos en la eliminación del ajuste integral por inflación fiscal a las entidades financieras y de seguros», en Castillo Carvajal, Juan Carlos (Coord.), *Tributación y regulación. Memorias de las XIV Jornadas Venezolanas de Derecho Tributario*, Asociación Venezolana de Derecho Tributario, Caracas, 2015; *Weffe H,* Carlos E. Tributación y Regulación. Notas introductorias al debate sobre la función del tributo en el Estado social y democrático de Derecho, en Castillo Carvajal, Juan Carlos (Coord.), *Tributación y regulación. Memorias de las XIV Jornadas Venezolanas de Derecho Tributario*, Asociación Venezolana de Derecho Tributario, Caracas, 2015; Romero-Muci, Humberto, "Sobre la deducibilidad del resultado monetario deudor (pérdida monetaria) por inflación: el caso de las entidades financieras y de seguro", en Sánchez González, Salvador Y Abache Carvajal, Serviliano (Coords.), *El impuesto sobre la renta. Aspectos de una necesaria reforma. Memorias de las XVI Jornadas Venezolanas de Derecho Tributario*, Asociación Venezolana de Derecho Tributario, Caracas, 2017; Abache Carvajal, Serviliano, "Capacidad contributiva y corrección monetaria. A propósito de la exclusión de los "sujetos pasivos especiales" del ajuste por inflación fiscal", *Libro Homenaje a Los 50 Años de la Asociación Venezolana de Derecho Tributario*, Coordinadores: Leonardo Palacios Márquez y Serviliano Abache Carvajal, Asociación Venezolana de Derecho Tributario, Editorial Jurídica Venezolana, Caracas, 2019.

términos reales, evitando que los valores nominales que expresan las partidas de la contabilidad histórica lleven al inconveniente resultado de desviar el gravamen sobre la renta a incidir sobre el capital, impidiendo el mantenimiento del capital y la formación de recursos productivos adecuados para asegurar su rotación.

El tercer elemento fundamental de la reforma fiscal, continúa Tinoco, es un nuevo impuesto sobre la generalidad de las transacciones bajo el esquema de gravamen al valor agregado. Señala que "…con esta adición a nuestro esquema tributario se persiguen varios importantes objetivos tanto de carácter fiscal como de carácter económico. En el campo fiscal es un elemento fundamental para darle mayor estabilidad y mayor diversificación a los ingresos del Estado. Así, contribuirá de manera efectiva a ir reduciendo la excesiva dependencia actual del fisco sobre la actividad petrolera como la fuente primaria y dominante de nuestros ingresos fiscales. Resulta entonces congruente con el nuevo derecho de una economía que necesita ser competitiva para ganar mercados en el exterior, el que se establezca un impuesto de esta naturaleza".

Otro elemento importante del proyecto económico actual es buscar el equilibrio del aporte fiscal de la venta petrolera, con la creación un fondo estabilizador (FEM) al cual vayan los excedentes de los ingresos petroleros, en los años de precios favorables, por encima de los gastos programados; y del cual puedan retirarse recursos cuando los ingresos petroleros no sean suficientes para cubrir los gastos normales programados. Así se evitan fluctuaciones indeseables en el presupuesto de gastos, por fluctuaciones incontrolables en el monto de la renta petrolera disponible. Este propósito, compatible y coherente con el nuevo derecho, requiere de modificaciones en la Ley Orgánica de Régimen Presupuestario y en la Ley Orgánica de Descentralización, Delimitación y Transferencia de Competencias del Poder Público.

Lo que ha venido ocurriendo hasta la creación del fondo de estabilización macroeconómica, aclara Tinoco, es que, en los años de altos precios petroleros, por razones coyunturales de relativa corta duración, se elevan en exceso los niveles del gasto público con toda su secuela de presiones inflacionarias y se distorsionan hacia el futuro en actividades no prioritarias del Estado. Luego, en cambio, al bajar los precios se incurren en penurias presupuestarias y en déficit fiscales al no poder ajustar con la velocidad requerida los gastos superfluos heredados de un pasado más abundante. El nuevo derecho actual está aquí estableciendo las normas de un administrador prudente, consciente del nuevo papel del Estado, para evitar que se exceda en los tiempos de excesiva abundancia y que esté demasiado limitado en los tiempos de escasez. Esto es aún más imperativo en un modelo económico en el cual se limita la acción del Estado a su capacidad razonable financiera fiscal y gerencial y se estimula que la acción privada asuma las responsabilidades que el Estado, por no serle prioritarias, va a entregar.

Igualmente, el Dr. Tinoco plantea la conveniencia de reformar el Código de Comercio para crear una nueva normativa referente al arrendamiento financiero al cual no le son aplicables las normas puras y simples existentes en el Código vigente y así mismo afirma que para empresas pequeñas como las que existían cuando se puso en vigencia dicho código estaban ajustados a esa realidad los procedimientos concernientes a atrasos y quiebra, pero hoy, con el enorme crecimiento de las unidades empresariales resulta inadecuado ese cuerpo de normas que requieren de una revisión y una adaptación para hacerlas más flexibles en su aplicación y facilitar en algunos casos la recuperación de empresas en dificultades, cosa que en la actualidad más bien se obstruye.

Finalmente, el nuevo derecho no solo aparece expresado en normas de tipo sustantivo, sino que se manifiesta adicionalmente en formulas procesales más dinámicas y expeditas. Se garantiza que el retardo judicial no se convierta en una injusticia o en una denegación de la justicia misma. La fórmula más directa de este "nuevo derecho procesal" cristaliza en el derecho y en la acción de amparo constitucionales. De esta forma se asegura que el sistema de libertades y derechos no quede en una fórmula retórica, poniendo a su servicio un mecanismo reforzado de protección, nada menos que de justicia constitucional, para que en forma breve, sumaria y eficaz se restablezcan las situaciones subjetivas infringidas, vinculadas al goce del ejercicio de derechos y garantías constitucionales. En suma, 'el nuevo derecho", concluye Tinoco, es producto de una evolución. No es un capricho de los nuevos tiempos, sino el fruto de la maduración de las demandas sociales y económicas y de los instrumentos técnicos disponibles para que una administración democrática pueda desenvolverse entre ciudadanos libres e iguales.

## 4.2. Una lúcida Contestación

La Contestación del Discurso de Incorporación[221] de Tinoco le correspondió al Dr. Tomás E. Carrillo Batalla otro de los grandes fiscalistas del país, el académico que mejor ha desarrollado y compilado la historia del pensamiento económico y financiero del país.

Se refiere a la vocación por las cuestiones económicas y financieras del Doctor Tinoco identifica que en su obra escrita, y en sus actuaciones en la vida pública y privada se ha inclinado hacia el ejercicio de aquellas ramas del derecho vinculadas a la economía nacional, y al cumplimiento de funciones gerenciales en instituciones financieras; precisa que la hereda de su padre, el Doctor Pedro R. Tinoco quien es figura sumamente interesante en la historia de la República en el siglo XX, concretamente en la época del General Juan Vicente Gómez, al que se refiere en breve digresión histórica para poner de manifiesto que el padre del recipiendario era un hombre polifacético que no sólo se limitó al ejercicio de su ministerio sino que atendió otras áreas que no estaban en buen funcionamiento en la época de su gestión, advirtiendo sobre la necesidad de un Ministerio de Agricultura y Cría o la inexistencia de un Banco Central, iniciativa de llevar al Gobierno la necesidad de asumir esa función de asistencia a Bancos en dificultades, también demuestra la capacidad de este hombre para enfocar cuestiones donde ni siquiera las instituciones respectivas funcionaban en el país para poderlas solventar adecuadamente.

De casta le viene al galgo, agregaríamos nosotros, al referirnos a nuestro autor igualmente de polifacético que su padre.

Según Carrillo Batalla la obra fundamental del recipiendario es relativa al Impuesto sobre la Renta. Precisa que se trata de dos libros (publicados en 1950 y 1955). Estos dos libros sobre Impuesto sobre la Renta constituyen sin duda una contribución importante a la bibliografía jurídica venezolana. Tinoco analiza los antecedentes históricos del impuesto sobre la renta en diversos países y los antecedentes venezolanos partiendo de la creación de la obligación directa en el Congreso de Cúcuta de 1821 que sufrió diversas vicisitudes hasta su eliminación

---

[221] Academia de Ciencias Políticas y Sociales, Consultado en: https://www.acienpol.org.ve/wp-content/uploads/2019/09/BolACPS_1991_67_123_291-306.pdf

hacia finales de la década del 20 del siglo XIX y el otro ensayo parcial en 1860. Luego enfoca la ley de 1943 que fue la primera del siglo XX; la reforma del 1944; los decretos de la Junta Revolucionaria de Gobierno del año 1945; la reforma del 1946 y la ley de 1948.

Al referirse a la obra que presenta para su incorporación a la Academia como Individuo de Numero, titulada El Nuevo Derecho, comenta que el Dr. Tinoco entiende las corrientes reformadoras de la legislación positiva vigente que expresan la nueva orientación que las autoridades fiscales y monetarias le han dado a la economía pública y privada del país. La línea fundamental que ha marcado ese nuevo rumbo se orienta hacia las libertades que permitan el funcionamiento del mercado y por tanto hacia el levantamiento de los entrabamientos de todas las disposiciones de la legislación que venía consagrando desde hace muchas décadas la intervención del Estado en la economía Nacional. En este orden de ideas analiza el autor los instrumentos de que se ha valido el Estado para esa nueva reforma: la ley antimonopolio, las leyes de reforma del sistema financiero, las reformas al sistema tributario, las reformas a las leyes del régimen presupuestario y a la descentralización, limitación y transferencia de poderes y por último las normas que dentro del Código de Comercio rigen el arrendamiento y los procesos de atraso y quiebra.

Además, en su disertación el Dr. Tinoco destaca que los proyectos de leyes del sistema financiero presentados al Congreso que reforman la Ley General de Bancos y otros Institutos de Crédito, la Ley de Banco Central, la Ley de Fogade, la nueva Ley de la Superintendencia de Bancos, el Proyecto de Ley de Seguros, tienden a cambiar todos los procedimientos, transformar las distintas instituciones del sistema financiero. El desiderátum de la reforma es en lugar de permitir expresamente determinadas actividades, dar libertad para que éstas puedan agregarse al sistema sin necesidad de una disposición concreta permisiva.

Concuerda el Dr. Batalla con Tinoco en promover la voz del mercado que debe ser escuchada en los procesos reales que se expresan en las transacciones económicas. A su vez en la acción vigilante del Estado, sobre todo para evitar desviaciones del mercado que puedan resultar perjudiciales. La política económica nunca debe estar ausente de ese papel compensatorio, equilibrador. El proceso de liberalización internacional de nuestra economía debe exigir de la reciprocidad para evitar un intercambio desigual. Cree así mismo que al Estado le corresponde una función muy importante en la promoción del desarrollo económico en un país, donde, como bien dice el Dr. Tinoco, el 75% de los ingresos del fisco proceden de la actividad petrolera y en la orientación de ese recurso hacia fines productivos, hacia el fomento y el estímulo del avance tecnológico, hacia la construcción de una infraestructura útil al comercio de bienes esenciales, hacia la atención preferente de la educación y de la cultura, hacia la protección de la salud, hacia la eliminación de la marginalidad y la pobreza crítica.

Concluye su sesudo panegírico el Dr. Carrillo destacando que las aportaciones fundamentales del Dr. Pedro Tinoco, la relativa al Derecho Tributario, concretamente en el análisis vigoroso y profundo desarrollo del impuesto sobre la Renta y la concerniente al Nuevo Derecho, son importantes adiciones a la Bibliografía Jurídica Nacional.

## 4.3. Fundación del Palacio de las Academias

Luego de referirnos sucintamente a las ideas expresadas en su Discurso de Incorporación "El nuevo Derecho" y la lúcida contestación, se impone resaltar que el Dr. Tinoco no se limitó a cumplir las funciones propias de su condición de Individuo de Número, sino que su vocación de servicio y espíritu industrioso lo llevó a colaborar en la creación de la Fundación Palacio de las Academias para salvar ese Palacio, ese Monumento que forma parte del patrimonio histórico de la Nación y que alberga a las Academias Nacionales empeñadas en fomentar la investigación, preservar los saberes y el conocimiento y ponerlos al servicio de la Nación, promover el estudio crítico y su enfoque práctico para coadyuvar en la defensa del ciudadano, sus derechos y calidad de vida, de la memoria histórica del país, del territorio nacional y la institucionalidad democrática, promoviendo mediante pronunciamientos, incluso a veces de forma conjunta,[222] que recomiendan fundamentalmente a los

---

[222] En el Palacio de las Academias tienen su sede las llamadas "Academias Nacionales": la Academia de Ciencias Políticas y Sociales, la Academia Nacional de la Historia, la Academia Venezolana de la Lengua, la Academia Nacional de Ciencias Económicas, la Academia de Ciencias Físicas, Matemáticas y Naturales, la Academia Nacional de Medicina y la Academia Nacional de la Ingeniería y el Hábitat.

poderes públicos acciones concretas para el manejo y la solución de los innumerables problemas que nos aquejan.

El Palacio de las Academias donde tuvo asiento la institución que dio origen a la creación de la Universidad de Caracas en 1721 y con posterioridad a los Decretos de El Libertador en 1827, la Ley Republicana fundó la Universidad Central de Venezuela cuya rectoría fue ejercida por el Dr. José María Vargas, ayer como hoy y como muchos otros monumentos del Patrimonio Histórico han sido abandonados por el Gobierno Nacional.

Así fue como no se hizo esperar la ayuda del Dr. Tinoco quien comprendió la naturaleza del asunto y allanó su inmediato apoyo incondicional. Pocos días antes de su fallecimiento, las Academias Nacionales junto con la Fundación Latino decidieron constituir una Fundación, cuyo patrimonio permitiría producir ingresos suficientes para la refacción, mantenimiento y custodia del Palacio de las Academias y el apoyo a toda proyección cultural.

En el acto de instalación de la Fundación en junio de 1993, el Dr. Armando Alarcón Fernández, Individuo de Número de la Academia Nacional de Ciencias Económicas señaló que las Academias Nacionales junto con Fundación Latino decidieron constituir una Fundación cuyo patrimonio inicial de 15 millones de bolívares fueron aportados en la cantidad de dos millones por las Academias y 13 millones por la Fundación Latino. Este patrimonio manejado con sano criterio de administración permitirá producir ingresos capaces de cubrir las erogaciones que generen el único objeto de la Fundación: la refacción, mantenimiento y custodia del Palacio, así como su apoyo a todo cuanto signifique proyección cultural en los distintos ámbitos de las actividades de las Academias.

Mientras que el reputado historiador Guillermo Morón, Individuo de Número de la Academia Nacional de la Historia, creada por Decreto Orgánico del presidente Juan Pablo Rojas Paúl el 28 de octubre de 1888, recordó que Tinoco estuvo preocupado en los dos últimos años en ver cómo se constituía la Fundación Palacio de las Academias. Al tomar la palabra precisó que: "Pedro Tinoco, y ya lo he dicho en público, por escrito, por televisión y radio y lo diré permanentemente, ha sido uno de los baluartes de la Venezuela contemporánea. Lo digo delante de la gente que ha trabajado día a día con Pedro Tinoco en sus quehaceres, no solamente de la economía, de la creación de los factores para que el país económico no se caiga, sino que por el contrario se sostenga y progrese, sino también por quienes lo han acompañado en otras tareas que no se daban siempre a publicidad, pero que lo sabemos quiénes fuimos sus amigos personales y cercanos. Su preocupación por el desarrollo de la ciencia contribuyendo con fundaciones y con instituciones públicas y privadas. Su preocupación por el desarrollo de la educación y de la cultura, cimentándolas desde luego no sólo con ideas sino también con recursos económicos para su fortalecimiento fue tarea suya principal".[223]

---

[223] Fuente: ANCE, Ano-1994-No-19, FUNDACION PALACIO DE LAS ACADEMIAS, Intervención de: Guillermo Morón, Gustavo Gómez López y Armando Alarcón Fernández, p.p.14-25, Consultado en: https://ancevenezuela.org.ve/wp-content/uploads/2021/01/Ano-1994-No-19.pdf

# 5. El Estado eficaz y el desarrollo económico como política nacional

En su libro *El Estado eficaz*[224] el Dr. Tinoco señala que el país reclama al gobierno un substancial mejoramiento de la Administración Pública. Llama la atención del alto costo de la acción administrativa del Estado en relación con su bajo rendimiento, por la ínfima calidad de muchos servicios públicos y por la escasa rentabilidad de las empresas fundamentales del Estado. Sus impresiones son fruto de la propia experiencia en el sector público, lo que le permitió señalar los principales factores que dificultan la tarea de perfeccionar la Administración y, asimismo, vislumbrar algunas soluciones prácticas.

Hay un interesante desacuerdo doctrinario entre Tinoco (estado eficaz) y Brewer-Carías (estado efectivo). Este considera que "mucho más que un Estado "eficaz" lo que está planteado es la estructuración de un Estado "efectivo". En el primero, el problema de los fines y del papel del Estado en el proceso de desarrollo, no es lo determinante; en el segundo, sí lo es, siendo los aspectos de "eficacia" o racionalidad administrativa de carácter secundario. Para Brewer-Carías el tema de la reforma y transformación del Estado debe concentrarse en la configuración "…del *Estado democrático y social* de Derecho en Venezuela, a través del fortalecimiento y transformación de sus instituciones políticas, administrativas y jurídicas, como efectivo instrumento de desarrollo, y mediante la consolidación de su autonomía relativa, pueda, además, escapar a las presiones interesadas de los grupos económicos dominantes, actuando, al contrario, en beneficio de las mayorías nacionales".[225] Pareciera entonces que a efectos de esta discusión, mientras

---

[224] Tinoco, Pedro R. (h),*El estado eficaz,* Colecciones los Desarrollistas, Pascual Estada Editor, Italgráfica, Caracas, 1973, p.p. 1-162.

[225] Brewer-Carías, Allan R. *Cambio político y consolidación del estado de derecho 1958-1998*, Colección tratado de derecho constitucional, TOMO III, Fundación de Derecho

Brewer-Carías se inclina por la justicia social y la redistribución de la riqueza (Estado del bienestar), Tinoco se inclina más por el estado limitado y la iniciativa privada (Estado Liberal-Desarrollista). Ambos coinciden en asignarle al Estado una relevancia fundamental en el desarrollo económico y social, la diferencia está en el peso.

Con mucha razón, Tinoco comenta que las fallas de la Administración Pública se debían más que a los partidos y a los hombres a la existencia de estructuras anticuadas, de sistemas inoperantes y de procedimientos inadecuados. Aunque reconocía que en ocasiones, la acción de un hombre concreto puede llegar a ser determinante, recordando la eficiente labor rendida por el General Rafael Alfonzo Ravard, al frente de la Corporación Venezolana de Guayana; por el doctor Andrés Sucre,

al frente de la Compañía Anónima Nacional Teléfonos de Venezuela; y, por el doctor Argenis Gamboa, al frente de SIDOR. También recuerda al doctor Oscar Machado Zuloaga, Ministro de Comunicaciones; los doctores Arturo Sosa y Andrés Germán Otero, Ministros de Hacienda; el doctor Gerardo Sansón, Ministro de Obras Públicas. A decir de Tinoco, todos introdujeron en la Administración Pública prácticas más eficaces que las que habían encontrado y comúnmente se reconoce que, durante su gestión, el rendimiento de la Administración progresó en sus respectivas esferas de acción.

Sin embargo, al final se decanta por la institucionalidad, advirtiendo que siempre subsiste el riesgo de

Público, Editorial Jurídica Venezolana, Caracas, 2015, p.28.Igualmente, Brewer–Carías, Allan R. **Cambio político y reforma del estado en Venezuela,** Contribución al estudio del Estado Democrático y Social de Derecho, Colección de ciencias sociales serie de ciencia Política, Editorial Tecnos, Madrid, 1975, p.29.

que a pesar de la importancia de la labor desarrollada, sus efectos sean puramente circunstanciales y transitorios.

Es allí donde se ve descollar la pluma intuitiva de Tinoco, cuando señala que las soluciones de tintes providenciales a las que se asignan posibilidades de concreción práctica, y cuya paternidad se suele atribuir a un hombre o a una colectividad política, no resisten, por lo general, la acción del tiempo. Por eso considera que la única manera de lograr un mejoramiento apreciable y permanente de la Administración, es modernizando sus estructuras, sus sistemas y sus procedimientos, porque la Administración Pública venezolana es demasiado extensa, variada y compleja para que la influencia personal de unos cuantos buenos administradores sea la solución.

Señala Tinoco que la reforma de la Administración Pública debe centrarse, básicamente, en la estructura, en los sistemas y en los procedimientos. Además, deben seleccionarse hombres buenos, honestos y competentes a quienes hay que entrenar en el campo específico del trabajo a realizar. Sólo así se podrían alcanzar en la Administración, resultados positivos y permanentes.[226]

Pero la intuición de Tinoco no es producto de la improvisación, sino de la experiencia práctica. Siendo Ministro de Hacienda, en la primera Memoria y cuenta que presenta al Congreso Nacional en el año 1969 señala como punta de lanza de su gestión la Reforma Administrativa para toda la Administración Pública y para el Ministerio de Hacienda, en particular.

Señala Tinoco que el Gobierno Nacional consciente de la necesidad de eliminar en el menor plazo posible las deficiencias administrativas, organizativas y jurídicas del sector público venezolano se ha comprometido a llevar a cabo un plan de Reforma Administrativa.

Desde el inicio mismo del período constitucional de Rafael Caldera, el gobierno nacional emprendió de la mano del Dr. Tinoco un plan de Reforma Administrativa. El Ministerio de Hacienda fue designado corresponsable en la coordinación y dirección del plan, por lo que Tinoco se empecina en la adecuación de la maquinaria administrativa a las necesidades del desarrollo, concretamente:

---

[226] *Ibidem.*

1, Se trata de una Reforma Administrativa para estructurar una Administración Pública para el desarrollo, modificándose los esquemas administrativos clásicos, transformándose el *statu quo*.

2. La Reforma Administrativa debe ser llevada a cabo con la participación de un plan general y la coordinación de una oficina asesora de alto nivel gubernamental, que garantice la conjunción de esfuerzos y decisiones hacia los propósitos establecidos.

3. Debe haber una íntima conexión entre la planificación económica y social y la planificación administrativa, al haberse calificado a la Administración Pública y a su reforma como un factor estratégico del desarrollo.

4. Una de las primeras medidas adoptadas por el nuevo gobierno fue la creación, reglamentación y adscripción de la Comisión de Administración Pública a la Oficina Central de Coordinación y Planificación, órgano superior de planificación. Los funcionarios de más alto nivel de Cordiplan y el Ministerio de Hacienda fueron encargados de coordinar el proceso de reforma, que pone en práctica la corresponsabilidad de todos los organismos públicos, siendo ésta precisamente la orientación del Decreto 103 del 23 de julio de 1969 y del Decreto 141 del 17 de septiembre de 1969 que institucionaliza los Consejos de Reforma Administrativa y las Oficinas Coordinadoras de la Reforma Administrativa.[227]

A su salida del Ministerio de Hacienda, Pedro Tinoco fue nombrado por el presidente Carlos Andrés Pérez para presidir (1974-1977) la Comisión de Reforma Integral de la Administración Pública (CRIAP), una comisión ad-honorem dedicada al estudio de la reforma integral de la administración pública central y descentralizada, para revisar aspectos estructurales, funcionales y contralores, y así recomendar los

---

[227] Carrillo Batalla, Tomás Enrique, *Historia del pensamiento rector de las finanzas públicas*, Tomo V, Academia Nacional de Ciencias Políticas y Sociales, Caracas, 1983, p.p. 774-776.

cambios necesarios para mejorar su eficacia y capacidad de servicio a la colectividad.

De esta iniciativa salieron los proyectos de Ley Orgánica de Procedimientos Administrativos y la Ley de lo Contencioso Administrativo. La Ley Orgánica de Procedimientos Administrativos fue publicada el 1 de julio de 1981, cuando gobernaba Luis Herrera Campíns; con base en estas primeras versiones coordinadas por Tinoco, fundamentadas también por los trabajos del profesor Allan Brewer-Carías al frente de la Comisión de Administración Pública creada durante el primer gobierno de Rafael Caldera. De esa misma época es la Ley General de Bancos y otros Institutos de Crédito de 1975 y la Ley de Mercado de Capitales de 1974. Tinoco trabajó en los lineamientos macros del Programa del segundo gobierno de Carlos Andrés Pérez (1989-1993) asesorando al coordinador del programa, Miguel Rodríguez, y a su segundo a bordo, Pedro Rosas Bravo y, naturalmente, encabezó la Reforma Financiera que formaba parte esencial del cambio macroeconómico, así como integró la Comisión Renegociadora de la Deuda Externa. La reforma financiera no fue aprobada por el Congreso Nacional durante el gobierno de Carlos Andrés Pérez. Incluía leyes tributarias, el Fondo de Estabilización Macroeconómica, la Ley del Banco Central de Venezuela, la Ley de Bancos, Fogade, la Superintendencia de Bancos. Parte de este conjunto de leyes fueron aprobadas durante el gobierno de Ramón J. Velásquez (1993-1994), cuando el doctor Tinoco había fallecido, pero es imposible no recordar que en este tejido legal trabajó Tinoco de manera principalísima".[228]

Otro aspecto importante del Estado eficaz es el control de personal. La Administración de personal hoy parece una obviedad, pero en 1970 se experimentó un positivo avance con la promulgación de la Ley de Carrera Administrativa. El Ministerio de Hacienda comenzó el diseño de los sistemas de reclutamiento, selección y evaluación con miras a su adaptación, con la realización de pruebas y concursos para ocupar los cargos vacantes y la evaluación de procesos y estructuras de las oficinas de personal.

---

[228] Vid. Arráiz Lucca, Rafael, *Pedro Tinoco: epicentro y cambio*, Prólogo: Humberto Romero-Muci, Academia de Ciencias Políticas y Sociales, Caracas, 2021, p.p. 98 y 119.

Para el Estado eficaz de Tinoco la Contabilidad Nacional es un elemento fundamental. El concepto de costo es indispensable a todo esfuerzo racional que tenga como objetivo combinar factores productivos con la finalidad de obtener mayores y mejores resultados. Señala que en la Administración Pública se siente ya, y se sentirá aún más en el futuro, la influencia del presupuesto-programa en la reforma de la contabilidad fiscal, así como contabilidad de costos como instrumento de análisis de los costos unitarios de las diversas actividades gubernamentales. Aunque parezca inverosímil, nos dice Tinoco, el gobierno no lleva una contabilidad moderna, destinada a conocer los costos reales de sus actividades. La única contabilidad que lleva se limita a la anotación en forma elemental, de los diversos ingresos o egresos de caja. La contabilidad general es llevada, ciertamente, por la Contraloría General de la República; pero solamente con el propósito de controlar la legalidad del gasto, es decir de verificar la correcta imputación del gasto a la partida respectiva, según su objeto, y con el propósito de que no se excedan los límites establecidos en el presupuesto a cada categoría de gasto[229].

Es indudable que el Ejecutivo Nacional necesita llevar en su carácter de administrador, una contabilidad susceptible de ser utilizada como instrumento gerencial. Deben realizarse los estudios técnicos pertinentes, que repercutan en la planificación de un sistema de contabilidad moderno de toda la acción económica del Estado y en la articulación de un esquema organizativo de una Dirección Nacional de Contabilidad. Además de promover la implantación del mencionado sistema, esta Dirección debería llevar la contabilidad del Gobierno Nacional y dictar las normas contables aplicables a la contabilidad de toda la administración descentralizada. De esta manera podría lograrse que también los Institutos Autónomos y las empresas del Estado, lleven sus cuentas de acuerdo con los procedimientos de contabilidad más idóneos y de mayor aceptación general. La conjugación del presupuesto-programa con una buena contabilidad de costos, proveerá al Estado de los elementos básicos para mejorar la eficacia de la Administración.

---

[229] Tinoco, Pedro R. (h),*El estado eficaz*, Colecciones los Desarrollistas, Pascual Estada Editor, Italgráfica, Caracas, 1973, p.p. 1-162.

Tinoco era partidario de introducir en la Administración Pública, los principios y los instrumentos de la administración científica, empeñado en utilizar sistemáticamente los instrumentos reformadores. Todos los interesados en que los novísimos principios de la moderna ciencia de la administración tengan vigencia, deben constituirse en motores de estos propósitos. Apelaba a las voces del Instituto de Estudios Superiores de la Administración, de la Federación de Contadores de Venezuela, de la Asociación Venezolana de Ejecutivos, como las instituciones más autorizadas en la materia, que deben contribuir a que todos estos esfuerzos se consoliden.

Además, era partidario del control de méritos, esto es, de la eficiencia de la Administración, señalando que las leyes de presupuesto correspondiente a los años 1971 y 1972, impusieron al Ejecutivo Nacional, la obligación de presentar al Congreso de la República, una información trimestral sobre la ejecución de los programas, lo cual no fue cumplido a cabalidad por el Ejecutivo por falta de experiencia.

Tinoco pone especial énfasis en llamar la atención sobre la urgencia de pasar de un simple *control de legalidad* a un *control de eficiencia*, porque además de que el cambio de la normativa contralora conllevaría un cambio de mentalidad en quienes ejercen el control, sus efectos repercutirían saludablemente en los cuerpos deliberantes, en particular en el Congreso, al cual corresponde, por su propia naturaleza, ejercer el control de los resultados que acusa la gestión de la Administración. Este tipo de control estimularía y robustecería la tendencia hacia un mejor y más productivo manejo de los fondos públicos.

El control ayudaría a la creación de una verdadera mística de la eficiencia. El crédito que mereciere la gestión cumplida se concedería a los administradores que, al ejecutar los programas, alcanzan sus metas, instituidas en pruebas de una labor real y efectivamente provechosa, y en manera alguna, como ha sido tradicional y todavía ocurre en la actualidad, a aquellos que hacen uso de una abundante publicidad generosamente pagada por el Estado. Este control además servirá para orientar el debate público. La crítica a una gestión administrativa tendrá entonces una base real. Se podrá diferenciar los rasgos de una gestión e individualizar las responsabilidades.

Como Ministro de Hacienda, Tinoco presentó, en el año 1971, los primeros informes trimestrales en ese sentido; informes incipientes e imperfectos, pero suficientes para dar comienzo a la realización de la importante modalidad contralora. Como miembro de la Comisión de Finanzas de la Cámara de Diputados impulsó activa y sistemáticamente, la implementación de ese control, creando entre los servidores del Estado, una mentalidad más acorde con las exigencias de productividad de la administración científica moderna.[230]

---

[230] Tinoco, Pedro R. (h), *El estado eficaz,* Colecciones los Desarrollistas, Pascual Estada Editor, Italgráfica, Caracas, 1973, p.p. 1-162.

# 6. Tinoco y las finanzas públicas

El derecho financiero adquirió "carta de naturaleza" en la Venezuela de la segunda mitad del siglo XX. Se puede decir que la rama del derecho público que organiza los recursos de la hacienda pública del Estado y más propiamente el derecho tributario que regula el establecimiento y la aplicación de los tributos, comenzó a adquirir su autonomía calificadora, su especificidad dogmática, luego de la sanción de la primera Ley de Impuesto sobre la Renta en Venezuela en el año 1942, y más propiamente con la constitucionalización del sistema tributario y de los principio de justicia en las Constituciones de 1947 y 1961, y luego en los 80 con la entrada en vigor del Código Orgánico Tributario.

Pero en la otra cara de la moneda: en el gasto, los auténticos cambios comenzaron a operarse en la década de los 70 del siglo pasado, de la mano precisamente de Tinoco a la cabeza del Ministerio de Hacienda, cuando le tocó presentar al Congreso de la República, el primer presupuesto (1970) elaborado con arreglo a la moderna técnica administrativa recomendada por las Naciones Unidas a todos los países, esto es, el presupuesto-programa, en el cual cada gasto se vincula, en forma directa, a una meta; presupuesto que se distribuye en función de los distintos programas que el Estado aspira a realizar. Según la metodología adoptada, a cada programa se le asignan recursos en proporción a los resultados que en cada caso se estiman posibles.[231]

Igualmente, en el año 1971 Tinoco puso en práctica, atendiendo a los estudios presentados al Congreso Nacional, y conforme al nuevo sistema presupuestario y la estrecha vinculación entre el plan de desarrollo y el presupuesto fiscal, la implantación de un sistema de contabilidad

---

[231] *Ibidem.*

de costos que permite conocer con mayor precisión los costos unitarios incurridos en el cumplimiento de las metas del Plan de la Nación.[232]

En su Memoria y cuenta de Hacienda correspondiente al ejercicio anual de 1970, Tinoco advierte que "la aplicación de esta serie de nuevos criterios técnicos permitirá una mejor evaluación de las prioridades a que está sujeta la inversión de los recursos públicos, mediante un análisis más racional basado en la programación y ejecución de metas de los diferentes organismos públicos, sustituyéndose los criterios tradicionales de valoración de alternativas de gastos basados exclusivamente en los medios a utilizar y no en los objetivos fijados a cada actividad pública".[233]

Tinoco subrayaba la importancia de ir a un régimen de presupuestos equilibrados, "necesario para la salud misma de la economía y para darle base sólida a nuestras perspectivas futuras de desarrollo. Pero acotaba que no debemos intentarlo por el camino fácil, sino cumpliendo las verdaderas tareas que imponen la razón y la buena administración. Ocupándonos en primer lugar del gasto, para reajustarlo en la medida de lo posible; de mejorar los ingresos combatiendo la evasión fiscal y logrando que todos aquellos que bajo el actual régimen de impuestos tienen capacidad tributaria y están en el deber de contribuir, efectivamente lo hagan. Mejorando las recuperaciones en la administración descentralizada del Estado para que los institutos autónomos de inversión, al mejorar sus ingresos propios, vayan dependiendo en menor grado del tesoro nacional.[234]

Advertía Tinoco, a mediados del siglo pasado, en su muy consultada obra *"Comentarios a la Ley de impuesto sobre la renta"* que "la aparición del Impuesto sobre la renta representa un notable paso de avance en la historia de la evolución. Con él se logra, mejor que con cualquier otro de los sistemas tributarios, el ideal moderno de la justicia fiscal. Sin embargo, en sus primeros tiempos se exageraron sus méritos y se

---

[232] Carrillo Batalla, Tomás Enrique, *Historia del pensamiento rector de las finanzas públicas*, Tomo V, Academia Nacional de Ciencias Políticas y Sociales, Caracas, 1983, p.808

[233] *Ibidem.*

[234] Tinoco, Pedro R. (h), *En el gobierno y fuera del gobierno/cuatro Entrevistas/Pedro R. Tinoco h.*, Colecciones los Desarrollistas, Pascual Estada Editor, Italgráfica, Caracas, 1973, p.15.

pretendió erigirlo en impuesto único. La experiencia demostró luego que este sistema impositivo, aunque más equitativo, no era perfecto, y que una buena organización financiera no debía estar basada únicamente en impuestos personales, sino que debía gravar algunas fuentes de riqueza con impuestos reales, ya que, de lo contrario, escaparían totalmente al tributo".[235]

Dentro de sus líneas de pensamiento, Tinoco señalaba su oposición a que se trate de resolver el déficit fiscal simplemente aumentando los impuestos, porque el déficit estructural del presupuesto difícilmente podrá cubrirse con un solo tipo de medidas, tratando de resolver el déficit fiscal simplemente pidiéndole a los que hoy pagan sus impuestos, que paguen algo más, para poner las fianzas públicas en balance.[236]

Es necesario, decía, ampliar la base tributable al expandirse la actividad económica y lograr que todos los que deben ser contribuyentes cumplan sus obligaciones tributarias; alcanzar un mejor cumplimiento de las obligaciones financieras con los organismos públicos; y contemplar también el pago de algunos servicios gubernamentales que actualmente se prestan gratuitamente. Reafirmaba la necesidad del estímulo a la iniciativa privada para aprovechar todo el potencial del país en su propio beneficio y para su propio progreso, incrementándose simultáneamente el producto territorial y el ingreso fiscal.[237]

### 6.1. Impuesto sobre la renta

De su fervor de investigador docente de sus primeros años profesionales será fruto su libro *Comentarios a la Ley de Impuesto sobre la Renta en Venezuela*, publicado en 1955, que es la ampliación de un texto, de un pequeño volumen publicado en 1950 que, como el mismo autor advierte, comentó someramente la Ley de Impuesto sobre la Renta de Venezuela.

En la presentación Tinoco considera que dada la enorme influencia de la Ley de Impuesto sobre la Renta sobre nuestra economía en

---

[235] Tinoco, Pedro R. (h), ***Comentarios a la Ley de impuesto sobre la renta***, T.I, Madrid, 1955, p. 3.

[236] Tinoco, Pedro R. (h), ***En el gobierno y fuera del gobierno/cuatro Entrevistas/Pedro R. Tinoco h.***, *ob.cit.*, 1973, p.14.

[237] Carrillo Batalla, Tomás Enrique, ***ob.cit.***, Caracas, 1983, p.774.

general y sobre cada una de las economías individuales de las personas que realizan actividades productivas en el país, es fundamental un estudio detenido de este tributo. El acierto de la obra y su utilidad, forman parte de la intención del autor que pretendía como es lógico "contribuir a nuestro acervo jurídico, que reclama el aporte de todos los estudiosos del Derecho". Su pretensión fue cumplida con creces como lo deja ver la vigencia de la obra con el paso del tiempo.

A pesar de que este opúsculo fue redactado antes de la reforma de la estructura del impuesto sobre la renta de 1966, que reemplazó el sistema cedular por el sistema global y progresivo, con la transformación de los nueve impuestos cedulares y el impuesto complementario, en un solo impuesto unitario y, de los múltiples cambios legislativos posteriores a la ley de 1942, los comentarios sobre los elementos que informan la estructura del tributo, el estudio comparativo con otras legislaciones y el análisis a la luz de los principios fundamentales de la ciencia fiscal y del derecho tributario tienen una extraordinaria utilidad y gozan de una actualidad admirable, máxime en un ámbito como el tributario donde la legislación es motorizada y cambiante.

Con mucho acierto el Dr. Pedro R. Tinoco (h) fue incorporado en 1985 a la Asociación Venezolana de Derecho Tributario, con otros distinguidos colegas como Federico Araujo Medina, Josefina Calcaño de Temeltas, René De Sola, Luis Henrique Farías Mata, Luciano Luppini, Oswaldo Padrón Amaré, Rodolfo Plaz Abreu, Gabriel Rúan y Enrique Sánchez Falcón, entre otros.

Tinoco fue un colaborador insigne de la Asociación Venezolana de Derecho Tributario. El 1° de marzo de 1985 participó en un Foro sobre los Reparos del Impuesto sobre la Renta a las Instituciones Bancarias, junto a Domingo Maza Zavala, Oswaldo Padrón Amaré, Jaime Parra Pérez, Trino Alcides Díaz, Abdías Arevalo y el Lic. José Ramón Pimentel. El Dr. Cesar J. Hernandez B., Presidente de la Asociación Venezolana de Derecho Tributario, con motivo de la instalación de las primeras Jornadas Venezolanas de Derecho Tributario en julio de 1985, recuerda que las gestiones financieras y desprendido gesto del Dr. Tinoco, han hecho posible el aporte financiero de varias empresas.

Pero volviendo a la utilidad de la obra sobre el impuesto sobre la renta de Tinoco, la misma es fácilmente constatable no solo por las prolíficas referencias que encontramos en monografías, sentencias y escritos recursivos desde los años 60 del siglo pasado, sino porque en *Comentarios a la Ley de Impuesto sobre la Renta en Venezuela* se abordan los temas más importantes del impuesto sobre la renta y se hace con tanta solvencia y exhaustividad, lo que ha significado su vigencia entre los más importantes expositores del foro, que recurren siempre para ilustrarse y complementar sus argumentos en la simplicidad didáctica y práctica de la obra de Tinoco.

Desde los años 60, muy tempranamente es citado el Dr. Tinoco. Es el caso de un artículo de Carlos E. Padrón Amaré "Algunas ideas Fundamentales Acerca de los Conceptos de "Normalidad" y "Necesidad" del Gasto en la Ley de Impuesto Sobre la Renta" publicado en la Revista de Derecho Tributario Nº 3, noviembre-diciembre, 1964, p.9, donde se refiere "al concepto de normalidad que, a los fines fiscales, no es en principio un concepto absoluto. Por ello lo que puede resultar un gasto normal para un contribuyente determinado, puede perfectamente resultar anormal, por excesivo, para otro contribuyente. Por esa relatividad, que encontraremos más acentuada en el requisito de necesidad, y en función del principio de certeza, aceptado sin reparos en materia impositiva, se hace ineludible tratar de establecer criterios más o menos estables a los fines de la determinación del requisito de normalidad. A los efectos antes mencionados, se nos hace necesario recurrir a la doctrina (administrativa y de los autores) y a la jurisprudencia. El doctor Pedro R. Tinoco, en sus comentarios al Estatuto impositivo, asienta, a título de conclusión, que el criterio fundamental para la determinación de la normalidad de un gasto, consiste en analizar si un contribuyente medio que explote un negocio de la misma magnitud hubiera realizado en condiciones semejantes un gasto de igual cuantía".

En una monografía sobre "La concentración de Empresas y la fiscalidad", del Dr. Oswaldo Padrón-Amaré, Revista de Derecho Tributario Nº 17, abril-marzo, 1967, p.15 se invoca "…a falta de definición legal o reglamentaria, la doctrina nacional (Véase "Comentarios a la Ley de Impuesto sobre la Renta" , Dr. Pedro R. Tinoco, hijo, Tomo II, págs. 665 y sigs.) ha tratado de fijar el alcance del concepto partiendo de la base de que el objeto de la consolidación de balances es "determinar la verdadera renta neta de una empresa, aunque ella actúe por medio de varias compañías, cada una de ellas con personalidad jurídica propia", que es la manifestación concreta de la afiliación. En algunas legislaciones, según el Dr. Tinoco, la propia ley define los presupuestos que configuran el control (como sucede en la ley americana por él citada que exigía que la sociedad controlante poseyese por lo menos el 95% de la 15 controlada y en la colombiana, citada por nosotros), siendo de destacar que algunas fijan limites tan elevados que la regulación parece ser inoperante, máxime en presencia de formas especiales de control como las derivadas de regímenes contractuales diversos de la simple tenencia de acciones o participaciones sociales. Concretamente, para el caso en estudio, el comentarista citado acoge una interpretación realista del supuesto legal, al decir que "por control debe entenderse la posibilidad legal de ejercerlo, de conformidad con los estatutos de la respectiva compañía… ", lo que determina la necesidad de analizar cada situación concreta para determinar la existencia de la afiliación, con prescindencia de cualquier arbitraria fijación de porcentajes de acciones o derechos sociales por vía legal o reglamentaria. A tales efectos, somos de la opinión, por cuanto la afiliación puede resultar de muy diversos mecanismos, los cuales pueden ser cambiantes y de difícil definición, que lo más adecuado sería dejar la mención como una noción imprecisa sujeta a la interpretación de la autoridad administrativa o del juez llamado eventualmente a decidir, en el entendido de que siempre la interpretación habrá de ser racional so pena de nulidad del acto que se funde en un falso supuesto o en una ampliación indiscriminada del concepto.

Cuando se trata de desentrañar el artículo 4 de la misma Ley, establece que un enriquecimiento proviene de actividades económicas realizadas en Venezuela o de bienes situados en el país, cuando alguna de las causas que lo origina ocurre dentro del territorio nacional, ya se refieran esas causas a la explotación del subsuelo, a la formación, traslado, cambio o cesión del uso o del goce de bienes muebles o inmuebles, corporales o incorporales. Lo que establece la citada normativa no es más que uno de los principios fundamentales del Impuesto sobre la Renta en Venezuela, que es el de la territorialidad del enriquecimiento, adoptado en nuestra primera Ley de Impuesto sobre la Renta de 1942, y mantenido a través de las sucesivas reformas de la Ley hasta nuestros días. Ahora bien, como lo sostiene el doctor Pedro R. Tinoco hijo, de la norma citada se observa que nuestro legislador utilizó la palabra "realizada" en su sentido corriente de "verificada" , que corresponde a la definición que de ese vocablo hace el Diccionario de la Real Academia de la Lengua Española, de lo que puede concluirse que, para que un enriquecimiento sea gravable por el Impuesto sobre la Renta en Venezuela, basta que una sola de las causas que lo producen u originan se haya verificado en el territorio nacional.[238]

El doctor Pedro R. Tinoco hijo es citado al tratar el tema de la territorialidad del enriquecimiento. Nos dice que las rentas provenientes de actividades comerciales o industriales realizadas dentro de los límites territoriales están gravadas, pero que, sin embargo, el desarrollo del comercio internacional ha creado algunos casos en los cuales la aplicación del principio de la territorialidad presenta algunas dudas. Al respecto menciona el caso de las firmas exportadoras extranjeras que tienen en Venezuela un agente o representante para que les logren pedidos o gestionen las ventas de sus productos, y afirma que los beneficios obtenidos por las ventas realizadas a individuos o firmas comerciales del país no están gravados por el impuesto, en razón de que ninguna de las causas productoras del enriquecimiento han ocurrido dentro del territorio nacional, los bienes vendidos no han sido producidos en Venezuela y la venta se perfecciona en el exterior, al ser aceptado el pedido por la casa exportadora. En cambio, apunta el doctor Tinoco, la venta en el país de mercancías enviadas en consignación por una firma extranjera sí es una actividad comercial sometida a nuestro tributo sobre las rentas, ya que en este caso la firma extranjera ha conservado la propiedad del bien, y es ella quien realiza la venta dentro del territorio nacional.[239]

Se cita a Tinoco como "…la más autorizada doctrina venezolana ha rechazado la equiparación -pura y simple- de la figura del asiento contable a la del abono en cuenta. En efecto, la doctrina ha destacado que esta posición desconoce un elemento determinante, que el abono

---

[238] Rengel Núñez, Pedro Agustín, "El régimen de depósito aduanero y el Impuesto sobre la Renta", **Revista de Derecho Tributario**, N° 52. Asociación Venezolana de Derecho Tributario - Julio - Agosto –Septiembre, Caracas, 1991, p.p 69 y70.

[239] *Ibídem.*

en cuenta que puede asimilarse al pago es aquel registro contable que tiene un efecto liberatorio o extintivo de una obligación, que tiene su efecto correlativo en el acreedor que ve satisfecho su crédito. En igual sentido, Pedro R. Tinoco hijo sostuvo que: "En realidad, el abono en cuenta no equivale a pago. El comerciante que le abone en libros a otra persona una cantidad, no le está haciendo un pago. El pago es uno de los medios de extinguir las obligaciones y el abono en cuenta no lo es. El abono en cuenta equivale únicamente a un reconocimiento contable de la obligación. El pago es un medio para cancelarla. La persona favorecida con el abono no entra a gozar de esta cantidad en forma directa e inmediata, sino que tiene que esperar el efectivo pago. (...) Por ello, el legislador le dio el carácter de juris tantum y le permite expresamente prueba en contrario". Según este respetado criterio, se presume que el abono en cuenta equivale a pago salvo que se pruebe lo contrario, es decir que el titular del enriquecimiento podrá válidamente demostrar que la obligación reconocida contablemente no se ha extinguido pues (i) no se ha girado ningún pago, (ii) no se ha entregado un bien, o (iii) no se ha verificado otra forma de extinción de la obligación original".[240]

Se pone en contexto a pesar de ser un opúsculo de los años cincuenta. En efecto, el profesor Ruán señala que "...es relevante el comentario hecho por el doctor Pedro Tinoco, en los inicios de la década de los años cincuenta, a esta postura negativa de la jurisprudencia tributaria. Decía este reconocido autor venezolano, en relación con las deudas incobrables antes de adquirir esta condición: " ...La gran mayoría de los comerciantes se protegen contra estas eventualidades, usuales en el comercio, creando una reserva de garantía de las deudas que puedan resultar incobrables, a la cual asignan una porción de sus utilidades al fin de cada año gravable. Sin embargo, como el criterio establecido en nuestra Ley en materia de deducciones es el de sólo permitir a las que correspondan a gastos efectivamente pagados, no se permitió a los contribuyentes deducir las cantidades separadas de las utilidades para formar una reserva de garantía de deudas incobrables". Frente a lo

---

[240] Castillo Carvajal, Juan C, "Disponibilidad de la Renta", **Manual Venezolano De Derecho Tributario**, coordinadores generales Jesús Sol Gil Leonardo Palacios Márquez Elvira Dupouy Mendoza Juan Carlos Fermín Fernández, AVDT, Caracas, 2013, p.p. 69-70.

que consideraba inequitativo, el doctor Tinoco expresaba en esa misma oportunidad: . . . " Lo que resultaría quizás conveniente en esta materia sería, en una futura reforma de nuestra legislación relativa al impuesto sobre la renta, establecer la facultad para la Administración del Impuesto, de permitirle a los contribuyentes formar reservas adecuadas para la garantía de las deudas incobrables deduciendo las cantidades necesarias de su renta bruta. Este sistema ha sido adoptado tanto en la legislación colombiana como en la de los Estados Unidos" . Aunque el doctor Tinoco hacía referencia a la formación de reservas, en realidad hacía alusión al concepto de provisiones contables, pero ello se debía a que la doctrina nacional de la época no distinguía entre reservas y provisiones.[241] En las reformas posteriores de la LISLR, se añadió al renglón de las deducciones para la determinación de la renta neta gravable " las provisiones para la depreciación de los inmuebles invertidos como activos permanentes en la producción de la renta o dados en arrendamiento a los trabajadores" , según la norma del Parágrafo Noveno del artículo 27 de la LISLR vigente. Aunque esta reforma hace uso del concepto verdadero de provisión, este añadido no modificaba la postura negativa general, pues se le daba un alcance meramente excepcional a las provisiones que se agregaban, con respecto exclusivamente al supuesto de la depreciación de los activos permanentes permitida al final de cada ejercicio; pero sin que ello revelara tampoco una continuidad de las reglas tradicionales aplicables a reservas y provisiones contables.

Se recuerda que Tinoco destaca que el primer problema a resolver en la elaboración de un sistema justo de impuesto sobre la renta es la determinación de la materia imponible. La renta es un concepto eminentemente económico, sobre el cual recae consideraciones de distinta índole, la razón eficiente de las disputas que genera su estudio a los fines de la configuración y escogencia de la materia imponible sobre la cual se construye el impuesto.[242]

---

[241] Ruan Santos, Gabriel, "Deducibilidad de las provisiones contables relativas a los riesgos de la cartera de créditos de los bancos". **Revista de Derecho Tributario**, Asociación Venezolana de Derecho Tributario N° 133, enero - febrero - marzo 2012, Caracas, 2012, p.66.

[242] Palacios, Leonardo, Los Principios Tributarios ante las Nuevas Formas de Imposición, **Revista de Derecho Tributario**, Asociación Venezolana de Derecho Tributario N° 122, Abril - Mayo - Junio, Caracas, 2009, p.169.

Incluso los autores citan el libro de 1950 (Tinoco, Pedro R. (hijo). Comentarios a la Ley de Impuesto sobre la Renta de Venezuela. Caracas, Editorial Ávila Gráfica, 1950; pág. 43 En efecto, los incrementos (o decrementos) del valor de los bienes del contribuyente pueden constituir enriquecimientos (o pérdidas), pues aumentan (o disminuyen) su patrimonio, pero no representan ingresos disponibles (o gastos causados) desde el punto de vista del ISLR mientras no se encuentren realizadas las operaciones que materializarían dichos enriquecimientos (o pérdidas). Al respecto, la doctrina nacional ha destacado en referencia a los enriquecimientos lo siguiente: "Los incrementos del valor de los bienes de un contribuyente, es indudable que constituyen verdaderos enriquecimientos, es decir, que aumentan su patrimonio, y consiguientemente, su capacidad económica. Sin embargo, tales incrementos no representan enriquecimientos disponibles pues no se encuentran, ni jurídica, ni económicamente, a la disposición del contribuyente. Este sigue siendo propietario del bien, y su capacidad económica continúa igual. Como expresa muy acertadamente la Corte Suprema de Justicia de los Estados Unidos, en el famoso caso Eisner vs. Macomber, el enriquecimiento sólo se hace disponible cuando se separa del bien que lo produce y se transforma en un valor de cambio que es recibido por el contribuyente para su propio uso, beneficio y disposición".[243]

Se recurre a Tinoco "…en ausencia de estos elementos esenciales para equiparar el concepto de abono en cuenta como pago "salvo prueba en contrario", nuestra Doctrina se pronunció en su oportunidad sobre la necesaria diferenciación del "abono en cuenta" en materia tributaria de su concepción contable. En este sentido, Pedro R. Tinoco hijo sostuvo en el año 1955 que: "En realidad, el abono en cuenta no equivale al pago. El comerciante que le abone en sus libros a otra persona una cantidad, no le está haciendo un pago. El pago es uno de los medios de extinguir las obligaciones y el abono en cuenta no lo es. El abono en cuenta equivale únicamente a un reconocimiento contable de la obligación. El pago es un medio de cancelarla. La persona favorecida con el abono

---

[243]  Castillo Carvajal, Juan C., "Apostillas respecto de las implicaciones tributarias derivadas de la adopción de las Normas Internacionales de Información Financiera (NIIF)", Revista De Derecho Tributario, Asociación Venezolana de Derecho Tributario N° 115 - Julio - Agosto - Septiembre 2007, p.17.

no entra a gozar de la cantidad en forma directa e inmediata, sino que tiene que esperar el efectivo pago. Si su deudor es insolvente, el abono en cuenta sólo reducirá la obligación. Actualmente, repito, el abono en cuenta se presume equivalente al pago, salvo prueba en contrario. Esta presunción proviene de la ficción legal y no de la realidad de las cosas. Por ello, el legislador le dio el carácter de juris tantum y permite expresamente la prueba en contrario. Esta prueba podría hacerse, por ejemplo, en los casos en que el pago real no puede lograrse por insolvencia del deudor, o cuando existen obstáculos legales o materiales que impidan su realización".(Subrayado nuestro). Compartimos la opinión de Pedro R. Tinoco hijo antes citada, quien con una claridad meridiana y en ausencia de un concepto para el término "abono en cuenta" para el momento de formular dicha opinión, identifica acertadamente la necesaria diferenciación entre el abono en cuenta en materia tributaria y su concepto contable. Asimismo, debemos resaltar que la consideración de que el simple asiento contable implica un reconocimiento de la existencia o subsistencia de una obligación determinada y no su pago -entendido éste como una forma de cumplimiento para su extinción- tiene plena vigencia en nuestros días como se verá infra. (24) Pedro R. Tinoco Hijo, Comentarios a la Ley de Impuesto sobre la Renta de Venezuela, Tomo I, ed. Halar, Madrid, 1955, págs. 131 y 132.[244]

El Dr. Tinoco es citado a su vez por José Muci-Abraham, en su conocida obra Contratos Mercantiles (Cuenta Corriente y Participación), Ediciones Schnell, Caracas, 1985 en lo que se refiere al contrato de cuentas en participación, para explicar que carece de personería tributaria, recayendo las obligaciones previstas en la Ley de Impuesto sobre la Renta directamente sobre sus participantes, esto es, el asociante y los asociados. Esta solución ha prevalecido en la regulación positiva del impuesto sobre la renta durante los últimos años. Sin embargo, cabe destacar que, con anterioridad a la Ley de Impuesto sobre la Renta de 1966, el asunto fue objeto de opiniones contrapuestas de parte de la Administración Tributaria, según lo destacan Pedro Tinoco y José Muci

---

[244] Vallenilla Tolosa, Moisés A, "El abono en cuenta en materia tributaria y su evolución jurisprudencial", **Revista de Derecho Tributario**, Asociación Venezolana de Derecho Tributario Nº 106, Abril- Mayo- Junio, Caracas, 2005, p.68.

Abraham en sus obras sobre la materia. No obstante, en la actualidad la posición de la doctrina es pacífica en relación con el tema[245].

Al referirnos al impuesto sobre la renta en Venezuela del siglo XXI, recordamos a la elocuentes críticas de Luigi Einaudi en su extraordinario libro *Mitos y paradojas de la justicia tributaria*: "El impuesto cuando es propio de un estado organizado para el servicio de los asociados, no pesa, no grava, no quita nada; antes bien acrecienta la cantidad de cosas buenas que tienen o reciben los ciudadanos, aumenta la renta nacional total. El impuesto pesa, grava, quita, se convierte en impuesto-tala, si los gobiernos son tiránicos y opresivos; si, representando las formas legales, todo ha caído en manos del tirano o de una oligarquía, aunque el tirano o la oligarquía profesen gobernar en nombre de los más y estos "más" sean, para escarnio llamados trabajadores o proletarios y declarados dueños de las riquezas existentes en el país... y la deuda pública...parece algo tan grave, que pese, que aplaste a las generaciones presentes y futuras por culpas cometidas por los hombres del pasado, quienes se destruyeron mutuamente y llevaron al país a la ruina por su manía de revoluciones y de guerras"".[246]

Recordamos también las sabias palabras de un muy joven Tinoco cuando escribe que "el sistema fiscal debe tener en consideración las desigualdades económicas existentes entre los distintos miembros de la comunidad, pero... su finalidad no es crear la igualdad. La justificación del impuesto progresivo no debe buscarse en el socialismo. Nunca debe establecerse el gravamen con fines socialistas tendentes a redistribuir la riqueza. Esos no son fines fiscales y no deben lograrse a través de los impuestos".[247]

---

[245] Muci-Abraham, José. ***Contratos Mercantiles (Cuenta Corriente y Participación)***, Ediciones Schnell 1985., pág. 228. 16) Tinoco, Pedro, ***Comentarios a la Ley de Impuesto sobre la Renta de Venezuela***, Madrid. Tomo II. págs. 693-695. Citado por Muci. Op. Cit., págs. 315-317. Consideraciones sobre el tratamiento de los consorcios en materia de Impuesto sobre la Renta, Guilliod Troconis, Rafael, Revista De Derecho Tributario Nº 74 Asociación Venezolana de Derecho Tributario,- Enero - Febrero - Marzo 1997, p.77.

[246] Einaudi, Luigi, ***Mitos y paradojas de la justicia tributaria***, prólogo de Enrique Fuentes Quintana, traducción de Gabriel Solé Villalonga, Editorial Ariel, Barcelona, 1963, p.p. 42-43.

[247] Tinoco Tinoco, Pedro R. (h), ***Comentarios a la Ley de impuesto sobre la renta***, T.I, Madrid, 1955, p.27, 28 y 32.

En Venezuela no existe libertad tributaria. Si entendemos que entre libertad y tributación hay una relación de obvia consubstancialidad. La tributación sin libertad es su epitafio. Tributación autoritaria, todo un oxímoron. La libertad tributaria implica la comprensión del principio de legalidad articulado necesariamente a la seguridad jurídica, y éstos, a su vez, conectados con el principio de separación de poderes y funciones de los Poderes Públicos, porque de la íntima conexión de estos principios, del perfecto funcionamiento de este trípode garantista depende, no sólo el Estado de Derecho, sino la subsistencia y legitimación democrática de todos los poderes del Estado, y especialmente, de la legitimidad de los tributos, de esos sacrificios patrimoniales que sólo pueden exigirse por ley (principio de legalidad) y no cualquier ley, sino aquella que emana formalmente del órgano representativo de la voluntad popular o soberana, tras un procedimiento en el que se cumple con el principio de las minorías, con la publicidad, la contradicción, el debate público y la negociación (principio de separación de los poderes públicos y autoimposición o consentimiento de los tributos por los destinatarios), y que no obstante su potencia obligatoria, dicha ley de contenido tributario sea controlada o revisada en sede judicial, permitiendo su control jurisdiccional (principio de control recíproco de los poderes públicos, principio de jurisdiccionalidad y especialmente, el principio de seguridad jurídica).

Parece un lugar común señalar que no puede haber tributación sin libertad. El sistema tributario no puede limitarse a la simple yuxtaposición de tributos. Por el contrario, éstos deben formar parte de un todo ordenado hacia un fin, de allí que el sistema sea una idea más amplia, una visión coherente, racional y sobre todo, transparente, de los fines que persigue, de manera que el ordenamiento tributario transmita -sin saltos abruptos-a sus destinatarios, lo más clara y congruentemente posible, los objetivos generales, las obligaciones que imponen éstos y especialmente, las garantías y derechos de defensa que otorga.

Resulta un lugar común señalar que legislador del impuesto sobre la renta (2014 y 2015, especialmente) no es un legislador racional, porque no lleva a cabo el reparto de las cargas públicas según criterios de coherencia interna, no contradicción, adecuación y no arbitrariedad. No es consecuente con la aplicación del principio de justicia tributaria, no se preocupa, sino que indolente y hasta dolosamente introduce consecuencias jurídicas desiguales a situaciones de hecho iguales.

La tributación en Venezuela se aleja cada día más de la libertad, por ende, de la seguridad y de la igualdad. La tributación en Venezuela se aleja cada día más del individuo, de sus derechos y dignidad intrínseca. La tributación en Venezuela ignora que "…los Estados son ricos por la labor de sus individuos, y su labor es fecunda porque el hombre es libre, es decir, dueño y señor de su persona, de sus bienes, de su vida, de su hogar".[248] Porque "…cuando cada uno de nosotros es libre para planear y trabajar su propio destino económico dentro de la economía de mercado, la institución de la propiedad privada y el imperio general de la ley, todos mejoraremos nuestra condición económica mucho más rápido que cuando nos están dirigiendo los burócratas".[249]

Concluimos este acápite con Rothbard en que la suprema meta política es la victoria total de la libertad, que la base de este objetivo es la pasión moral por la justicia,…, que jamás debe perderse de vista este objetivo y debe aspirarse a su implantación con la mayor premura posible y, en fin, que los medios elegidos para ello nunca pueden entrar en colisión o en contradicción con la meta final, ya sea mediante la invocación del gradualismo, o empleando y justificando agresiones a la libertad, defendiendo programas de planificación, dejando pasar las oportunidades de reducir el poder del Estado o permitiendo que lo aumente en algún sector. El mundo está regido –al menos a largo plazo– por las ideas. Y es claro que el libertarismo sólo cuenta con la probabilidad de alzarse con el triunfo si difunde su ideario y consigue que sea asumido por un número significativamente amplio de ciudadanos. De ahí que la «educación» sea condición necesaria para la victoria de la libertad.[250] Por su puesto, la educación tributaria, la educación jurídica tributaria será condición necesaria para la victoria de la libertad.

---

[248]  Alberdi, Juan Bautista, *La omnipotencia del Estado es la negación de la libertad individual (1880)*, Cato Institute, Washington, Dc., 31 de enero de 2003, consultado en: www.elcato.org

[249]  Hazlitt, Henry, *Planificación Vs. Libremercado*, Caracas, Colección Clásicos Contemporáneos, Cedice Libertad, Segunda reedición, Caracas, 2019, p.19.

[250]  Rothbard, Murray N., *La ética de la libertad*, Unión Editorial, Madrid, 1995, pp. 354-355.

## 6.2. Impuesto a los grandes patrimonios

En 1973 Tinoco considera que la aprobación de un impuesto a los grandes patrimonios sería un freno para los incrementos de la producción, la creación de empleo y las perspectivas reales de desarrollo. No cree que responda a ningún estudio económico serio o a una estrategia tributaria determinada. La reforma tributaria planteada consiste simplemente en aumentar las tarifas del impuesto sobre la renta para que quienes actualmente pagan impuestos aumenten sus pagos impositivos. Alzar las tarifas para aumentar los ingresos del Estado no es una reforma tributaria. Las alzas de tarifas propuestas no responden a ningún estudio económico serio o a una estrategia tributaria determinada. Su aprobación limitaría drásticamente la capacidad de inversión de la actividad privada, lo que frenaría los incrementos de producción, la creación de empleo y en general las perspectivas reales de desarrollo.

La ciencia financiera ha progresado mucho, insiste Tinoco, por lo que hoy se pueden medir los efectos económicos de las decisiones tributarias. Por ello, lo procedente es hacer un análisis serio de la estructura tributaria del país para modernizarla y convertirla en un instrumento más eficaz de política económica y de promoción del desarrollo. Este tipo de reforma busca más efectos publicitarios políticos que aprobación efectiva, pues no h. sido presentada con los elementos de análisis que la justifiquen el sistema tributario que la nutre, la falta de análisis económico y el afán de buscar simplemente mayores ingresos para el Gobierno sin tomar en cuenta los efectos sobre las posibilidades de desarrollo del país.[251]

Señala Tinoco que el impuesto sobre el patrimonio tiene otros inconvenientes que hacen que constituya una medida imperfecta de la capacidad tributaria. Al tomar únicamente en cuenta, para medir la capacidad tributaria, a la riqueza, o sea, el capital. No grava en forma alguna a las rentas de trabajo; es decir, que aquellas personas que no tengan capital, pero que obtengan grandes enriquecimientos provenientes de su trabajo, no estarán sometidas al Impuesto, aunque tengan una capacidad

---

[251] Tinoco, Pedro R. (h), *En el gobierno y fuera del gobierno/cuatro Entrevistas/Pedro R. Tinoco h.*, Colecciones los Desarrollistas, Pascual Estada Editor, Italgráfica, Caracas, 1973, p.p. 61-64.

tributaria considerable. En este sentido, el impuesto sobre el patrimonio va directamente contra el principio de la universalidad del impuesto. Para poder ser considerado como justo desde el punto de vista de la capacidad tributaria, que no toma en cuenta ni las características del patrimonio ni las circunstancias personales del sujeto que ha de pagarlo. En efecto, dicho impuesto no distingue entre los elementos productivos y los elementos improductivos del patrimonio.[252]

Casi medio siglo después se dicta la "Ley Constitucional que crea el Impuesto a los Grandes Patrimonios" exteriorizado el 2 de julio de 2019, por la ilegítima Asamblea Nacional Constituyente, que contiene la creación de un pretendido "impuesto a los grandes patrimonios"[253] y su falaz reimpresión por supuesto error material.[254] La Asamblea Nacional Constituyente se disolvió sin cumplir con su función constitucional prevista en el Artículo 347 de la Constitución: "El pueblo de Venezuela es el depositario del poder constituyente originario. En ejercicio de dicho poder, puede convocar una Asamblea Nacional Constituyente con el objeto de transformar al Estado, crear un nuevo ordenamiento jurídico y redactar una nueva Constitución". No dictó una nueva Constitución. Pero sí se dedicó a legislar en materia tributaria, entre otras, mediante textos inexistentes en el sistema de fuentes del ordenamiento jurídico venezolano, y en usurpación de competencia exclusivas del poder legislativo nacional.

Se trata de una clara *"desconstitucionalización"* del derecho tributario producto de la Ley Constitucional de Impuesto al Patrimonio. Son evidentes las antinomias constitucionales, los fenómenos de la descodificación y la deslegalización de las subjetividades típicas tributarias. Es comprensible que los *contribuyentes especiales*, sobre los que recae estas exacciones, que además no son una categoría homogénea, sean sometidos por interés recaudatorio a ciertos y específicos deberes formales, relativos a la forma y oportunidad del cumplimiento de la obligación principal de pago. Sin embargo, no es tolerable que

---

252  Tinoco, Pedro R. (h), *Comentarios a la Ley de impuesto sobre la renta*, T.I, Madrid, 1955, p.11.
253  Gaceta Oficial No. 41.667 del 3 de julio de 2019.
254  Gaceta Oficial No. 41.696 del 16 de agosto de 2019.

esta atípica y pseudo-categoría creada inconstitucional e ilegalmente por vía sub-legal, por medio de providencias y reglamentos, y que, en consecuencia, no es capaz de superar el término de comparación y un test de proporcionalidad *ad hoc*, sea suficiente para quebrantar derechos fundamentales como el de contribuir según la capacidad contributiva real y efectiva del contribuyente, el de igualdad *en* y *ante* la ley y el de reserva legal tributaria.

En todo caso, la necesidad de determinación legal de los sujetos pasivos responde a la estricta reserva legal, derivada de la base enunciativa de los artículos 317 de la Constitución y 3 del COT, porque siendo la obligación tributaria una obligación legal y como tal inderogable e indisponible, los sujetos activos y pasivos deben igualmente ser determinados *ex lege*, como también lo son los demás elementos estructurales ligados a la misma o que son necesarios para su correcta determinación.

Así mismo, la Ley Constitucional de Impuesto al Patrimonio quebranta las formas más elementales de la producción normativa en un Estado de derecho. La dimensión formal de la democracia, de la ley formalmente emanada del órgano legislativo competente es preterida y subordinada a un poder constituyente que está actuando *ultra vires*, más allá de sus competencias, usurpando descaradamente las facultades propias del Poder Legislativo.

No puede pensarse que la Asamblea Constituyente, en el supuesto negado de que estuvo investida de legitimidad para poder elaborar el nuevo texto constitucional, pueda *a fortiori* o *a simili* sancionar una atípica Ley Constitucional, que no existe en el sistema de fuentes del ordenamiento jurídico venezolano, ni en la Constitución ni en el Código Orgánico Tributario, o un atípico "Decreto constituyente"[255] que

---

[255] Conforme al **artículo 15 de la Ley Orgánica de Procedimientos Administrativos** los decretos son las decisiones de mayor jerarquía dictadas por el Presidente de la República y, en su caso, serán refrendados por aquel o aquellos Ministros a quienes corresponda la materia o por todos, cuando la decisión haya sido tomada en Consejo de Ministros. Tampoco se trata de los decretos con fuerza de ley que dicta el Presidente de la República previa autorización por una ley habilitante por la Asamblea Nacional (**Artículo 236 de la Constitución**), ni del Decreto que declara el estado de excepción (**artículo 339 de la Constitución**).

reforma y suprime leyes, porque además las leyes se derogan y reforman por otras leyes.[256]

Porque en este caso no se aplica ni puede sostenerse el principio *qui potest plus, potest minus*. Parece razonable pensar que se trata de la exteriorización de una competencia normativa ilegítima, no atada a la dinámica de la urgencia y la necesidad y sobre la que no funcionan los pesos y contrapesos que exige el principio democrático de separación y control reciproco de poderes. Ni siquiera podría hablarse de eventuales controles judiciales (de constitucionalidad) o políticos (referendo abrogatorio o ley parlamentaria derogatoria) sobre esta Ley Constitucional y sobre el Decreto constituyente, frente a una regulación de materias cuya sensibilidad, exigían previa deliberación, respeto a las minorías y contradictorio. Así como el respeto al principio democrático y republicano de autoimposición (*there are not taxes whithout representation*). Este principio se impone como una cláusula *supraconstitucional* pétrea, inalienable, irrenunciable, permanente e irreversible. Conforme a la *Base Comicial Octava* de la Asamblea Nacional Constituyente, que fue consultada y aprobada por el pueblo de Venezuela, mediante el referéndum consultivo celebrado el 25 de abril de 1999, que dispuso como límites al poder originario "…los valores y principios de nuestra historia republicana, así como el cumplimiento de los tratados internacionales, acuerdos y compromisos válidamente suscritos por la República, el carácter progresivo de los derechos fundamentales del hombre y las garantías democráticas dentro del más absoluto respeto de los compromisos asumidos". La libertad tributaria entendida así es una libertad política, porque rechaza el poder arbitrario y absoluto. La consustancialidad entre tributación y libertad la recordó el juez John Marshall en el Caso de la Suprema Corte de los Estados Unidos, McCulloch v. Maryland, al señalar: "*An unlimited power to tax involves, necessarily, a power to destroy*", 17 U.S. 327 (1819).

Como señala la doctrina "el poder constituyente constituido por la Constitución es una criatura de ésta", como lo son en nuestro país los

---

[256] **Artículo 218 de la Constitución**. "Las leyes se derogan por otras leyes y se abrogan por referendo, salvo las excepciones establecidas en esta Constitución. Podrán ser reformadas total o parcialmente. La ley que sea objeto de reforma parcial se publicará en un sólo texto que incorpore las modificaciones aprobadas". **Artículo 7 del Código Civil:** "Las leyes no pueden derogarse sino por otras leyes".

otros poderes, esto es, el legislativo, el ejecutivo, el judicial, el electoral y el ciudadano, reafirmándose en lo que los teóricos del Derecho Constitucional llaman "poder constituyente derivado" que contraponen al "poder constituyente originario". Este último "no designa a una criatura de la Constitución, sino al creador de ella, o bien al ilimitado conjunto de competencias supremas ejercidas al crearla".[257]

En este sentido, el poder constituyente en el marco de la Constitución de 1999 es una criatura de la Constitución.[258] De allí que la dimensión formal de la inconstitucionalidad de la Ley Constitucional sea su abierta inconstitucionalidad *ratione personae* y *ratione materiae.*

La Ley Constitucional de Impuesto al Patrimonio quebranta la dimensión formal de la democracia, de la ley formalmente emanada del órgano legislativo usurpando las facultades propias del Poder Legislativo (inconstitucionalidad *ratione personae*).[259]

Sin dudas, es la legalidad la primera de las garantías que se resiente en toda deriva autoritaria, mostrando las verdaderas intenciones del uso desviado de las atípicas e innominadas figuras del Decreto constituyente y de la Ley Constitucional, para sortear las exigencias del procedimiento legislativo y de la dimensión o contenido material de la ley.[260]

---

[257] Carrió, Genaro R., *Sobre los límites del lenguaje normativo*, *1 reimpresión*, Colección Filosofía y Derecho Editorial Astrea de Alfredo y Ricardo Depalma, Buenos Aires, 2001,

[258] **Artículo 7 de la Constitución:** "La Constitución es la norma suprema y el fundamento del ordenamiento jurídico. Todas las personas y los órganos que ejercen el Poder Público están sujetos a esta Constitución". Cando se hace referencia a "todas las personas" se hace clara mención a los sujetos distintos a los poderes constituidos, como sería el caso de un poder constituyente que estaría subordinado a la norma fundante básica, más concretamente a los artículos 347, 348 y 349 de la Constitución y desde luego a todo el *bloque de constitucionalidad* o sistema de valores constitucionales.

[259] **Artículo 156 de la Constitución de 1999:** "Es de la competencia del Poder Público Nacional: (...)12. La creación, organización, recaudación, administración y control de los impuestos sobre la renta, sobre sucesiones, donaciones y demás ramos conexos, el capital, la producción, el valor agregado, los hidrocarburos y minas, de los gravámenes a la importación y exportación de bienes y servicios, los impuestos que recaigan sobre el consumo de licores, alcoholes y demás especies alcohólicas, cigarrillos y demás manufacturas del tabaco, y de los demás impuestos, tasas y rentas no atribuidas a los Estados y Municipios por esta Constitución o por la ley". **Artículo 187 de la Constitución de 1999:** "Corresponde a la Asamblea Nacional: 1. Legislar en las materias de la competencia nacional y sobre el funcionamiento de las distintas ramas del Poder Nacional".

[260] Meier García, Eduardo, "Constitución fachada: a propósito de la tributación selectiva en el ISR", En: *El Impuesto sobre la renta. Aspectos de una necesaria reforma*, *XVII Jornadas*

En Venezuela el Derecho se convirtió en un instrumento al servicio de la ideología y de fines políticos, incluso con la pretensión de crear un nuevo sistema de fuentes maleable a los contenidos ideológicos deseados. Es el caso de la Ley Constitucional de impuesto a los grandes patrimonios.[261] Sólo pensemos en la carga ideológica que lleva implícita la calificación de "grandes patrimonios", siendo que el adjetivo calificativo de la Ley constitucional ya de por sí pretende desaplicar la generalidad del tributo previsto en el artículos 133 constitucional, así como en el proceso de "desconstitucionalización" del Derecho Tributario que intenta preterir los elementos y garantías de la dogmática jurídica en menoscabo de los derechos humanos y la democracia.

## 6.3. Impuesto al valor agregado

El Dr. Tinoco fue, que se tenga registro, uno de los primeros promotores de la imposición indirecta por medio de tributos generales al consumo, cuando en el ejercicio correspondiente a 1970 siendo Ministro de Hacienda presentó un programa de modificaciones impositivas destinado a equilibrar las finanzas públicas, ampliar la base tributaria, dar mayor flexibilidad al sistema impositivo y disminuir su dependencia del sector externo.

En esa ocasión se contemplaba la creación de un impuesto general sobre ventas de consumo final, con carácter progresivo, que gravaría con un 3 % las ventas de bienes y con el 15 % del valor de los bienes suntuarios, dejándose exentos los bienes de consumo básico de la población. El programa impositivo fue diferido por el Congreso Nacional, que decidió –en consonancia con la tradición propia del *rentismo petrolero*- aprobar una reforma parcial de la Ley de Impuesto sobre la Renta, aumentando la carga tributaria que grava a las empresas petroleras y mineras.[262]

---

*Venezolanas de Derecho Tributario*, Asociación Venezolana de Derecho Tributario, Caracas, 2017, p.p. 181-182.

[261] Vid. Meier García, Eduardo, "Teratologías tributarias y otras antinomias constitucionales", **Patologías del sistema tributario venezolano**, Memorias de las XVIII Jornadas Venezolanas de Derecho Tributario, Asociación Venezolana de Derecho Tributario, Caracas, 2019, p.p. 105-134.

[262] *Cfr.* Carrillo Batalla, Tomás Enrique, **Historia del pensamiento rector de las finanzas públicas**, *ob. cit.*, p.p.777-779.

Casi 20 años después, durante la segunda presidencia de Carlos Andrés Pérez, en diciembre de 1989 fue presentado al Congreso de la República por iniciativa del Ejecutivo Nacional, el Proyecto de Ley de Impuesto General a las Ventas de Bienes y Prestaciones de Servicios. En esa oportunidad la Dra. Egleé Iturbe de Blanco, a la sazón Ministra de Hacienda, fundamentó la presentación de aquel proyecto, en la necesidad de ampliar el sistema tributario venezolano, con miras a darle mayor elasticidad y menor dependencia del ingreso del sector petrolero.

Previamente, en el conocido Informe Final sobre la Reforma del Sistema Fiscal Venezolano del año 1983, se estimó conveniente para robustecer y diversificar los impuestos nacionales y si fuese procedente levantar mayores recursos, proceder al establecimiento del Impuesto general sobre las ventas o Impuesto al Valor Agregado. Se recomienda tener preparado un proyecto, porque "Venezuela tendrá que implantar en su debida oportunidad un impuesto general sobre las ventas para obtener mayores ingresos y equilibrar el sistema tributario".

También a fines educativos se recomendó comenzar con un impuesto sobre las ventas operativamente sencillo, con una tasa baja a nivel de productor o mayorista, concientizando al contribuyente entre el consumo de bienes esenciales y el consumo suntuario, y en un mediano plazo establecer un Impuesto al Valor Agregado.[263]

En su Discurso de Incorporación a la Academia de Ciencias Políticas y Sociales (1991) el Dr. Tinoco precisa que el tercer elemento fundamental de la reforma fiscal del *VIII Plan de la Nación* (1989-1992), es un nuevo impuesto sobre la generalidad de las transacciones bajo el esquema de gravamen al valor agregado. Justifica la creación de un impuesto general sobre las transacciones como fuente de recursos al fisco basada en toda la actividad interna del país, un impuesto al valor agregado pensado desde la necesidad de deslastrarse de la dependencia fiscal del petróleo y la vulnerabilidad de la estabilidad fiscal a las fluctuaciones de los precios en el mercado petrolero. Decía Tinoco que este tributo se convertiría en poco tiempo en una suplidora importante de ingresos tributarios que crecerá en la misma medida en que crece la actividad económica del país, contribuyendo de manera decisiva a darle

---

[263]  Carrillo Batalla, Tomás Enrique, *Comisión de Estudio y Reforma Fiscal*, Caracas, 1983.

estabilidad a nuestro esquema fiscal y se mantenga un régimen presupuestario en sano equilibrio.[264]

Señalaba Tinoco que "...en el campo de la economía, un impuesto de esta naturaleza produce efectos positivos al estimular la eficiencia. Su principal modalidad, el impuesto al valor agregado, adquiere importancia como instrumento fiscal en Europa después de la segunda guerra mundial, para ayudar a levantar a un continente devastado por la guerra, que necesitaba reconstruir su economía y hacerla competitiva para poder regresar con éxito al gran comercio internacional. Ese es el motivo que, según Tinoco, justificó que al renovar su régimen fiscal consideraran que "no podían basarlo exclusivamente en el Impuesto sobre la Renta, impuesto que penaliza la eficiencia al gravar los beneficios, pues grava más al que por su eficiencia gana más. Le adicionaron entonces como fundamental fuente tributaria el impuesto al valor agregado... Es pues congruente con el nuevo derecho de una economía que necesita ser competitiva para ganar mercados en el exterior, el que se establezca un impuesto de esta naturaleza".[265]

La doctrina describe la grave coyuntura económica que registraba el país para aquel entonces, lo que reforzaba la idea de encontrar en el impuesto a las ventas de bienes y prestaciones de servicios una alternativa eficiente, por su rendimiento, baja regresividad, neutralidad, simplicidad e idoneidad para evitar la evasión. Tal medida iba aparejada de una reforma de la Ley de Impuesto sobre la Renta, dirigida a la eliminación de una serie de exoneraciones y exenciones, lo cual respondería más y mejor a los principios de igualdad, justicia y eficiencia tributaria.

No obstante, la crisis política que se registró durante el segundo gobierno del Presidente Carlos Andrés Pérez, impidió instrumentar el IVA como parte del VIII Plan de la Nación. Fue en 1993 durante el gobierno transitorio del Presidente Ramón J. Velásquez, gracias a la habilitación legislativa de que fue objeto por parte del Congreso de la República que, entonces por fin convencido de su necesidad y conveniencia se sancionó la ley. La poca conciencia tributaria de la población

---

[264] Academia de Ciencias Políticas y Sociales, Consultado en: https://www.acienpol.org.ve/wpcontent/uploads/2019/09/BolACPS_1991_67_123_277-289.pdf

[265] *Ibidem.*

venezolana y de liderazgo nacional de aquel entonces, aunada a la crisis política y económica del momento y la compleja instrumentación del IVA, como también el escaso desarrollo de la Administración Tributaria del país, hacían que ese delicado paso fuera un reto de la mayor magnitud para cualquier gobernante. No obstante ello, las dificultades económicas que enfrentaba el país para el año 1993, el déficit fiscal y un repunte de la inflación, combinados con la recesión, impidieron continuar retrasando la decisión de incorporar el Impuesto al Valor Agregado al sistema tributario.

La doctrina más calificada comenta que la puesta en marcha de esta medida no dejó de generar problemas, especialmente ante la resistencia que produjo en la población, lo cual convirtió a la materia en tema fundamental de la campaña política en el proceso electoral que pondría fin a la transitoriedad gubernamental imperante. Fue así como el candidato vencedor, el Expresidente Rafael Caldera, utilizó como bandera política la eliminación del recién creado tributo. El agravamiento de la crisis económica de la Nación, producto de un déficit fiscal de un 7,3% del PIB y una inflación que se ubicaba alrededor del 70%, aunada a la crisis bancaria y al control de cambio, impidieron el cumplimiento de aquella promesa electoral. Fue así como surgió el Impuesto al Consumo Suntuario y a las Ventas al Mayor, creado mediante el Decreto Ley Nº 187 del 25 de mayo de 1994, publicado en Gaceta Oficial de la República de Venezuela Nº 4.727 Extraordinario del 27 de mayo de 1994. El presidente Rafael Caldera pretendió encubrir falazmente el cumplimiento de la oferta efectuada campaña electoral, cambiando el nombre del tributo y con la instrucción de ocultar en el precio de los bienes o servicios gravados el importe del impuesto.[266]

Leonardo Vera advierte sobre la creciente presencia del IVA desde los años noventa. Para el período 2010-2015 el IVA acumula un 7,24 % de los ingresos no petroleros, frente al 3,15 del Impuesto sobre la renta, el 1,18 de la recaudación aduanera, o el 0,54 de la renta de cigarrillos y el 0,34 de la renta de licores. Los impuestos aduaneros, otrora una

---

[266] Carmona Borjas, Juan Cristóbal, *La imposición al valor agregado (IVA) en Venezuela* (Presentación), Jesús Sol Gil (Coordinador), Asociación Venezolana de Derecho Tributario Caracas – 2004, p.p. XI-XVIII.

fuente de recaudación esencial de los ingresos públicos en Venezuela, se muestran sorprendentemente estables en este periodo y su participación nunca es mayor a 2% del PIB. Hacia el último quinquenio de las series, algo más de 17 puntos del PIB, el 70% de los ingresos, se corresponden a ingresos por concepto de IVA y otros ingresos no tributarios, lo que deja entrever, según Vera, el bajísimo potencial de progresividad del sistema.[267]

## 6.4. La otra cara de la moneda: el control del gasto

Un preocupación recurrente en la obra de Tinoco es el control del gasto. Un tema fundamental en toda democracia moderna, advertido muy tempranamente por el Dr. Tinoco. En su conocimiento integral y sistemático de la hacienda pública, consideraba relevante la otra cara de la moneda: la del gasto.

Porque sólo es posible concretar la democracia si se garantiza la rendición de cuentas (*accountability*) de todos los sistemas de poder, los controles recíprocos, pesos y contrapesos (*checks and balances*) y el respeto y garantía de los derechos. La rendición de cuentas es un instrumento fundamental para el logro de la transparencia y la eficiencia en el uso de los recursos públicos, uno de los pilares fundamentales para el fortalecimiento de la democracia y el crecimiento económico.

---

[267] *Cfr.* Vera, Leonardo, "La tributación en Venezuela: desafíos con sentido de equidad", *FES Tributación Análisis 2/201*, Friedrich-Ebert-Stiftung (FES), Bogotá,2017, pp.1-33. Cuadro 1. Estructura de los ingresos fiscales del gobierno central, 1960-2015, (como porcentaje del PIB), Fuente: Banco Central de Venezuela, Exposición de motivos de leyes de presupuesto 2015, 2016.

Señalaba Tinoco que era necesario ir a un régimen de presupuestos equilibrados para preservar la salud misma de la economía y para consolidar las perspectivas futuras de desarrollo, sin atajos, sino cumpliendo las verdaderas tareas que imponen la razón y la buena administración. Atacando primero del gasto, para reajustarlo y mejorando los ingresos; combatiendo la evasión fiscal y ampliando la base tributable.[268]

Tinoco se preocupa por el control del costo de la Administración, al señala que en la Administración Pública venezolana faltan los conceptos y las normas esenciales que la moderna ciencia administrativa considera indispensables para lograr la eficacia de cualquier gestión. El enfoque administrativo substancial está errado y, por lo tanto, los resultados no son satisfactorios. Quien quiera que se aproxime a los predios de la Administración Pública con ánimo de apreciar el comportamiento del funcionariado, tiene que llegar a la conclusión de que sus pensamientos y sus ejecutorias están identificados con ciertos principios de relieve jurídico que, como los de legalidad y de honestidad, se han constituido, independientemente de su influencia moralizadora, en factores limitantes de su actuación y de su capacidad y, en no pocos casos, en elementos estimulantes de prácticas rutinarias de dudosa o ninguna utilidad.[269]

Desde un punto de vista formal, toda la maquinaria administrativa del Estado responde, en su orientación, a la legalidad y honestidad del gasto. Es, ciertamente, lo que ordena la legislación aplicable a la ejecución del presupuesto y lo que controla, en realidad, la Contraloría. De ahí que la operación de gastar el dinero conforme a los preceptos de ley se haya convertido en una simple rutina formalista, de la cual el país apenas deriva provecho.

Desde un punto de vista político, la noción del gasto que ordinariamente tiene la Administración es, en esencia, una noción volumétrica. Los resultados de las gestiones cumplidas por los diferentes gobiernos, por las variadas instituciones oficiales y por la multitud de funcionarios,

---

268 Tinoco, Pedro R. (h), ***En el gobierno y fuera del gobierno/cuatro Entrevistas/Pedro R. Tinoco h.***, Colecciones los Desarrollistas, Pascual Estada Editor, Italgráfica, Caracas, 1973, p.15.

269 Tinoco, Pedro R. (h),***El estado eficaz***, Colecciones los Desarrollistas, Pascual Estada Editor, Italgráfica, Caracas, 1973, p.p. 1-162.

se expresan, por lo regular, en términos de volumen. La medida del éxito está dada por el número de kilómetros de carreteras construidas, por las unidades de viviendas edificadas por la cantidad de enfermos curados o por el porcentaje de estudiantes que asisten a los establecimientos educacionales. La Administración ignora, en cambio, el concepto de costo, de rendimiento, de eficacia. Carece de las más elementales ideas acerca de la disponibilidad de recursos y, en particular, acerca de las limitaciones impuestas por su escasez. Formula previsiones como si los fondos fuesen inagotables y lo decisivo fuese el volumen de las cosas proyectadas.

Administrar es, a decir de Tinoco, hacer el mejor uso de recursos escasos. A un administrador no hay que juzgarlo solamente por lo que hace sino por el costo de lo que hace. El mérito administrativo y el crédito político no pueden descansar, como hasta ahora, en la legalidad, en la honestidad y en la cuantía de la acción, pues si bien estos elementos son importantes, no son, en todo caso, suficientes a configurar un cuadro administrativo admisible. Hay que agregar a esos principios, a esos criterios, el de la eficiencia y el de la productividad. Para mejorar nuestra Administración es indispensable introducir en ella, como ya he indicado, los conceptos de costo y de medición de los resultados, para que así cada administrador de bienes del Estado, de recursos públicos, sepa que no basta con observar las formalidades legales sino que debe y tiene que operar a un costo razonable, y para que sepa, asimismo, que periódicamente se medirá la eficiencia de su gestión. Los resultados de la labor del administrador público se evaluarían no ya por el volumen, exclusivamente, sino en función comparativa de los medios que le fueron confiados para alcanzarlos.

De esta manera se proveería a la idoneidad de la Administración Pública. Cada quien trabajaría y se esforzaría por lograr rendimientos superiores. El reconocimiento de los méritos, a decir de Tinoco, sería proporcional al grado de eficiencia que demostrare el funcionario. Mientras subsista la actual valoración de la Administración, será difícil cuando no imposible juzgar el éxito o el fracaso del funcionariado.

El Presupuesto General de Rentas y Gastos Públicos es el factor de más considerable importancia en la Administración Pública venezolana. Anualmente se señalan en él los recursos asignados a cada área de acción del Estado. Constituye, para el gobierno, el marco indicativo de su orientación y de sus posibilidades. Su naturaleza y sus requerimientos definen, en buena parte, el criterio y la dirección que prevalecerán en la gestión gubernamental durante un determinado período.

Hasta 1971, cuando se introducen modificaciones en la metodología presupuestaria, la distribución de recursos en el presupuesto tradicional se hacía con arreglo a un sistema en que los gastos se clasificaban, no por su finalidad, sino por su objeto. Los gastos se determinaban por partidas según se fuesen a dedicar al pago de servicios luz, agua, teléfonos y otros o al pago de salarios, a la compra de materiales o de equipos o a otros objetos específicamente previstos.

Fue Tinoco a la cabeza del Ministerio de Hacienda, cuando en 1970 presentó al Congreso de la República el primer presupuesto elaborado con arreglo a la moderna técnica administrativa recomendada por las Naciones Unidas: el presupuesto-programa, en el cual cada gasto se vincula, en forma directa, a una meta; presupuesto que se distribuye en función de los distintos programas que el Estado aspira a realizar. Según la metodología adoptada, a cada programa se le asignan recursos en proporción a los resultados que en cada caso se estiman posibles. Al año siguiente, Tinoco puso en práctica, atendiendo a los estudios presentados al Congreso Nacional, y conforme al nuevo sistema presupuestario y la estrecha vinculación entre el plan de desarrollo y el presupuesto fiscal, un sistema de contabilidad de costos que permite conocer con mayor precisión los costos unitarios incurridos en el cumplimiento de las metas del Plan de la Nación.

# 7. Tinoco y la descentralización

Como señala el jurista Allan R. Brewer-Carías, a la sazón Ministro de Estado para la Descentralización "…las transformaciones políticas que se han estado produciendo no son producto de factores externos al sistema democrático: ha sido la propia democracia, desarrollada por los partidos y bajo su conducción centralizada, la que ha provocado este cambio que se está operando. No olvidemos que la democracia venezolana de estos últimos cuarenta y cinco años, es producto del centralismo. Si nosotros no hubiésemos tenido un modelo de Estado de Partidos altamente centralizado en el año 1958, quizás no hubiese habido forma de implantar la democracia en el país de América Latina que en ese momento tenía menos tradición democrática. No estábamos acostumbrados a ello; la única forma que había para lograr el objetivo era que nos la impusieran; y la impuso el centralismo, conducido por los partidos políticos. Al centralismo político partidista y al Estado de Partidos, por tanto, le debemos la democracia, pero luego ha sido la propia democracia de partidos, la que ha estado conspirando contra el régimen de libertades".[270]

Comenta Brewer que los partidos, en general, no entendieron cabalmente el proceso que se había operado por su propia acción, por lo que muchas de las transformaciones que aprobaron en los últimos años, a veces fueron adoptadas bajo presión de la sociedad civil, y no por propio convencimiento de su importancia como aportes a la sobrevivencia de la democracia. El hecho político más elocuente de estos cambios ha

---

[270] Brewer-Carías, Allan R. "Informe sobre la descentralización en Venezuela 1993", Memoria del Dr. Allan R. Brewer-Carias, Ministro de Estado para la descentralización (junio 1993 - febrero 1994) Caracas, 1994, p.p.9-10.

sido la elección directa de Gobernadores.[271] Esa no fue una decisión política partidista propia de un sistema que venía funcionando. Esa fue, realmente, una decisión de sobrevivencia: no había otra forma de enfrentarse al proceso electoral de 1989, después de la protesta popular del 27 de febrero de ese año, recién instalado en la Presidencia de la República Carlos Andrés Pérez, que no fuera con el sometimiento a un proceso electoral en los Estados, distinto al nacional y para ello, la pieza clave era la elección directa de los Gobernadores. Esa decisión fue un signo del inicio de un esfuerzo de democratización de la democracia, a lo que se agrega la elección directa de Alcaldes, establecida en la reforma de la Ley Orgánica de Régimen Municipal de ese mismo año.

En 1989, por tanto, se dictaron varias leyes de enorme importancia: La Ley que fija el período de los poderes públicos estadales y municipales, en tres años; la Ley de elección y remoción de Gobernadores; la reforma de la Ley Orgánica de Régimen Municipal, que prevé la elección directa de los Alcaldes, y por último, la Ley Orgánica de Descentralización, Delimitación y Transferencia de Competencias del Poder Público, que fue la consecuencia ineludible de la decisión de elegir en forma directa a los Gobernadores. Se entendió que no había otra forma de atender a las expectativas derivadas de la elección, que transfiriendo poder y competencias nacionales a los Gobernadores.[272]

Tinoco critica que la Administración Pública estuviera excesivamente concentrada en la capital de la República. Esta concentración es, sin lugar a dudas, otro de sus vicios estructurales. La mayoría de las oficinas gubernamentales está ubicada físicamente en el área metropolitana de Caracas y hasta las más ínfimas decisiones de interés local se toman, de ordinario, en la sede capitalina. Con esto no solamente se

---

[271] Según Carlos Blanco la descentralización política dio como resultado que AD como partido de gobierno pasó de tener todo el poder regional a tener la mitad. En la primera elección de gobernadores y alcaldes este fue el resultado: de los 20 gobernadores electos, 11 correspondieron a AD, 7 a COPEI, 1 a la Causa R y 1 al MAS y de los 269 Alcaldes electos, 149 correspondieron a AD, 99 a COPEI, 11 al MAS y 10 a otras fuerzas políticas. Según Blanco una de las causas del descontento de AD que motivó el retiro del apoyo político al presidente Carlos Andrés Pérez. En: AMÉRICA 2.1, Democracia y Política/CAP: un hombre para la historia, consultado en https://americanuestra.com/cap-un-hombre-para-la-historia/

[272] *Ibidem.*

ha perjudicado la buena marcha de la Administración, por las demoras experimentadas en la adopción de múltiples decisiones de proyección regional, sino que también se ha perjudicado el desarrollo de la provincia, por la falta de conocimiento de las condiciones locales que generalmente exhiben las jefaturas administrativas metropolitanas. Se hace necesario, en consecuencia, descentralizar la Administración. Descentralizada significa, simple y llanamente, racionalizarla, es decir, atribuirle capacidad de decisión en la medida, al nivel y en la oportunidad precisas, con arreglo a pautas predeterminadas y, muy especialmente, dentro de una orientación general claramente formulada. Naturalmente, el ejercicio de esa capacidad decisoria tiene que afincarse en una eficaz centralización normativa, lo que se conoce como *ley de bases*, esto es, en sistemas y procedimientos de universal aplicación, utilizados en función de una política general. De esta manera se aseguraría unidad de propósitos y coordinación en la acción. En cambio, debe haber descentralización administrativa dentro del marco general de la acción, con el fin de que exista, a nivel regional, suficiente capacidad de decisión. Es un justo reclamo de la provincia y una exigencia que la colectividad hace a un aparato administrativo demasiado lento y pesado, agobiado por una cierta hipertrofia macrocefálica.[273]

El Dr. Tinoco formó parte de comisiones redactoras o revisoras de leyes, como es el caso de la que tuvo por objeto redactar el anteproyecto de Ley de Administración Descentralizada. Pero la descentralización que tenía en mente el Dr. Tinoco no se limitaba a la descentralización política o administrativa. La visión liberal del Dr. Tinoco sobre la economía y las finanzas públicas siempre lo llevó a considerar que el poder municipal debía complementar sus finanzas con un poder tributario autónomo, esto es, con tributos propios, pero armonizados con la potestad tributaria nacional de manera que los municipios pudieran gestionar y disponer de sus propios recursos pero de manera racional y sin que se dieran en lo posible situaciones de doble o múltiple imposición.

En efecto, como sostiene Badell la Ley sobre Elección y Remoción de los Gobernadores de Estado supuso un cambio radical y necesario

---

[273] Tinoco, Pedro R. (h),*El estado eficaz,* Colecciones los Desarrollistas, Pascual Estada Editor, Italgráfica, Caracas, 1973, p-p-77-80.

para la sostenibilidad democrática y constituyó, al igual que la Ley de Descentralización, otro ejemplo de ley constitucional, una ley especial de rango constitucional que desarrolló preceptos constitucionales y que fue dictada mediante un proceso agravado por el órgano parlamentario por orden expresa de la Constitución, sólo pudiendo ser modificada o derogada por los mecanismos definidos para reformar la Constitución. Sin embargo, Venezuela ha sufrido luego de la entrada en vigencia de la Constitución de 1999 un proceso continuado de desconstitucionalización, desdemocratización, desfederalización y deslegalización, instaurado desde el Poder Ejecutivo Nacional, el Poder Judicial y el Poder Legislativo. En el 2007 se quiso reformar el texto constitucional para incluir una nueva estructura de estado basada en comunas que pretendía transformar el Estado Federal a un Estado claramente comunal. El proceso de desconstitucionalización y desfederalización continuó con la promulgación de toda una legislación dirigida a sustituir las cláusulas del Estado Federal descentralizado (cláusulas dormidas) contenidas en la Constitución por las bases para el establecimiento de un modelo de Estado comunal, junto con una serie de decisiones dictadas por la Sala Constitucional del Tribunal Supremo de Justicia que falsearon y dislocaron los principios y valores del Estado Federal[274] y favorecieron interpretaciones que condujeron a la concentración del poder en el Poder Nacional y la disminución de competencias y autonomía del Poder Estadal y el Poder Municipal.[275]

Un ejemplo de estas decisiones contra el Estado Federal y de la descentralización fiscal se encuentra en las últimas decisiones de la Sala Constitucional del Tribunal Supremo de Justicia de la República Bolivariana de Venezuela,[276] identificadas como sentencia No. 078 del 7 de julio de 2020 (la "Sentencia 078") y sentencia No. 118 del 18 de agosto de 2020 (la "Sentencia 118"), dictadas en el marco de un recurso de nulidad conjuntamente con amparo cautelar contra la Ordenanza

---

[274] Badell, Rafael, ***Del Estado Federal al Estado Comunal***, Academia de Ciencias Políticas y Sociales, Caracas, 2021, p.15.

[275] *Ibidem.*

[276] Meier García, Eduardo, "La noche de los cristales rotos del derecho tributario", en ***La Pseudo-Armonización Tributaria Municipal***, Asociación Venezolana de Derecho Tributario, Caracas, 2022, p.p. 145-169.

Municipal N° 001-19, publicada en la Gaceta Municipal Extraordinaria N° 8.824 del 11 de abril de 2019, denominada *"Reforma de la Ordenanza de Creación de las Unidades de Valores Fiscales en el Municipio Chacao del Estado Miranda"* y la Ordenanza N° 008-09, publicada en la Gaceta Oficial N° 8.847 Extraordinaria del 19 de junio de 2019, denominada *"Reforma de la Ordenanza sobre Convivencia Ciudadana del Municipio Chacao"*, dictadas por el Concejo Municipal del Municipio Chacao del Estado Bolivariano de Miranda. La Sala Constitucional (i) suspendió por 90 días la aplicación de cualquier instrumento normativo dictado por los concejos municipales y consejos legislativos de los estados que establezcan algún tipo de tasa o contribución de naturaleza tributaria, así como cualquier decreto o acto administrativo de efectos generales dictado con la misma finalidad, por los alcaldes o gobernadores y (ii) ordenó al Vicepresidente Sectorial del área Económica y Ministro del Poder Popular de Industrias y Producción para que, junto con los gobernadores, los alcaldes y el jefe de gobierno del Distrito Capital, conforme una mesa técnica a fin de coordinar los parámetros dentro de los cuales ejercerán su potestad tributaria, en particular, para armonizar lo referido a los tipos impositivos y alícuotas de los tributos. Las referida "mesa técnica" ilegítimamente ordenada por la Sala Constitucional se conformó, para el caso de los municipios, por los 308 Alcaldes constituidos en el Consejo Bolivariano de Alcaldes y Alcaldesas, mediante la denominada Comisión de Economía Productiva y Tributos, y con la mediación del Vicepresidente Sectorial del área Económica y Ministro del Poder Popular de Industrias y Producción, produjeron un inconstitucional "Acuerdo Nacional de Armonización Tributaria Municipal" que pretende (i) crear un registro digital único de contribuyentes municipales, para el intercambio de información, evitar la doble tributación del sector industrial y verificar cualquier declaración presentada en una Alcaldía como declarada y pagada en otra; (ii) usar el PETRO como unidad de cuenta para el cálculo de los tributos y sanciones, cobrando exclusivamente a partir del equivalente en Bolívares Soberanos del denominado criptoactivo venezolano; (iii) simplificar el Clasificador Único de Actividades Económicas de Industria, Comercio, e Índole Similares, estableciéndose bandas para alícuotas mínimas y máximas; y (iv) aprobar y asumir la tabla de valores de la Construcción y de la tierra que se aplica para los avalúos catastrales, empadronamiento catastral, permisos de construcción, constancias ocupacionales así como la determinación del Impuesto a los Inmuebles Urbanos y Peri Urbanos según la zona y el tipo de construcción.

Mediante la sentencia 118 del 18 de agosto de 2020, la Sala Constitucional ordenó los Alcaldes suscriptores del "Acuerdo Nacional de Armonización Tributaria Municipal", proceder en el lapso de 30 días continuos siguientes a la notificación de la decisión a adecuar sus ordenanzas municipales relativas a los tipos impositivos y las alícuotas de los tributos inherentes a las Actividades Económicas, de Industria y Comercio e Índole Similar y los atinentes a Inmuebles Urbanos y Peri Urbanos, a los parámetros establecidos en el acuerdo en referencia y una vez hecha la adecuación correspondiente, remitir al Ministerio del Poder Popular de Economía y Finanzas la o las ordenanzas modificadas a los fines de verificar su adecuación a los parámetros de los acuerdos alcanzados, para que éste último una vez verificado lo conducente remita a la Sala Constitucional su opinión y finalmente se pueda proceder a emitir pronunciamiento sobre la solicitud de levantamiento de la medida cautelar. Así mismo, la Sala Constitucional ordenó notificar y remitir copia certificada de la sentencia 118 así como del escrito y anexos consignados ante esa Sala el 17 de agosto de 2020, entre los cuales figura el documento denominado "Acuerdo Nacional de Armonización Tributaria Municipal" ("ANAM"), a los Alcaldes no suscriptores del mismo a los fines de que dentro del lapso de 15 días continuos siguientes a la notificación de la decisión procedan a manifestar ante la Sala su adhesión al acuerdo. No es difícil advertir que las sentencias nos. 78 y 118 de la Sala Constitucional del Tribunal Supremo de Justicia y el denominado "Acuerdo Nacional de Armonización Tributaria Municipal" (ANAM) son inconstitucionales e ilegales y pretenden introducir un insólito e ilegítimo procedimiento normativo que viola flagrantemente los principios democráticos y del Estado de Derecho, así como la supremacía, rigidez y efectividad de las normas y principios constitucionales y la integridad de la Constitución, que paradójicamente le corresponde asegurar y garantizar al Tribunal Supremo de Justicia, conforme a los artículos 334 y 335 de la Constitución.

La Sala Constitucional al pretender suprimir la expresión de la voluntad del poder constituyente, se arroga poderes constituyentes al desconocer el procedimiento legislativo constitucionalizado que es garantía de la democracia constitucional y del Estado de Derecho e intentar crear un sucedáneo, un procedimiento normativo *ad hoc* altamente politizado, en el que involucra una asociación de alcaldes con sustrato esencialmente político, representada por 308 Alcaldes constituidos en el Consejo Bolivariano de Alcaldes y Alcaldesas.

Además, el alcalde como sujeto constitucional que es, le corresponde el gobierno y administración del Municipio y asume la condición de primera autoridad civil del Municipio (artículo 174 de la Constitución), pero no es competente para normar en el ámbito local, menos aún en materia tributaria sometida a la estricta reserva legal y al principio de legalidad (Art. 317 constitucional) para crear, modificar o suprimir tributos; definir el hecho imponible; fijar la alícuota del tributo, la base de su cálculo e indicar los sujetos pasivos del mismo, que es justamente lo que se pretende con el Acuerdo, la *modificación de impuestos locales*, como es el caso de los impuestos sobre actividades económicas de industria, comercio, servicios, o de índole similar y los impuestos sobre inmuebles urbanos.

Como poder público constituido, la Sala Constitucional está supeditada a la Constitución y a la ley que definen sus atribuciones y a las que debe sujetarse en todas las actividades que realice. Para la Sala Constitucional y las demás Salas del Tribunal Supremo de Justicia la Constitución es especialmente la norma suprema y el fundamento del ordenamiento jurídico (Artículos 137 y 7 la Constitución), por lo que debe salvaguardar y asegurar su supremacía. Sin embargo, la Sala Constitucional demuestra que la fuerza normativa de la Constitución no representa un límite a los intereses político-partidistas, y que son insuficientes las normas atributivas de competencias y las prohibiciones y controles constitucionales de los poderes constituidos, cuando no funcionan en la práctica los pesos y contrapesos democráticos.

Las competencias constitucionales para legislar sobre la coordinación y armonización de las distintas potestades tributarias (artículos 136, 156.13 y 187.1 de la Constitución), son de atribución exclusiva y excluyente de la Asamblea Nacional, único órgano constitucionalmente competente para dictar la *ley de bases* en materia de armonización y coordinación del poder tributario (*i.e.* Ley Orgánica del Poder Público Municipal), único órgano constitucionalmente competente para legislar en las materias de la competencia nacional y sobre el funcionamiento de las distintas ramas del Poder Nacional, conforme al procedimiento legislativo de las Secciones Cuarta: "De la Formación de las Leyes" y Quinta: "De los Procedimientos" del Título V de la Constitución cuyo producto es la ley como acto sancionado por la Asamblea Nacional como cuerpo legislador.

Todo esto arroja una pugnaz e irreverente deslegalización y desconstuticonalización por parte de la Sala Constitucional, que pretende convertirse en una ilegítima instancia legislativa, sin autocontención normativa y en sustitución de la Asamblea Nacional en la regulación de temas técnicos y económicos, que además requieren del consenso y de la participación de sus destinatarios, de los gremios y especialistas.

La Sala Constitucional no solo es constitucionalmente incompetente para legislar, sino que no tiene la más mínima capacidad técnica ni la representatividad para legislar en materia tributaria y asuntos económicos financieros y comprometer el poder tributario local que es competencia de concejo municipal, único órgano competente para crear, modificar o suprimir tributos en el ámbito local.

La Sala Constitucional viola el principio de separación de poderes al legislar sobre la coordinación y armonización de las distintas potestades tributarias (artículos 136, 156.13 y 187.1 de la Constitución), usurpando los poderes normativos exclusivos y excluyentes de la Asamblea Nacional. Además, viola el principio de separación de poderes al usurpar potestades exclusivas del Presidente de la República al fundamentar su sentencia en los decretos de emergencia económica y de alarma (artículos 337 de la Constitución y 15.b de la Ley Orgánica de Estados de Excepción)

Las sentencias 78 y 118 de la Sala Constitucional del Tribunal Supremo de Justicia y el denominado "Acuerdo Nacional de Armonización Tributaria Municipal" son expresión cotidiana y hasta contagiosa de una muy desaconsejable relativización de la rigidez constitucional, de una deriva autoritaria avalada por la omnipotencia judicial producto de no tomarse el Derecho en serio, que pretende en este caso la ruptura de la democracia representativa y de la autonomía tributaria de los municipios, al usurpar competencia propias del legislador y comprometer el Estado de justicia, federal y descentralizado, porque la armonización y coordinación, así como todos los procesos de descentralización deben hacerse *secundum legem* y conforme a la Constitución, y no atendiendo al tutelaje de la Vicepresidencia de la República para el área económica, a fin de coordinar de manera conjunta los estímulos fiscales que tenga a bien aplicar el Gobierno Nacional sobre cualquier rubro de la economía. Esto es impensable en un Estado federal descentralizado en los términos consagrados en la Constitución, que pretenda regirse por los principios de integridad territorial, cooperación, solidaridad, concurrencia y corresponsabilidad.

La violación judicial de la autonomía municipal por el desconocimiento de las potestades tributarias de los estados y municipios y en violación de la reserva legal tributaria municipal, constituye una verdadera vía de hecho, porque no sólo excede el ámbito de competencias constitucionales, sino que impone a los acaldes firmantes y no firmantes del "Acuerdo Nacional de Armonización Tributaria Municipal" una carga imposible de cumplir que, huelga decirlo, refleja ignorancia y desprecio por los procedimientos, instancias y métodos jurídicos que regulan a los entes locales

De esta forma, la Constitución de 1999 es a la democracia y al Estado de Derecho lo que fue el caballo de Troya para los troyanos. La ciudad fortificada de Troya vio que la flota de Ulises se alejaba luego de 10 años de asedio, pero solo aparentaba aceptar la derrota. Los troyanos se fueron a celebrar en la falsa creencia de que el caballo era una ofrenda a los dioses, signo de su victoria y lo meten en la ciudad. Por la noche, los griegos salen de la estructura de madera y abren las puertas de la ciudad a los demás guerreros, que han vuelto a desembarcar. Toya es saqueada y asolada por el fuego, los troyanos asesinados y sus mujeres tomadas como esclavas. Se puede decir que con la constituyente de 1999 ocurrió algo similar. Muchos la vieron como una ofrenda a la democracia, cuando no era más que un instrumento, un cascarón vacío como el enrome caballo de madera hueco en su interior, donde se escondían pretensiones distintas al constitucionalismo y a la democracia.

Como en la mitología, la Constitución de 1999 fue instrumento del engaño y de la falsificación, una *constitución fachada* que facilitó al chavismo cooptar todos los órganos del Poder Público, desinstitucionalizar el ejercicio del poder e ir desarticulando todas las estructuras del Estado, suprimiendo la imparcialidad, independencia y autonomía del poder judicial y demás órganos como la Fiscalía General y la Defensoría del Pueblo, pretiriendo con ello el control recíproco y los contrapesos del poder. Se instrumentalizan el voto, el sufragio, así como el poder electoral y el denominado poder ciudadano para mantener las apariencias de las formas constitucionales, lo que se tradujo en la deriva autoritaria del poder.

La *constitución fachada* abrió las puertas a las verdaderas pretensiones autoritarias y totalizadoras del poder, de esa facción que desde hace más de 20 años se aferra a él e intenta domeñar en tierra arrasada.

Como Troya, Venezuela fue saqueada y asolada por el fuego de la corrupción, del autoritarismo, de la ineptitud y de la mentira. Los ciudadanos perciben a diario los traumáticos resultados de la ausencia de gobierno, de la falta de políticas públicas, así como los efectos negativos de la corrupción, que son múltiples (económicos, políticos, sociales y morales), mientras un puñado se apropió desde el resentimiento[277] de la cosa pública (*res-publica*) para lograr ventajas ilegítimas, patrimonializar el poder y expandir el clientelismo, imponer el miedo a partir de la inhibición que se genera[278] y generar la servidumbre sobre los cada día menos ciudadanos libres y capaces, convertidos en súbditos menesterosos.

La Constitución de 1999 fue el vehículo para ultrajar los más elementales principios democráticos, desinstitucionalizar todo el anda-

---

[277] Capriles, Ruth, El resentimiento como actitud política en Venezuela, *Las actitudes políticas: el resentimiento y el miedo*, Colección Cuadernos del Centenario N° 13, Fundación Manuel García-Pelayo, Caracas, 2011, p.41.

[278] Sobre la violencia "...hay dos posibles interpretaciones: una hipótesis sería la creencia, por parte de muchos funcionarios del gobierno, que la violencia tiene su origen en la pobreza y es una forma de expresión de la lucha de clases, por lo tanto, no es necesariamente mala. La otra hipótesis está vinculada al deseo de provocar miedo en la sociedad y al propósito de facilitar su dominación, a partir de la inhibición que se genera" BRICEÑO LEÓN, Roberto, "El miedo como actitud y la desesperanza política", *Las actitudes políticas: el resentimiento y el miedo*, Colección Cuadernos del Centenario N° 13, Fundación Manuel García-Pelayo, Caracas, 2011, p.42.

miaje del Estado de derecho e introducir la antipolítica y el neo-populismo,[279] es decir, la barbarie que permitió a una facción hacerse del poder, cooptar y cohonestar todas las instituciones y socavar los principios democráticos de nuestra Venezuela, hoy saqueada y asolada. La Constitución de 1999 fue un caballo de Troya porque no nació con auténtica vocación emancipadora y tuitiva de los derechos, sino como una de esas *Constituciones fachada* abigarrada de los valores del constitucionalismo, que terminan convirtiéndolo todo en declaraciones de buenas intenciones y satisfacciones simbólicas, pero que sacrifican lo que es verdaderamente importante, esto es, la protección individual de los derechos fundamentales.[280] A esto se suma que el gobierno y los jueces, en especial los del Tribunal Supremo de Justicia, han sido los primeros en preterir el carácter inderogable e inviolable de los derechos humanos, convirtiendo el texto constitucional en una auténtica fachada.[281]

Para Brewer-Carías la Constituyente de 1999 fue mal conformada y peor estructurada, el origen remoto de todo el colapso posterior, cuyo Texto Fundamental desde entonces fue objeto de un desprecio sistemático que ha conducido al país al total colapso de sus instituciones, destrozándose las bases del Estado democrático y social de derecho y de justicia, con forma Federal y descentralizada, que nunca llegó a estructurarse. El desprecio la Constitución de 1999 puede decirse que

---

[279] Hermet señala que el populismo puede definirse de forma genérica como temporalidad anti-política, subrayando que la lista de los movimientos populistas recientes es casi inagotable. "Para que vean: el modelo Le Pen-Haider-Fortuyn con los partidos xenófobos de Europa occidental; la variedad separatista de estilo del *Vlaams Blok* belga o de la Liga Italiana del Norte; el neo-populismo mediático y liberal de América Latina acuñado por Carlos Menem, Fernando Collor y, por qué no, Alberto Fujimori; el casi peronismo resucitado por Hugo Chávez, probablemente seguido por Gutiérrez en Ecuador; el populismo burgués y *bien-pensant* de Lavín en Chile; las corrientes etno-populistas post-comunistas de Europa del Este; todo esto sin olvidar la protesta islamista en Turquía y en otras partes como también su homólogo enemigo hinduista en la India, sin hablar del populismo de Internet usado por los adeptos europeos o norteamericanos del sub-comandante Marcos en México y para cerrar la lista, sin por lo tanto agotarla, el populismo 'smart' de los anti-mundialistas a lo José Bové". Vid. Hermet, Guy. *Populismo, democracia y buena gobernanza*, El Viejo Topo, Mataró, Intervención Cultural, Barcelona, 2008, p.p.22-23.

[280] Meier García, Eduardo. *La eficacia de las sentencias de la Corte Interamericana de Derechos Humanos frente a las prácticas ilegítimas de la Sala Constitucional*, Serie Estudios Nº 105, Academia de Ciencias Políticas y Sociales, Caracas, 2013, p.112.

[281] *Ibidem.*

lo inició la misma Asamblea Constituyente de ese año al adoptar sin aprobación popular y a pesar de que ya había concluido sus funciones, un "Régimen Transitorio" (22-12-1999), que dio origen a otra "Constitución" paralela cuya duración fue de varios lustros, contraria a lo que se prometía en el texto aprobado popularmente, y destinada a asegurar que la misma no se pudiera cumplir, en lo que entonces califiqué como un golpe de Estado constituyente…Precisamente, la última de las manifestaciones de ese desprecio a la Constitución ha sido la convocatoria de la Asamblea Nacional Constituyente fraudulenta en mayo de 2017, para precisamente eliminar de la Constitución el modelo de Estado democrático y social de derecho y de justicia, con forma Federal y descentralizada, y establecer en su lugar un "Estado Comunal". [282]

---

[282] Brewer-Carías, Allan R., "La inconstitucional convocatoria de una Asamblea nacional constituyente en 2017 como una muestra más de desprecio a la constitución", *ob.cit*, Caracas 2017, p.p 21-22.

# 8. Sobre la política petrolera

Desde la Carta Económica de Mérida (1962) Tinoco precisaba que la política petrolera tiene importancia fundamental para el desarrollo de nuestra economía. El petróleo es nuestra principal fuente de riqueza y tendrá que suplir gran parte de los medios materiales para el desarrollo. Tenemos que tener un claro concepto de la nuestra riqueza petrolera como instrumento de desarrollo nacional. No podemos continuar aplicando una política petrolera, que si bien puede ser defendida desde un punto de vista teórico, no contribuye en forma efectiva al desarrollo de nuestra economía.

Observa Tinoco que por la importancia de la industria petrolera como factor primordial de nuestra economía, la mayor parte de las decisiones de inversión estarán influida por el estado de esa industria. La actual política petrolera de Venezuela, en momentos en que la industria petrolera atraviesa por una fuerte competencia, no ha tendido a estimular su desarrollo y a permitirles competir en condiciones favorable en los mercados internacionales.

Sobre la política petrolera del momento, recuerda Tinoco cuatro planteamientos: i) declaración expresa de que no se otorgarán nueva concesiones; ii) creación de una empresa petrolera nacional; iii) control de precios a que se les permita a la empresa petrolera vender sus productos; iv) entrada de Venezuela a la Organización de Países Productores de Petróleo.

Tinoco observa una peligrosa tendencia hacia la descapitalización en esta industria, lo que debe servirnos de señal elocuente de alarma sobre los peligros que encierras nuestra actual actitud. En definitiva, nuestra primera industria, cuyo estado floreciente era una de las base fundamentales de la confianza que tenían los inversionista venezolanos y extranjeros, en la solides de nuestra economía, se encuentra también atravesando momento difíciles. Las necesidades propias del desarrollo económico, nos indican claramente que no podemos continuar en la actual situación. Tenemos que estimular a la industria petrolera para que intensifique sus inversiones en el país, incremente sus trabajos exploratorios para descubrir nuevas reservas, y compita agresivamente en el mercado, asegurando la posición de Venezuela, sin ceder campo a otras zonas productoras.

En 1966 en la XXII Asamblea Anual de Fedecámaras, Tinoco dejaba ver un conocimiento exhaustivo de la que fuera nuestra principal industria extractiva, así como de la fiscalidad de los hidrocarburos. Sobre la pérdida de nuestra capacidad competitiva en los mercados internacionales, señalaba que eran "…consecuencia de factores externos tales como el incremento en la abundancia relativa de petróleo, el descubrimiento y vigoroso desarrollo de nuevos yacimientos en otros países

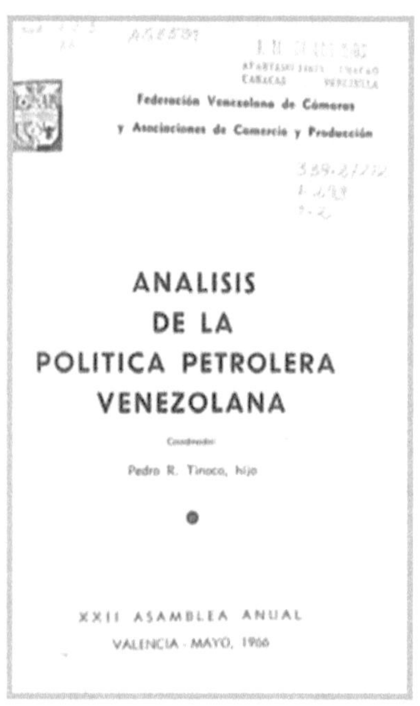


exportadores con un costo de producción sustancialmente inferior al nuestro, la disminución de las ventajas por costos de transporte en virtud de la disminución de los mismos por el uso de tanqueros de grandes dimensiones, y por las disminuciones en los niveles de precios de sus principales sucedáneos tales como el carbón y el gas natural; y de factores internos tales como nuestros elevados costos de producción, las regulaciones limitativas del Estado en cuanto a los precios de venta y el aparente desconocimiento por el Estado de los precios de realización como base del cálculo de los impuestos en los reparos".[283]

---

[283] Tinoco, Pedro R. (h), ***Análisis de la política petrolera venezolana,*** Coordinador: Pedro R. Tinoco, hijo, Federación Venezolana de Cámaras y Asociaciones de Comercio y Producción, XXII Asamblea Anual, Valencia - mayo, 1966, p.42.

En esa ocasión, el documento también fue coordinado por Pedro R. Tinoco, h.,[284] por lo que se puede postular su autoría en la mayoría de las ideas. Se hace un análisis de la política petrolera en vigor pero antes hace síntesis extraordinaria de cómo ha ido cambiando la posición del Estado venezolano frente a lo que en ese momento era la principal fuente de riqueza del país.

Se concluye en ese documento que la industria petrolera venezolana ha perdido capacidad competitiva en los mercados internacionales a consecuencia de factores externos tales como el incremento en la abundancia relativa de petróleo, el descubrimiento y vigoroso desarrollo de nuevos yacimientos en otros países exportadores con un costo de producción sustancialmente inferior al nuestro, la disminución de las ventajas por costos de transporte en virtud de la disminución de los mismos por el uso de tanqueros de grandes dimensiones, y por las disminuciones en los niveles de precios de sus principales sucedáneos tales como el carbón y el gas natural; y de factores internos tales como nuestros elevados costos de producción, las regulaciones limitativas del Estado en cuanto a los precios de venta y el aparente desconocimiento por el Estado de los precios de realización como base del cálculo de los impuestos en los reparos que se están actualmente discutiendo.

La Industria petrolera venezolana ha perdido gran impulso para su desarrollo futuro y puede en la próxima década disminuir sensiblemente en sus niveles de producción como consecuencia de la drástica disminución en los niveles de inversión, la falta de actividad exploratoria y la incertidumbre sobre las posibilidades que tendrán las empresas privadas después del vencimiento de las concesiones que producen aproximadamente las 2/3 partes de nuestro petróleo en 1983.

Así mismo, la industria petrolera venezolana ha perdido muchas oportunidades de desarrollo, por carecer el Estado venezolano de un

---

[284] Esta publicación tuvo por objeto cumplir el mandato emanado de la XXII Asamblea Anual de Fedecámaras, en el cual se insta al Directorio para que dé la mayor difusión posible a los trabajos presentados en la Comisión encargada del estudio de la política petrolera venezolana, En tal sentido se presentan a continuación las ponencias: "Análisis de la Política Petrolera", "Necesidad de una Reorganización de la Política Petrolera Nacional para Impulsar el Desarrollo de nuestra Riqueza Básica" y "Contratos de Servicio", así como también, las Resoluciones aprobadas en la Asamblea Plenaria sobre esta materia.

concepto claro acerca del régimen de contratación que piensa aplicar, en sustitución del régimen de concesiones previsto en la Legislación vigente y que por su flexibilidad permitiría alcanzar los objetivos nacionalistas a que aspira la colectividad venezolana dentro de los límites que permite la situación competitiva en los mercados.

Concluye señalando que al menos que se cambie la orientación de nuestra política petrolera, no vamos a recibir de ese importante recurso los aportes que requiere nuestro desarrollo económico en los términos previstos en el Plan de la Nación. Hay una evidente contradicción entre los resultados. esperados y los factores reales que están actuando para producirlos.[285]

Tinoco fue uno de los primeros críticos de la dependencia nacional de los ingresos petroleros, cuando muy premonitoriamente señalaba que con el potencial nacido de la gigantesca reserva que tenemos en la faja bituminosa del Orinoco, seremos gran productor y exportador de petróleo por lo que resta del siglo XX y bien entrado el otro. "Solo milagros tecnológicos que creen sustitutos energéticos pueden razonablemente alterar este panorama".[286]

No obstante, Tinoco también alertaba sobre la necesidad de diversificación de las fuentes reales de producción del país, lo que a su parecer traería como consecuencia también una diversificación en grado igual de ingreso tributario. Sin embargo, aclaraba que "…en este campo se requiere algo más que el simple efecto de la política general económica de creación de nuevas actividades productivas. También requiere cambios estructurales en el sistema fiscal. Es necesario diversificar también la naturaleza del ingreso público".[287]

En su libro *Petróleo, factor de desarrollo* (1973) Tinoco señala que esa valiosa riqueza natural es el factor más importante de nuestro

---

[285] Tinoco, Pedro R. (h), ***Análisis de la política petrolera venezolana,*** Coordinador: Pedro R. Tinoco, hijo, Federación Venezolana de Cámaras y Asociaciones de Comercio y Producción, XXII Asamblea Anual, Valencia - mayo, 1966, p.42-43.

[286] Tinoco, Pedro R. (h), ***En el gobierno y fuera del gobierno/cuatro Entrevistas/Pedro R. Tinoco h.,*** Colecciones los Desarrollistas, Pascual Estada Editor, Italgráfica, Caracas, 1973, p. 38.

[287] Tinoco, Pedro R. (h) ***En el gobierno y fuera del gobierno/cuatro Entrevistas/Pedro R. Tinoco h.,*** cit., Caracas, 1973, p. 39.

desarrollo, significa que somos, entre los países latinoamericanos, el de
mayores posibilidades de alcanzar
niveles de progreso y bienestar social
similares a los países industrializados.
Por ello, todo aquel que se preocupe
del porvenir de esta tierra se ha de
ocupar, necesariamente, del tema petrolero. El petróleo es y seguirá siendo
por muchos años el sostén principal
de nuestra economía. De su continuado aporte depende en gran parte nuestro nivel de bienestar actual y nuestras
posibilidades de desarrollo futuro.
Hemos adquirido conciencia de país
petrolero y sabemos en qué importan-

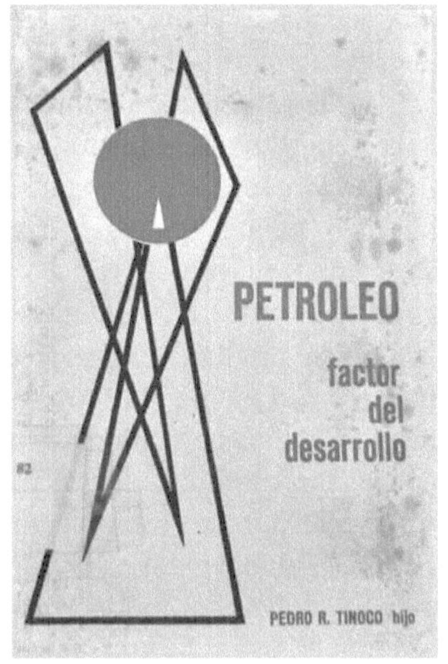


te medida nuestro destino está ligado al petróleo. Por ello, es deber de
todos intervenir en este debate, para desligarlo de las circunstanciales
posiciones partidistas y colocarlo en su trascendental importancia nacional. La riqueza sustitutiva del petróleo la va a crear el desarrollo y no
podemos incurrir en el grave error de frenar el desarrollo por conservar
un poco de petróleo. Sería muy perjudicial dejar de disponer de los
volúmenes adicionales indispensables para ampliar la base de esa economía. Producir petróleo sin que haya crecimiento económico es realmente consumir una riqueza sin sustituirla por otra, advierte Tinoco.

En este libro se aborda con solvencia temas tan variados como el
régimen contractual de los hidrocarburos, la contaminación atmosféri-
ca, las Reservas Probadas, la Crisis del Medio Oriente y sus Repercusiones, la Corporación Venezolana del Petróleo (ente precio a PDVSA),
al Desarrollo Petroquímico y los Instrumentos para la Defensa de los
Precios, como la OPEP.

Se refiere en este libro a un tema recurrente de su obra de Tinoco,
como es el Desarrollo Petroquímico, señalando que a pesar del extraordinario desarrollo hemos llegado con casi dos décadas de retraso a participar con algún grado de actividad en el negocio petroquímico Cuando después de la terminación de la primera guerra mundial, comenzaba

a desarrollarse vigorosamente la industria petroquímica en el mundo, no supimos apreciar el vasto potencial que ofrecía.

Indica que la petroquímica engloba una vasta variedad de productos resultantes de la transformación industrial de los hidrocarburos. Entre éstas, pueden mencionarse como las más importantes: i) Productos químicos para el agro ( fertilizantes, pesticidas, fungidos y herbicidas); ii) Materias plásticas y resinas sintéticas; iii) Fibras sintéticas; iv) Cauchos sintéticos; v) Detergentes sintéticos; y vi) Otros productos varios tales como productos farmacéuticos, explosivos, etc. Sólo puede consumir, aún con un gran desarrollo, apenas una pequeña proporción de los hidrocarburos que se producen (en escala mundial apenas cerca del 7 % del petróleo producido se dedica a fines no energéticos), pero les da un valor agregado que multiplica por diez su precio de venta. Lo que dificulta el problema, además de los requerimientos tecnológicos mencionados, es que para producir en condiciones competitivas se necesitan economías de escala con mercados amplios y grandes inversiones fijas.

El Dr. Tinoco entiende que es una actividad que debe abrirse a la inversión de capital, pero más importante aún es el acceso a la investigación científica y a los adelantos en los métodos de producción. Recomienda, con el propósito de incrementar nuestra actividad petroquímica, crear oportunidades para asociaciones de capital privado nacional con socios tecnológicos foráneos. Es tan extenso el potencial que permite una gran multiplicidad de esfuerzos.

Como señala Carmona Borjas[288] desde el inicio de la explotación del petróleo vivimos en esa permanente montaña rusa que embriaga a gobiernos y ciudadanos sin dejarnos avanzar, subir y bajar con un vacío en el estómago que no nos deja avanzar como nación con temple y seguros del futuro.

De nuevo vivimos el eterno dilema de ser o no ser un país sumido en el modelo rentista porque muy en línea con las ideas de Tinoco, hoy se dice que "el rentismo va más allá del origen de los recursos y del peso que ellos tengan en la economía nacional, en tanto impacta también, por una parte, la cultura de los gobernantes, quienes asumen los ingresos

---

[288] Carmona Borjas, Juan Cristóbal, **Derecho y finanzas, V.I. Régimen jurídico de la actividad petrolera en Venezuela**, Caracas, 2006, p.31.

provenientes de la actividad extractiva como propios, ilimitados y de libre disposición y, por la otra, la cultura de la población que se siente con el derecho a recibir sin aportar. La solución no radica en abandonar la explotación de recursos naturales, sino en finalmente administrar lo producido con criterio, eficiencia y honestidad. No habrá peor crimen cometido contra los venezolanos que dejar perder las ventanas de oportunidad que aún ofrece el mercado mundial de los hidrocarburos. Una cosa es procurar abandonar el modelo rentista y otra, muy distinta, descartar la actividad extractiva".[289]

Probablemente sea la última oportunidad, antes de que se consoliden los combustibles no fósiles. Se dice que [l]os hidrocarburos parecen tener por lo menos un par de décadas más de gran y quizás creciente importancia geopolítica, por lo que países como Venezuela seguirán teniendo un rol destacado en dicho escenario. Sin embargo, eventualmente el petróleo irá perdiendo su importancia relativa a medida que los cambios tecnológicos lo desplacen por otras energías más limpias y/o más renovables".[290]

---

[289] Carmona Borjas, Juan Cristóbal , ¿Se acabó el modelo rentista en Venezuela?, "El Nacional", consultado en: https://www.elnacional.com/opinion/se-acabo-el-modelo-rentista-en-venezuela/

[290] Monaldi, Francisco, *La Economía Política del Petróleo y el Gas en América Latina*, Working Paper nº 9, publicado en "Plataforma Democrática" como parte del proyecto "Dinámicas geopolíticas globales y el futuro de la democracia en América Latina" desarrollado por Plataforma Democrática, consorcio formado por el Instituto Fernando Henrique Cardoso y el Centro Edelstein de Investigaciones Sociales de Brasil, Julio de 2010, consultado en: http://cebem.org/cmsfiles/publicaciones/La_Economia_Politica_Del_Petroleo_y_El_Gas_En_America_Latina.pdf

# 9. Centrado en el Banco Central

Tinoco fue designado presidente del Banco Central de Venezuela el 2 de febrero de 1989, fecha en la que asumió la Presidencia de la República Carlos Andrés Pérez.

En una Conferencia dictada en el auditórium del Banco Central de Venezuela, con ocasión de la celebración de los 50 años de la institución, el día 15 de octubre de 1990,[291] el Dr. Tinoco señala que creación del Banco Central de Venezuela se inicia con la promulgación por el Presidente de la República el 8 de septiembre de 1939 de la Ley del Banco Central. Luego de cumplidas las tareas organizativas, el Banco Central inicia sus operaciones el 15 de octubre de 1940.

Para el momento de su creación, Venezuela era un país con un ingreso nacional valorado en Bs. 1.500 millones, cuya magnitud comenzaba a incrementarse con los ingresos generados por la actividad petrolera, aun cuando la mayoría de la población estaba todavía dedicada a labores agropecuarias. Existían algunos bancos comerciales, de los cuales seis estaban facultados para emitir billetes mediante permisos otorgados por la nación. Para ello, debían tener un capital constituido por monedas de oro de curso legal y podían emitir billetes hasta por el doble de su capital pagado. Asimismo, estaban obligados a mantener, en existencia, oro acuñado por un monto equivalente a la tercera parte de los billetes emitidos. El monto de emisiones que circulaba en el territorio alcanzaba la suma total de Bs. 150 millones.

Considera Tinoco que la instauración del Banco Central de Venezuela marcó el inicio de la organización moderna del sistema financiero nacional y del ejercicio directo por esta nueva institución de la función

---

[291] Tinoco, Pedro R. (h), "Cincuenta años del Banco Central de Venezuela, *Revista del Banco Central de Venezuela*, Año V, N° 3 (julio-Septiembre 1990), p.p. 299-306

de emisión de billetes, de ejercer la tenencia y administración de las reservas, de orientar la política monetaria de adquirir las divisas provenientes de las actividades petroleras y de las exportaciones de café y cacao. Estas funciones básicas fueron luego ampliadas en sucesivas reformas. En la reforma de 1960 se le agregó la de "velar por el crecimiento ordenado de la economía" y también la de ejercer los derechos y obligaciones que le corresponden a Venezuela en el Fondo Monetario Internacional. Nos recuerda nuestro autor que también fueron ampliadas sus actividades regulatorias, facultándolo para la fijación de los topes máximos de intereses por operaciones activas y pasivas del sistema financiero. Continuando en el camino de la historia, en 1974 se excluyeron los accionistas privados del Banco, con lo cual la totalidad de las acciones pasaron a propiedad de la nación, se levantó la prohibición que impedía a los miembros del gabinete ejecutivo formar parte del directorio del Instituto emisor. Con esta reforma, discutida y controvertida en su época, se consolidó el carácter de institución estadal del Banco Central y se reforzaron sus vínculos directos con el Gobierno Nacional. Pero se compensó esta nueva situación, consagrando en la Ley en forma expresa la autonomía del Directorio en la definición de las políticas del Instituto y en el ejercicio de sus operaciones.

En esa ocasión quedó abierta la discusión sobre cuál debía ser la naturaleza más conveniente de la relación que debe existir entre un Banco Central, con su aspirada objetividad técnica e institucional; y el Gobierno Nacional, influido más directamente por circunstancias políticas y la opinión nacional.

Considera que el carácter público del Banco Central es conveniente y que el ejercicio de sus funciones tiene que guardar una conveniente armonía con la orientación general de la política económica del país. No puede ser un ente aislado, persiguiendo exclusivamente fines propios por más que éstos a su juicio tengan una perfección científica y técnica. Debe ser parte de un propósito común a cuya orientación contribuya con su aporte técnico y objetivo, pero con apego a una coherencia general indispensable para alcanzar los mejores resultados para el bienestar de la colectividad.

Tinoco es categórico sobre la indispensable independencia del Banco Central, que debe centrarse en la ejecución de la política monetaria y cambiaria, para poder mantener el rumbo sin ceder a motivaciones circunstanciales. También, requiere el interés público, que la asesoría que por imperativo legal debe prestar el Banco Central al Gobierno Nacional, en materia económica y financiera o en forma más concreta como único agente financiero del gobierno nacional, sea sincera, objetiva y técnica, para que cumpla así en plenitud su finalidad orientadora.

De William McChesney Martin, Presidente por largos años del sistema de la Reserva Federal de los Estados Unidos cita la que considera la mejor síntesis que conoce para expresar lo que debe ser esta difícil relación, Gobierno-Banco Central: los Bancos Centrales necesitan independencia de acción, pero "Independencia dentro del Gobierno" y no "Independencia fuera del Gobierno".

Sobre el Banco Central ha participado con su asesoría en la formulación de la política económica general y sus actuaciones guardan la necesaria coherencia con sus lineamientos básicos. El propósito de mantener la independencia operativa del Banco Central se ha manifestado claramente en la integración del Directorio realizada por el Presidente dela República y por la actuación de los ministros que integran su Directorio. · Esta conveniente situación de armonía y equilibrio· que hemos alcanzado en la práctica, puede perfeccionarse en el proceso de reforma integral del sistema financiero que estamos llevando a cabo.

Al referirse a los cometidos básicos que la Ley impone al Banco Central y como están siendo cumplidos dentro del viraje profundo que está realizando la economía nacional, precisa Tinoco que estos cometidos, usando la propia terminología legal, son: crear y mantener condiciones monetarias, crediticias y cambiarias favorables a la estabilidad de la moneda, al equilibrio económico y al desarrollo ordenado de la economía, así como asegurar la continuidad de los pagos internacionales del país.

Así se hace manifiesto el protagonismo del Banco Central que pudo prestar su aporte pleno en su función de asesoría a la estrategia general y llevar a cabo las acciones que le corresponden en su campo específico:

A)   En las áreas financiera y monetaria se flexibilizaron los mecanismos de determinación de la tasa de interés y se dio inicio a una más activa utilización de las operaciones de mercado abierto en sustitución progresiva de los anticipos y redescuentos como instrumentos de política monetaria. La política monetaria se planteó también como objetivos fundamentales dentro de la nueva estrategia de la política económica, contribuir con una razonable estabilidad del tipo de cambio y al mismo tiempo lograr que las presiones inflacionarias se limitaran a las alzas de precios originadas por los ajustes de precios relativos inducidos por las medidas contempladas en el programa económico.

B) En el área cambiaria se adoptó un tipo de cambio único y flotante, se modernizaron los mecanismos de intermediación del Banco Central en el mercado cambiario y se eliminaron las regulaciones que inhiben o limitan las operaciones a futuro en el mercado cambiario.

C) Dentro del nuevo esquema cambiario la participación del Banco Central se limitó a intermediar las divisas originadas por la actividad petrolera, con el objeto de abastecer las necesidades del mercado y tratando al mismo tiempo de evitar fluctuaciones erráticas en el tipo de cambio.

D) Le correspondió también al BCV la difícil tarea de administrar la terminación del régimen de cambios diferenciales con toda la difícil secuela del pago de los elevados montos de cartas de crédito dejados pendientes sin la necesaria cobertura en divisas para cancelarla.

E) En su condición de único agente financiero del gobierno nacional como parte directa y activa en la renegociación de la deuda pública externa con la banca internacional y en las negociaciones crediticias con los organismos multilaterales: Fondo Monetario Internacional, Banco Mundial y Banco Interamericano de Desarrollo, así como las realizadas bilateralmente con agencias financieras de otros países.

F) Conjuntamente con el Fondo de Inversiones de Venezuela se llevó a cabo la privatización del Banco Occidental de Descuento, iniciando así con éxito el programa general de privatización programado.

En una rápida visión hacia el futuro se refiere dentro del programa general de reformas estructurales que impulsa el Gobierno Nacional, a la reforma general del sistema financiero. Esta reforma persigue como metas principales el fortalecimiento del sistema financiero en su conjunto, así como mejorar su eficiencia y competitividad. Al Banco Central se le ha encomendado la coordinación de todo este proceso de reforma, la cual realiza en estrecha cooperación con el Ministerio de Hacienda, la Superintendencia de Bancos y una calificada representación institucional del sistema financiero nacional. Esta tarea abarca codo el sistema de banca pública y privada, las demás instituciones financieras regidas por la Ley de Bancos, el BANAP y el Sistema Nacional de Ahorros y Préstamo, el Mercado de Capitales, la Superintendencia de Bancos y el Banco Central.

Después de 50 años de experiencia, insiste Tinoco, hay que aprovechar las valiosas lecciones del pasado y ajustar tanto la normativa como la estructura operativa del Banco Central a la nueva economía, más sólida, más abierta, más eficiente y competitiva que se está construyendo en el país.

Dentro del proceso de reforma estructural del sistema financiero, se aspira a un fortalecimiento de la capacidad de actuación del Banco Central en el campo monetario y un perfeccionamiento de los mecanismos de información sobre el funcionamiento del mercado monetario financiero para una más rápida y más efectiva conducción del proceso. Así como poder seguir más de cerca, con mejor y más oportuna información estadística, las otras distintas variables que determinan la coyuntura para poder tomar o recomendar las medidas requeridas.

Tinoco llamaba a concentrar la acción del Banco Central para hacerla más eficiente. Esto implica relevarlo de tareas administrativas que cumple para otros organismos y simplificar su campo de acción, limitándolo a lo esencial de su cometido. Todo esto tiene que estar reflejado en su esquema organizativo, para que éste responda a las nuevas realidades y nuevos requerimientos. En esa ocasión, veía con fundada buena esperanza el porvenir.

Sin embargo, otro será el destino de la autonomía del Banco Central de Venezuela como de la reforma económica y financiera impulsada desde el Banco Central por el Dr. Tinoco en estrecha cooperación con el

Ministerio de Hacienda, la Superintendencia de Bancos y una calificada representación institucional del sistema financiero nacional.

Sobre el último punto, Hernández Delfino señala la tardía respuesta legislativa. La Ley General de Bancos y Otras Instituciones Financieras entró en vigencia en enero de 1994, cuando ya la crisis bancaria estaba desencadenándose. La causa de la maltrecha reforma se puede atribuir concretamente a las perturbaciones militares del año 1992 y el clima de desasosiego e incertidumbre que caracterizó el momento, lo que retrasó la aprobación legislativa de reformas fundamentales y determinaron la interrupción de medidas de disciplina fiscal, necesarias para superar la brecha que ya comenzaba a manifestarse en las cuentas del sector público. En diciembre fue promulgada la Ley del Banco Central de Venezuela, que consagraba su autonomía formal y efectiva, lo que llevó a designar el primer directorio independiente del instituto.[292] Este último punto lo abordaremos someramente al final de este acápite.

Sobre los esfuerzos del Banco Central con el Dr. Tinoco a la cabeza se recuerda que la política monetaria cumplió un papel activo en el control del crédito neto, a través del nuevo instrumento de actuación del BCV, el *Bono Cero Cupón,* el cual sirvió a ese propósito, la falta de instrumentos apropiados en el lado activo del balance del BCV para realizar operaciones de mercado abierto. Sin dudas una adecuada respuesta a la acelerada captación de fondos por parte de las instituciones financieras que generaba tensiones pues era necesario rentabilizar esos recursos a través de operaciones de intermediación. Estas tensiones tuvieron su origen, por una parte, en los incentivos creados para mantener o aumentar la participación de mercado y, con ello, el valor de los bancos; y, por la otra, en la competencia bancaria que surgió durante el proceso de liberalización.[293]

Al iniciarse el programa económico del VIII Plan de la Nación, el BCV flexibilizó los límites dentro de los cuales fluctuarían las tasas

---

[292] Hernández Delfino, Carlos, *Economía y finanzas en la Venezuela democrática: la ruta del endeudamiento público*, Venezuela: República Democrática, Grupo Jirahara, Barquisimeto, 2011, pp. 503-556.

[293] Hernández Delfino, Carlos, **La economía venezolana: un ensayo para Jirahara** *Grupo Jirahara: veinte encuentros por Venezuela*, Asociación Civil Grupo Jirahara, Barquisimeto, estado Lara, Editorial Arte, S. A., Caracas, Venezuela, mayo de 2007, pp 115-167.

de interés; desarrolló más activamente su actuación en el mercado abierto como instrumento fundamental de la política monetaria, dada la mecánica asimétrica de las operaciones de descuento, redescuento y anticipo.[294]

Como consecuencia de la liberación de las tasas de interés, concertada por el Banco Central, se logró que se elevara el ahorro y disminuir la actividad crediticia. Al incrementarse los depósitos a plazo y otorgarse menos créditos como consecuencia de las altas tasas de interés vigentes en el mercado, se generó un excedente de reservas en poder de la banca que fácilmente podría dirigirse hacia el mercado cambiario en búsqueda de dólares presionando la tasa de cambio. Con el fin de neutralizar esta corriente el BCV emitió bonos para ser colocados a descuento (*Cero Cupón*), con un rendimiento superior a otros instrumentos de captación bancaria. De esta manera se efectuó una transferencia de utilidades del BCV hacia la banca, lo que no podía mantenerse durante mucho tiempo.[295]

Tampoco se hicieron esperar las presiones que enfrentó la banca para rentabilizar sus depósitos y mantener su participación en el mercado. Hernández Delfino acota que se derivaron varias consecuencias de orden general, con claras excepciones a las conductas que se bosquejan a continuación: primero, la evaluación del riesgo de crédito se hizo más laxa, cuando no existían metodologías robustas de administración y gestión de éste y otros riesgos típicos de la banca; segundo, aumentaron los préstamos a empresas relacionadas, cuya asignación no responde, en general, a consideraciones de mercado; tercero, la inversión en acciones por parte de las instituciones financieras o de sus clientes respondió a la expectativa de un alza atípica de sus precios, lo que colocó a algunas instituciones en una posición vulnerable a pérdidas de capital; finalmente, crecieron las inversiones en valores públicos en momentos de bonanza fiscal, con lo cual se sujetó a esos bancos al riesgo de

---

[294] Hernández Delfino, Carlos, "La creación del Banco Central de Venezuela", *Tiempo y Espacio*, Centro de Investigaciones Históricas Mario Briceño Iragorry, N° 74, Vol. XXXVIII. Julio-Diciembre, 2020, p.p. 61-19.

[295] Garnica de López, Elizabeth, ***La economía venezolana algunos aspectos del programa de ajuste***, Instituto de Investigaciones Económicas y Sociales Universidad de Los Andes, pp.10-61 consultado en http://www.saber.ula.ve/bitstream/handle/123456789/19272/articulo1.pdf;jsessionid=7C21677B43F9D1C0FBE8854496D3E4D2?sequence=2

desequilibrios de caja, o de pérdidas de capital, si se alteraba la situación fiscal negativamente, tal como ocurrió después de 1992.[296]

Sobre la reforma de la Ley del Banco Central de 1992, Hernández Delfino acota que fue ejecutada en el marco del programa de estabilización y reformas estructurales acometido por el segundo gobierno del presidente Carlos Andrés Pérez, que contemplaba una reforma financiera integral para favorecer el desarrollo, la solidez y eficiencia del sector, a fin de elevar su contribución a una economía robusta, diversificada y competitiva, que optimizara sus potencialidades y las concretara en progreso y bienestar para los venezolanos. La ejecución de esa amplia reforma tropezó con desfases causados por factores atinentes al retraso institucional y a los desarreglos económicos que hicieron necesaria la adopción del programa, así como otros inscritos en la esfera propiamente política. Es así como la Ley del BCV se promulgó en diciembre de 1992 y la Ley General de Bancos en noviembre de 1993, bajo la presidencia interina del Dr. Ramón J. Velásquez, cuando ya se manifestaban las condiciones bajo las cuales venía gestándose la crisis bancaria de 1994.

La Ley del BCV de 1992 adaptó las normas que regulaban esa institución a las realidades que planteaban nuevos niveles de exigencia en el ámbito de las políticas propias del instituto. En primer lugar, por los desarreglos fiscales, financieros, del sector externo y estructurales de la economía venezolana que precedieron la adopción del programa de 1989; y segundo, por la necesidad de incorporar al ordenamiento jurídico las experiencias que habían probado su eficacia en otros países. Nos referimos, concretamente, al estatus de autonomía que las legislaciones y, en algunos casos, la propia Constitución, asignaban a los bancos centrales; y también a la concentración de objetivos y funciones que se corresponden con la naturaleza de esas instituciones, y con sus posibilidades reales de contribuir a la estabilidad monetaria y cambiaria, con particular énfasis en el combate a la inflación. Estas características esenciales debían acompañarse de un alto grado de flexibilidad que permitiera instrumentar con agilidad las medidas requeridas en cada momento para el logro de sus objetivos. En este sentido, la reforma

---

[296] Hernández Delfino, Carlos, **La economía venezolana: un ensayo para Jirahara** *Grupo Jirahara: veinte encuentros por Venezuela*, Asociación Civil Grupo Jirahara, Barquisimeto, estado Lara, Editorial Arte, S. A., Caracas, Venezuela, mayo de 2007, pp 115-167.

implicaba un distanciamiento con respecto a la importancia que se atribuía en legislaciones anteriores a los controles directos, particularmente sobre el crédito, las tasas de interés, las operaciones de mercado abierto y el mercado de cambios.

La autonomía del BCV contemplada en la Ley no se refería solamente a una formulación normativa sino a un conjunto de condiciones que le dieron efectividad, en correspondencia con el valor institucional que se concede a ese atributo. La autonomía representa un estatus en el cual el banco central no está sujeto a interferencias gubernamentales, políticas o de grupos organizados de interés que pretendan desviarlo de sus objetivos. También expresa su libertad de acción o su independencia, para la definición y ejecución de las políticas a su cargo, lo que supone concentrar su objeto en las finalidades que debe y puede cumplir, eliminando algunas, en ocasiones incompatibles entre sí, que lo apartarían de su misión y estorbarían su desempeño.

Finalmente, la Ley de 1992 dotó de garantías a la autonomía del BCV, en primer lugar, al eliminar su forma jurídica de compañía anónima con un solo accionista que era la República representada por el Ejecutivo Nacional y constituirse en una "persona jurídica pública de naturaleza única" (más precisamente, el BCV es una institución de *derecho público* de naturaleza única); segundo, el BCV no quedó adscrito ni sometido al control tutelar de la Administración Central; y, tercero, las normas para la designación y composición del Directorio conformaban un cuerpo formalmente autónomo.

Desde luego que el ejercicio de las facultades de un banco central autónomo, como lo fue el BCV en la Ley de 1992, tiene importantes consecuencias para la sociedad en su conjunto, y tratándose de autoridades no electas las que dirigen esa institución, la condición de autonomía vino acompañada de un sistema de rendición de cuentas, que contempló varios elementos: los informes pormenorizados a la Asamblea, al Congreso y al Ejecutivo, sobre objetivos, metas y resultados de la política monetaria, así como la publicación de sus estados financieros al igual que la divulgación de sus estudios, actuaciones y situación financiera en su informe anual. La coordinación de las políticas monetaria y fiscal prevista en la Ley, persigue la consistencia y armonización necesarias para evitar contradicciones entre los objetivos e instrumentos de ambas políticas. En materia de controles sobre la institución, el BCV quedó sujeto al control posterior de la Contraloría General de la República en cuanto concierne a la sinceridad de sus operaciones, mas no así, debe entenderse, en lo relativo a la oportunidad y méritos de las políticas a su cargo.[297]

La autonomía del Banco Central de Venezuela puede ser considerada un valor axiológico, lógico y teleológico del ordenamiento jurídico venezolano, una garantía institucional del sistema socio económico, de preservación del Estado mismo y respeto a las conquistas republicanas y democráticas. Desde el Preámbulo de la Constitución de 1999 y todo el articulado se apuntala la constitucionalización de la autonomía del BCV: "…Se le da rango constitucional a la autonomía del Banco Central de Venezuela en el ejercicio de sus funciones para alcanzar un objetivo único y exclusivo. Este se precisa como el de estabilizar el nivel de precios para preservar el valor de la moneda. La autonomía del Banco Central implica que la autoridad monetaria debe ser independiente del Gobierno y se prohíbe constitucionalmente toda práctica que obligue al Banco Central a financiar o convalidar políticas fiscales deficitarias. En el ejercicio de sus funciones el Banco Central de Venezuela no podrá emitir dinero sin respaldo".

Sin embargo, la Ley del Banco Central de Venezuela ha sido sometida a una serie de profundas y extendidas reformas que han modificado sustancialmente su naturaleza como institución encargada de la emisión monetaria y de la definición y gestión de la política monetaria.[298]

---

[297] Hernández Delfino, Carlos, "La creación del Banco Central de Venezuela", *Tiempo y Espacio*, Centro de Investigaciones Históricas Mario Briceño Iragorry, Nº 74, Vol. XXXVIII. Julio-Diciembre, 2020, p.p. 61-19.

[298] Vid. Zambrano Sequin, Luis, "Notas con relación a las reformas a la Ley del Banco Central de Venezuela", consultado en https://www.academia.edu/334101/Nota_con_relaci%C3%B3n_a_las_reformas_a_la_ley_del_Banco_Central_de_Venezuela. Igualmente, Hernández González, José Ignacio, "Comentarios a la reforma de 2015 de la Ley del Banco Central de Venezuela y su defensa por la Sala Constitucional, en **Revista de Derecho Público**, No. 145-146, Enero-Junio de 2016, Caracas, pp. 107; también ABADI M, Anabella, "15 años de violaciones a la autonomía del BCV , en Transparencia Venezuela, Caracas 2018, https://transparencia.org.ve/wp-content/uploads/2018/07/ViolacionesAutonomi%CC%81a-BCV-2018-Anabella-Abadi-M.- También, Romero-Muci, Humberto, Ilegitimidad de la dolarización de las sanciones tributarias, Libro homenaje a Cecilia Sosa Gómez, Tomo II, Acadmia de Ciencias Políticas y Sociales 2021, p.p. 1579-1580.

Como ahonda muy elocuentemente Romero-Muci, "…con las sucesivas reformas de la Ley del Banco Central de Venezuela de 2001, 2002, 2005, 2009, 2010 y 2015 el instituto emisor fue instrumentalizado por el régimen para implementar una política monetaria expansiva para convalidar políticas fiscales deficitarias del sector público y financiar u otorgar créditos directos a la Estatal Petrolera (PDVSA) y otras empresas del estado. Además, perdió su facultad para administrar las reservas internacionales que respaldan la convertibilidad del bolívar, flexibilizó los criterios para determinar los activos que sirven para tales reservas, emitió descontroladamente dinero inorgánico y el nombramiento de su junta directiva fue secuestrada por el presidente de la República, excluyendo todo control desde la Asamblea Nacional. Todo esto degeneró la perversa hiperinflación y la destrucción del valor externo del bolívar".[299]

---

[299] Romero-Muci, Humberto, Ilegitimidad de la dolarización de las sanciones tributarias, Trabajo monográfico colaboración al libro homenaje a la profesora Cecilia Soda Gómez, 2021, (Inédito)

# 10. Protagonista de la refinanciación de la deuda

En el segundo gobierno de Carlos Andrés Pérez (1989-1993) el Dr. Tinoco integró la Comisión Renegociadora de la Deuda Externa. La ejecución del Plan se llevó a cabo en tres fases, como lo recuerda elocuentemente Hernández Delfino:

"La primera, entre febrero y julio de 1989, con el objeto principal de establecer las relaciones con el Comité Asesor de Bancos, la instancia que representaba en las negociaciones a la comunidad de bancos acreedores. Esta etapa del proceso estuvo a cargo del Dr. Edgar Leal con el apoyo de la Dirección General de Finanzas Públicas del Ministerio de Hacienda. La segunda fase, entre julio de 1989 y marzo de 1990, estuvo orientada a definir las opciones que formarían el "menú" a ser ofrecido a la banca acreedora. Esta fase estuvo bajo la responsabilidad del equipo negociador integrado por los doctores Pedro Tinoco, Miguel Rodríguez y [Carlos Hernández Delfino], bajo la dirección de los dos primeros. Finalmente, a partir de abril de 1990, la fase de negociación de los contratos detallados para cada una de las opciones; de las garantías de los instrumentos que contemplaron reducción de la deuda y de su servicio con los gobiernos respectivos, así como el financiamiento de esas garantías con los organismos multilaterales; y la gestión de los instrumentos normativos que sirvieron de fundamento a las operaciones del Plan, con el Congreso y el Gobierno venezolanos, estuvo a cargo de quien escribe estas líneas. Esta fase se completó en enero de 1992, como veremos. La ejecución de las operaciones de reducción y novación de la deuda, contempladas en el Plan, se concretó el 18 de diciembre de 1990".[300]

---

[300] ***Venezuela y la iniciativa Brady***, por Carlos Hernández Delfino, PERSPECTIVAS, 18/03/2021, Prodavinci, consultada en: https://prodavinci.com/venezuela-y-la-iniciativa-brady/

La primera negociación de la Deuda Externa ocurrió a partir del 18 de febrero de 1983 durante el gobierno de Luis Herrera Campíns (1979-1984), y se extendió durante el gobierno de Jaime Lusinchi (1984-1989). De allí que se diga que era Renegociadora, no Negociadora, dado que era fundamental renegociarla porque los intereses eran muy altos y los pagos a capital también, y si no se hacía exitosamente se comprometía el programa de reforma fiscal.[301]

El Dr. Tinoco fue una pieza clave en el proceso de renegociación de la deuda externa, donde empleó su aguda capacidad para formar equipos y delegar. Como lo señala de primera mano Hernández Delfino, otro de los protagonistas de la refinanciación, uno de los logros indiscutibles de la administración que así concluyó su gestión, fue la renegociación de la deuda pública externa con la banca internacional en el marco de la iniciativa Brady. Este proceso se llevó a cabo y concluyó con importantes ventajas para el país, pues se redujo el capital y la tasa de interés, se logró un período de gracia de siete años, así como el ingreso de nuevos fondos, además de la flexibilidad de los acuerdos para realizar operaciones de mercado con los nuevos bonos.

En aquel momento ya se había formado un amplio consenso en torno a la necesidad de reducir la deuda externa de los países con alto endeudamiento, como una condición necesaria para que estos pudiesen recuperar la senda de crecimiento económico. Esta propuesta se basaba en la reducción del saldo y del servicio de intereses de la deuda, a través de operaciones voluntarias y de mercado a ser ejecutadas en el marco de programas de estabilización y reformas, con el apoyo de los organismos multilaterales y de los gobiernos de los países industrializados. La propuesta del Secretario Brady incorporaba, además, la noción de nuevo financiamiento para atender dificultades transitorias de liquidez deuda pública externa con la banca comercial fue renegociada bajo las líneas de la iniciativa *Brady*, con importantes ventajas para el país, pues se redujo el capital y la tasa de interés, se logró un período de gracia de siete años, así como el ingreso de nuevos fondos, además de la flexibilidad de los acuerdos para realizar operaciones de mercado con los nuevos

---

[301] Arráiz Lucca, Rafael, ***Pedro Tinoco: epicentro y cambio***, Prólogo: Humberto Romero-Muci, Academia de Ciencias Políticas y Sociales, Caracas, 2021, p. 119.

bonos. El componente central del plan de financiamiento público fue el Programa de Facilidad Ampliada, a tres años, acordado con el Fondo Monetario Internacional por un monto cercano a US$ 4.800 millones. Los restantes organismos multilaterales y las agencias bilaterales de los países industrializados también apoyaron el programa. La liberalización comercial y la eliminación de barreras a la inversión extranjera completaban las medidas de ajuste.[302]

La deuda total sometida al Plan fue de US$ 19.800 millones. Una vez realizadas las operaciones contempladas se obtuvo una reducción bruta instantánea del principal de la deuda de 10%, mientras que el servicio de intereses se redujo en más de 50% al año con respecto a los acuerdos de reestructuración de 1986-87. Alrededor de US$ 8.740 millones que corresponden a las opciones de reducción permanente del principal e intereses tienen garantías de pago de principal, financiadas en condiciones altamente ventajosas, por lo que al vencimiento de los bonos no se generarían desembolsos por amortización39. Del total de la deuda representada en los bonos *Brady*, más de 55% fue emitida a tasas de interés fija, con lo cual se redujo considerablemente el impacto de la volatilidad de las tasas internacionales. Mientras en 1989 el servicio de la deuda pública externa representaba 48% de las exportaciones totales venezolanas y 13% del PIB, en 1991 estos indicadores disminuyeron a 23% y 5%, respectivamente. Fue prevista la reducción de la deuda a través de la recompra y de operaciones de conversión de deuda en inversión. Como sintetiza Hernández Delfino, los acuerdos de 1990 representaron un importante alivio y abrieron amplios senderos para el manejo activo y flexible de la deuda pública externa venezolana[303].

---

[302] Cfr. Hernández Delfino, Carlos, ***Economía y finanzas en la Venezuela democrática: la ruta del endeudamiento público***, *ob.cit.*, 2011, pp. 503-556; Hernández Delfino, Carlos, **La economía venezolana: un ensayo para Jirahara** , *ob.cit.*, 2007, pp 115-167 y ***Venezuela y la iniciativa Brady***, por Carlos Hernández Delfino, PERSPECTIVAS, 18/03/2021, Prodavinci, consultada en: https://prodavinci.com/venezuela-y-la-iniciativa-brady/

[303] *Ibidem.*

# 11. A modo de conclusión: La Odisea liberal democrática

Si Tinoco navegara hacia la Venezuela de hoy, como Ulises hacia Ítaca, luego de estos más de veinte años no reconocería nada y a nadie. Si en su regreso pudiera sobreponerse como el personaje de la Odisea a la seducción y al naufragio no encontraría nada parecido a la *economía de mercado,* ni a una *economía mixta*, ni a una economía[304] ni al *liberalismo económico*, no encontraría la *democracia liberal* ni la democracia

[304] En general se distinguen dos maneras fundamentalmente distintas de organizar una economía. En un extremo, el gobierno toma la mayor parte de las decisiones económicas y las personas que ocupan los puestos jerárquicos superiores dictan las órdenes económicas a los que se encuentran en niveles inferiores. En el otro extremo, las decisiones se toman en los mercados, donde individuos o empresas acuerdan voluntariamente intercambiar bienes y servicios, casi siempre mediante el pago de dinero. Una economía de mercado es aquella en la cual individuos y empresas privadas toman las decisiones más importantes acerca de la producción y el consumo. Un sistema de precios, de mercados, de pérdidas y ganancias, de incentivos y recompensas determina el qué, el cómo y el para quién. Las empresas producen las mercancías que generan las máximas utilidades (el qué) con las técnicas de producción que resultan menos costosas (el cómo). El consumo está determinado por las decisiones de los individuos respecto a cómo gastar los salarios y los ingresos sobre la propiedad que generan su trabajo y sus propiedades (el para quién). El caso extremo de una economía de mercado, en la que el gobierno no interviene en las decisiones económicas, recibe el nombre de economía laissez faire. En cambio, en una economía autoritaria el gobierno toma todas las decisiones importantes acerca de la producción y la distribución. En una economía de este tipo, como la que existió en la Unión Soviética durante gran parte del siglo xx, el gobierno es propietario de la mayoría de los medios de producción (tierra y capital); también posee y dirige las operaciones de las empresas en casi todas las industrias; es el patrón de casi todos los trabajadores y les dice cómo desempeñar sus trabajos; y decide la manera en que la producción de la sociedad ha de dividirse entre los diferentes bienes y servicios. En pocas palabras, en una economía autoritaria, el gobierno responde las principales cuestiones económicas a través de su propiedad de recursos y su poder para imponer sus decisiones. Ninguna sociedad contemporánea encaja perfectamente en una de estas categorías extremas. Son todas ellas economías mixtas, con elementos de economías de mercado y de economías autoritarias. Samuelson Paul A. Nordhaus, Paul A. , *Economía. con aplicaciones a Latinoamérica*, Decimonovena edición, Mcgraw-Hill Interamericana Editores, S.A., México, D. F., 2010, p.8.

*tout court,* hallaría, eso sí, que en nuestra nación rige solo en apariencia una *economía mixta,* hay una *Constitución fachada* y un *Estado frágil,* un *Estado fallido* donde ha menguado el *Derecho* y la *libertad económica.* Como Ulises, hallaría el palacio –como el poder- invadido por un numeroso grupo parasitario que, bajo el imperio de la violencia y de la barbarie, pretenden perpetuarse en el poder mientras, bebiendo y comiendo expolian los bienes del palacio.

Si como Ulises, Tinoco se presentara de incógnito, con el aspecto de un mendigo, al llegar a su palacio como uno de esos pordioseros que suplican alimentos, se encontraría con que sus compatriotas se parecen más a él que a los ciudadanos que había dejado a su partida, se encontrará súbditos menesterosos, muchos dependientes del palacio, del Gobierno Nacional.[305] Encontraría también a un grupo, desde luego más reducido, de privilegiados viviendo a las sombras del poder.

---

[305] En la Encuesta Nacional de Condiciones de Vida (ENCOVI) 2019-2020 que analiza la pobreza en sus múltiples dimensiones, Venezuela es el país más pobre y el segundo más desigual de América Latina (Brasil 53,9). Los niveles de pobreza en Venezuela se comparan con los países más pobres del Mundo y que tienen mayor inestabilidad política. Se estima en 96 % la Pobreza Ingresos, en 68 % la Pobreza Consumo, en 54 % la Pobreza Reciente y en 41% Pobreza Crónica. Se estima el ingreso promedio diario en 0,72US$, en 3,365% la inflación para marzo 2019-2020 y una caída del 70% del PIB entre 2013-2019. De allí que 79,3% de los venezolanos no tienen como cubrir la canasta de alimentos y el aumento de la pobreza se debió al deterioro de los ingresos y el empeoramiento del empleo. Se habla de una nueva demografía, en la que la tasa de mortalidad infantil es de 26 por mil en lugar de 12, regresándonos a 1985-1990. Quienes han nacido en el período 2015-2020 vivirán 3,7 años menos a lo pronosticado según las proyecciones oficiales. Se contabiliza en 5 millones el stock de venezolanos repartidos por el mundo y se estima que el envejecimiento entre 2015 y 2020 de la población de 60 o más subió de 10% a 12%, mientras que la población venezolana se redujo en casi 4 millones de efectivos. La razón principal de esa migración forzada ha sido la búsqueda de empleo ante la falta de garantías del gobierno nacional para el ejercicio del derecho al trabajo. En el ENCOVI 2019-2020 se señala una trágica e irreversible realidad. En un quinquenio se pierden casi 3 décadas que quedaban de bono demográfico. El término Bono Demográfico se ha usado para calificar a una coyuntura favorable, en términos de la estructura por edad, para potenciar el desarrollo, debido a que la Relación de Dependencia Demográfica alcanza sus valores más bajos. La Relación de Dependencia Demográfica expresa el Nro. de personas de 0-14 y 60 + años por cada 100 en edad de trabajar (15 a 59). En los resultados de la ENCOVI 2019-2020 sobre la situación nutricional de los menores de 5 años, de acuerdo con el indicador peso-edad, revela que alrededor de 21% se encuentra en riesgo de desnutrición y 8% está desnutrido, un nivel que se distancia considerablemente del registrado en Colombia (3,4%), Perú (3,2%) o Chile (0,5%). Igualmente, según el indicador talla-edad se ha estimado en 30% quienes se encuentran en desnutrición crónica.

Entonces, Tinoco encontrará un país en el que el comercio se efectúa, no por consentimiento de sus partes, sino por obligación. El mercado libre, fuente de desarrollo material y progreso, no existe. Podrá percatarse que con el fin de producir, necesitas permiso de quienes no producen nada; que el dinero es prolífico en las manos de quienes trafican no en géneros, sino en favores. Se percatará que muchos se hacen ricos por el soborno, por la presión, más que por el trabajo, y que las leyes no nos protegen contra ellos, sino que, al contrario, son ellos los protegidos. Finalmente, Tinoco verá como la corrupción es recompensada y la honradez se convierte en sacrificio, y entonces podrá asegurar, sin temor a equivocarse que nuestra sociedad está condenada.[306] Desde luego, estará consciente de que esa condena al fracaso se levantará cuando se restituyan las libertades económicas y la libre iniciativa e inversión privada, la seguridad jurídica y el derecho de propiedad, en fin, con el gobierno limitado y al servicio de los ciudadanos.

Tinoco trató siempre de decir la verdad, tal vez por eso no fue tratado como un héroe, porque desde la génesis de sus ideas hasta las más postreras, nos presentó al liberalismo económico, concretamente al desarrollismo, desde la firme convicción de que sólo desde la libertad se puede prosperar, solo desde la libertad económica, el libre mercado y el Estado limitado, podremos deslastrarnos de las rémoras asistencialistas e intervencionistas.

---

*Las metas de universalización* del acceso a una educación de calidad no se han cumplido. Han crecido los riesgos de exclusión educativa entre quienes no pueden mantener una asistencia regular a clases (40%) y/o registran severo rezago escolar. Los más pobres no consigue acumular el capital educativo mínimo para reducir los riesgos de permanecer en situación de pobreza. Hay un retroceso enorme en el acceso a la educación entre la población de 18 a 24 años. El esfuerzo de inclusión educativa de la década 2000, del cual se benefició esta generación que hoy tiene de 25 a 34 años tocó techo, sin brindar las garantías plenas para que toda la población complete al menos la escolaridad secundaria. Más de la mitad de la población más pobre no consigue completar esos 12 años de escolaridad que ayudarían, en alguna medida, a reducir los riesgos de permanecer en situación de pobreza. Encuesta Nacional de Condiciones de Vida (ENCOVI) 2019-2020, realizada por un grupo de investi**gadores de la UCAB, la UCV y la USB, en torno a la necesidad de contar en el país con información pertinente y oportuna para conocer la situación social de la población venezolana, consultada en** https://www.proyectoencovi.com/.

[306] Rand, Ayn, *La rebelión de Atlas*, edición sin censura (1957) obra completa, Editorial Grito Sagrado, 2005, p. 359.

Además, el Dr. Tinoco fue uno de los más comprometidos hombres de acción en el intento fallido de instaurar en Venezuela un gobierno liberal. De allí que el itinerario del liberalismo en Venezuela coincida con el trayecto vital de Tinoco, convirtiéndolo en uno de los más destacados exponentes del liberalismo económico y político de nuestro país. Por su consistencia ideológica desde la Carta Económica de Mérida (1962) hasta su Trabajo de incorporación como Individuo de Número a la Academia de Ciencias Políticas y Sociales en 1991, como por la correspondencia de sus ideas con la praxis. Su acción liberal fue consecuente durante más de 30 años. Allí están las directrices y ejecutorias a la cabeza del Ministerio de Hacienda (1969-1972) o las ideas de la Reforma Financiera plasmadas en el *"VIII Plan de la Nación"*, el denominado "El Gran Viraje" (1989-1992)

Pero el país no supo o no quiso entender y reaccionar positivamente ante un conveniente y oportuno *"VIII Plan de la Nación"*, "El Gran Viraje" (1989-1992), con el que se pretendía poner en práctica aquella idea que el Dr. Tinoco dejó plasmada en la Carta Económica de Mérida que postulaba que el mejor programa de reforma social es un programa de desarrollo económico capaz de generar empleo y de realzar el nivel de vida de los ciudadanos. Una oportunidad para hilvanar una transformación inédita que le permitiera a Venezuela salir del rentismo petrolero, para lo cual se requerían de adecuadas políticas económicas y de transformaciones políticas y sacrificios institucionales. La ausencia de consenso político impidió la transformación económica.

Los estatistas, socialistas e intervencionistas nos hicieron perder el último tren: "El Gran Viraje". Al quitarle el apoyo político al segundo gobierno de Carlos Andrés Pérez, nos negaron el siglo XXI, nos hicieron perder las conquistas del siglo XX y trajeron de regreso las siete plagas de la servidumbre: populismo, demagogia, pobreza, autoritarismo, colectivismo, estatismo, revoluciones (Castro Leiva)

El segundo gobierno de Carlos Andrés Pérez intentará algo más que una modificación radical de la economía política del país. Se trata del primer y único gobierno de la era democrática, que no se deja seducir por el populismo, la retórica, el argumento vacío y las falsas promesa. Todos los gobiernos incluyendo los socialdemócratas fueron gobiernos más o menos populistas, intervencionistas y asistencialistas, para lo que necesitaron apelar al sofisma, a la ocultación, a la falsificación y a la propaganda, todo lo cual se amplificó a niveles aberrantes en la era post-democrática de Chávez y Maduro.

Esto confirma que una reforma fiscal, ni siquiera una reforma económica profunda eran y son suficientes para producir los cambios. Es necesario un nuevo pacto fundacional, una reforma política e institucional que defienda y promueva la libertad individual y la dignidad humana como único camino de prosperidad que cale en el ciudadano, en los políticos, en los partidos políticos y organizaciones sociales, en los empresarios, en los medios de comunicación. Un país deslastrado de las rémoras del populismo clientelar y rentista, que marque distancia con el estatismo y promueva la iniciativa privada como valor fundamental, un país de ciudadanos comprometidos con sus deberes y derechos y no de menesterosos y privilegiados a las sombras del poder.

Demostramos que la antipolítica es enemiga de la democracia, un estorbo para el consenso y por ende para cualquier transformación económica, para una reforma fiscal con miras a concretar un proyecto liberal en el país. Insistimos en que la democracia no es sólo un sistema político, sino una forma de oposición a los poderes arbitrarios. Una lucha permanente e incansable, que debe servirse del Derecho y de la ética para remover las trampas puestas por sus enemigos y que debe tener como punta de lanza la defensa del individuo, la libertad y la igual dignidad de todos los seres humanos, de la institución de la propiedad privada, tan denostada, todo lo cual permitirá que florezca la cooperación y la división del trabajo, que mediante acuerdos voluntarios lleva a que en los mercados no sólo se produzcan más y mejores bienes, que conviertan al individuo en verdadero soberano.

El análisis del sistema tributario venezolano, en particular del régimen jurídico económico del impuesto sobre la renta, el tratamiento de la renta petrolera y del gasto público a la luz de las ideas de Tinoco, permitieron desandar en los pasos perdidos y hacer una reconstrucción de esas ideas equivocadas que, trasladadas a la tributación y a la economía, acabaron por conducir al país por el sendero de los crónicos y dolorosos errores.

Nuestro autor fue protagonista de una etapa del país de importantísimos cambios económicos. Se intentó pasar de una economía con fuerte presencia del Estado a otra de libre mercado, con la institucionalización de una política fiscal de equilibrio, la promoción del sector privado como motor del crecimiento y la creación de nuevas fuentes de ingreso para disminuir la dependencia de la renta petrolera, entre otras medidas. Por lo antedicho resulta francamente obvio hablar sobre la obra de un personaje fundamental de esta época, con una obra escrita que además se conecta esencialmente con las ideas del "VIII Plan de la Nación", "El Gran Viraje", lo nutre y da coherencia.

La obra de Tinoco está a medio camino entre el Derecho y la Economía, entre la Política y las Políticas Públicas, entre las Ciencias Administrativas y las Ciencias de la Hacienda. Cualquier enfoque que se centre únicamente en alguna de estas disciplinas, será un estudio aislado y limitado, un intento de comprensión carente de agudeza. La importancia de la obra sobre el impuesto sobre la renta de Tinoco es reconocida por varias generaciones de tributaristas, que han sido formados en las lecturas de esos dos tomos publicados en Madrid por un muy joven jurista. Estas ideas que constituyen la génesis del pensamiento de Tinoco no han perdido vigencia después de 66 años, confirmándose, en este caso particular, que la precocidad del autor no resta calidad a la obra.

En los procesos políticos de los últimos 30 años, algunos pocos fueron los que taparon sus oídos con cera para no escuchar el canto de las sirenas, menos los que se ataron a un mástil como Ulises, pero muchos se dejaron hechizar por la "bella música". Aletargados en la mentira del colectivismo, del populismo y su estrategia clientelar, pensaban que no iban a sufrir daño alguno.

Tinoco nunca escuchó ni quiso escuchar los cantos de sirena. Al contrario, nos hizo recordar con Sartori que "el individuo libre del liberalismo tiene «VOZ» y tiene el poder de «alzar la voz» para pedir, si quiere, más igualdad; mientras que los seres iguales pueden muy bien seguir siendo no libres, iguales al estar constreñidos al silencio e iguales en el sometimiento al abuso".[307]

En el ámbito de la hacienda pública y la tributación, el Dr. Tinoco fue, como Ministro de Hacienda (1970), uno de los primeros

---

[307] Sartori, Giovanni, ***Elementos de teoría política***, versión española de Mª Luz Morán, Alianza Editorial, Madrid, 1992, p 126.

promotores del impuesto general sobre ventas de consumo final. Pero el programa impositivo fue diferido por el Congreso Nacional, que decidió dentro de la tradición propia del *rentismo petrolero*, aprobar una reforma parcial de la Ley de Impuesto sobre la Renta, aumentando la carga tributaria que grava a las empresas petroleras y mineras.

Casi 20 años después, durante la segunda presidencia de Carlos Andrés Pérez, con el Dr. Tinoco como uno de los impulsores de la reforma fiscal y económica, en diciembre de 1989 fue presentado al Congreso de la República por iniciativa del Ejecutivo Nacional, el Proyecto de Ley de Impuesto General a las Ventas de Bienes y Prestaciones de Servicios. La crisis política impidió que se aprobara el tributo, que fue promulgado en 1993 durante el gobierno transitorio del Presidente Ramón J. Velásquez.

En la otra cara de la moneda: en la del gasto público, Tinoco a la cabeza del Ministerio de Hacienda condujo los auténticos cambios que comenzaron en la década de los 70 del siglo pasado, con arreglo a la moderna técnica administrativa recomendada por las Naciones Unidas: el presupuesto-programa. Tinoco pone especial énfasis en llamar la atención sobre la urgencia de pasar de un simple control de legalidad a un control de eficiencia. Este tipo de control estimularía y robustecería la tendencia hacia un mejor y más productivo manejo de los fondos públicos. Igualmente, en el año 1971 puso en práctica un sistema de contabilidad de costos para el control de cumplimiento de las metas del Plan de la Nación.

Tinoco fue categórico sobre la indefectible independencia del Banco Central de Venezuela, la que debe centrarse en la ejecución de la política monetaria y cambiaria. Estaba empecinado en crear condiciones monetarias, crediticias y cambiarias favorables a la estabilidad de la moneda, el equilibrio económico y el desarrollo ordenado de la economía, así como en asegurar la continuidad de los pagos internacionales del país. Por algo fue promotor de la reforma de la Ley del Banco Central de Venezuela, que consagraba su autonomía formal y efectiva y testigo de excepción de la designación del primer directorio independiente del instituto.

A lo largo de estas líneas hemos insistido en que la historia debe hacernos más razonables, más reflexivos, incluso capciosos frente a los saltos al vacío que alimentan los mitos y preparan a las sociedades para el abismo. Este libro mira al futuro donde habrá que reivindicar la libertad del pensamiento económico y poner en práctica el proyecto liberal fallido. Pero primero habrá que recuperar la democracia.

# Bibliografía

**Obras de Pedro R. Tinoco (h)**

Tinoco, Pedro R. (h), *El estado eficaz,* Colecciones los Desarrollistas, Pascual Estada Editor, Italgráfica, Caracas, 1973.
Tinoco, Pedro R. (h), Prólogo, Romero-Muci, Humberto, *Los ajustes por inflación en la ley de impuesto sobre la renta*, 2da edición, Colección Estudios Jurídicos N° 56, Editorial Jurídica Venezolana, Caracas, 1993
Tinoco, Pedro R. (h), *En el gobierno y fuera del gobierno/cuatro Entrevistas/Pedro R. Tinoco h.,* Colecciones los Desarrollistas, Pascual Estada Editor, Italgráfica, Caracas, 1973.
Tinoco, Pedro R. (h), *Comentarios a la Ley de impuesto sobre la renta*, Tomos I y II, Madrid, 1955.
Tinoco, Pedro R. (h), "La reforma integral del sistema financiero como parte del programa de ajustes y apertura económica", *Revista del Banco Central de Venezuela*, Año VII, N° 1 (Ener-marzo 1992), p.p. 1-471
Tinoco, Pedro R. (h), *Perspectivas económicas*, Fondo Editorial Latino, Caracas, 1986.
Tinoco, Pedro R. (h), *Análisis de la política petrolera venezolana,* Coordinador: Pedro R. Tinoco, hijo, Federación Venezolana de Cámaras y Asociaciones de Comercio y Producción, XXII Asamblea Anual, Valencia - mayo, 1966.
Tinoco, Pedro R. (h), "Cincuenta años del Banco Central de Venezuela, *Revista del Banco Central de Venezuela*, Año V, N° 3 (julio-Septiembre 1990), p.p. 299-306.

**Fuentes primarias impresas y auxiliares**

Aftalión, Enrique, "El saber de los juristas como conocimiento por comprensión", *Revista de Estudios Políticos*, N° 57, ISSN 0048-7694, Madrid, 1951.

Alberdi, Juan Bautista, *La omnipotencia del Estado es la negación de la libertad individual (1880)*, Cato Institute, Washington, Dc., 31 de enero de 2003, consultado en: www.elcato.org

Andrade Arcaya, Ignacio, *Un estado para el desarrollo*, Colección Los Desarrollistas, N° 7, Caracas, 1973.

Amatucci, Andrea, La enseñanza del derecho financiero, *Revista N° 50*, Instituto Colombiano de Derecho Tributario, Bogotá, 2000.

Arráiz Lucca, Rafael, *Venezuela: 1830 a nuestros días*, Biblioteca Rafael Arráiz Lucca,N°1, Editorial Alfa, Caracas, 2007.

Arráiz Lucca, Rafael, *Pedro Tinoco: epicentro y cambio*, Prólogo: Humberto Romero-Muci, Academia de Ciencias Políticas y Sociales, Caracas, 2021.

Badell, Rafael, "Intervención del Estado en la economía", *Boletín de la Academia de Ciencias Políticas y Sociales* N° 154 , enero-diciembre, 2015

Badell, Rafael, *Del Estado Federal al Estado Comunal*, Academia de Ciencias Políticas y Sociales, Caracas, 2021.

Banko, Catalina, "Evolución de las instituciones fiscales en Venezuela", *Revista BCV*, Vol. XXX, N° 2, Caracas, julio-diciembre 2015.

Banko, Catalina, "Pugnas en torno a la distribución de la renta petrolera en tiempos del "medinismo", *Venezuela y su tradición rentista: visiones, enfoques y evidencias*, Catalina Banko ... [et al.], compilado por Carlos Peña. - 1a ed . - Ciudad Autónoma de Buenos Aires : CLACSO ; Caracas :Universidad Central de Venezuela. Facultad de Ciencias Económicas y Sociales. Instituto de Investigaciones Económicas y Sociales Dr. Rodolfo Quintero, Buenos Aires, 2017.

Bartra, Roger "Populismo y autoritarismo en América Latina", *La izquierda como autoritarismo en el siglo XXI* / Chaguaceda Armando ... [et al.] ; compilado por Chaguaceda Armando; Gisela Kozak Rovero. - 1a ed . - Ciudad Autónoma de Buenos Aires : Fundación Cadal ; Guanajuato : Universidad de Guanajuato ; México D.F. : Centro de Estudios Constitucionales Iberoamericanos AC ; Caracas : Universidad Central de Venezuela. Facultad de Humanidades y Educación 2019.

Bautista Urbaneja, Diego, *La renta y el reclamo. Ensayo sobre petróleo y economía política en Venezuela*, 1era Edición, Editorial Alfa, Caracas,2013

Bernal Pulido, Carlos. "La democracia como principio constitucional en América Latina", *Cuestiones Constitucionales, Revista Mexicana de Derecho Constitucional*, N° 17, julio-diciembre, México, 2007.

Bloch, Marc, *Apología de la historia o el oficio del historiador*, Segunda edición en español, revisada, Edición anotada por Etienne Bloch, Prefacio de Jacques Le Goff, Traducción de María Jiménez y Danielle Zaslavsky, Traducción del Prefacio De María Antonia Neira B., Fondo de Cultura Económica México, 2001.

Bobbio, Norberto, *Igualdad y libertad*, Introducción de Gregorio Peces-Barba, Ediciones Paidós, I.C.E. de la Universidad Autónoma de Barcelona, Barcelona.

Brewer-Carías, A.R., Comentarios a la Ley de Mercado de Capitales" *Libro Homenaje a José Melich Orsini*, Vol. 1, Facultad de Ciencias Jurídicas y Políticas, Universidad Central de Venezuela Caracas, 1982.

Brewer-Carías, Allan R., *Historia Constitucional de Venezuela*, Segunda Edición, Colección Tratado de Derecho Constitucional, Tomo I, Fundación de Derecho Público, Editorial Jurídica Venezolana, Caracas, 2013.

Brewer-Carías, Allan R. *Cambio político y consolidación del estado de derecho 1958-1998*, Colección tratado de derecho constitucional, TOMO III, Fundación de Derecho Público, Editorial Jurídica Venezolana, Caracas, 2015.

Brewer-Carías, Allan R. "Informe sobre la descentralización en Venezuela 1993", Memoria del Dr. Allan R. Brewer-Carias, Ministro de Estado para la descentralización (junio 1993 - febrero 1994) Caracas, 1994.

Briceño-Iragorry, Mario, *Obras Completas*, Vol. 7. Ideario Político Social (Pensamiento Nacionalista y Americanista). Ediciones del Congreso de la República. Caracas, 1990. pp. 155-245.

Caballero, Manuel, *Contra la abolición de la Historia*, Discurso de Incorporación de Don Manuel Caballero como Individuo de Número de la Academia Nacional de la Historia, 2005, Boletín de la Academia Nacional de la Historia, p.p 9-42, consultado en: https://www.anhvenezuela.org. ve/base-discursos/

Caballero, Manuel, "El pensar venezolano en el siglo XX. Siete documentos políticos", *Suma del pensar venezolano*. Política. Con la vista en el presente,Libro2, Editor Asdrúbal Batista, Fundación Empresas Polar, Caracas, 2015.

Carmona Borjas, Juan Cristóbal, *La imposición al valor agregado (IVA) en Venezuela* (Presentación), Jesús Sol Gil (Coordinador), Asociación Venezolana de Derecho Tributario (1969-2004) Caracas, 2004.

Carmona Borjas, Juan Cristóbal, *Derecho y finanzas, V.I. Régimen jurídico de la actividad petrolera en Venezuela*, Caracas, 2006, p.31.

Carmona Borjas, Juan Cristóbal , ¿Se acabó el modelo rentista en Venezuela?, "El Nacional", consultado en: https://www.elnacional.com/opinion/se-acabo-el-modelo-rentista-en-venezuela/

Carr, Edward, *¿Qué es la historia?*, conferencias George Macaulay Trevelyan dictadas en la Universidad de Cambridge en enero-marzo de 1961, 6ª edición, Editorial Seix Barral, Barcelona, 1976.

Carrera Damas, G., *Enseñar a estudiar historia*, Texto de una Conferencia cuya síntesis fue presentada en las 4tas. Jornadas de reflexión sobre la enseñanza de la Historia Casa de estudio de la Historia de Venezuela "Lorenzo A. Mendoza Quintero". Caracas, 29 de mayo de 2012, consultada en: http://www.casadelahistoriadevenezuela.com/pdf-libros/conferencia2.pdf

Carrera Damas, G., **Historia de la Historiografía Venezolana**, Textos para su estudio, Selección, introducción e índices de Germán Carrera Damas, Tomo I, Segunda edición corregida y aumentada: 1985 Ediciones de la Biblioteca, Universidad Central de Venezuela, Caracas, 1985.

Carrera Damas, Germán, "Lo que fuimos, lo que somos y lo que seremos" **Revista de Artes y Humanidades** UNICA, vol. 9, núm. 21, enero-abril, 2008, Universidad Católica Cecilio Acosta, Maracaibo,2008.

Carrillo Batalla, Tomás Enrique, **Historia del pensamiento rector de las finanzas públicas**, Tomo IV, Academia Nacional de Ciencias Políticas y Sociales, Caracas, 1983.

Carrillo Batalla, Tomás Enrique, "La Investigación y reforma de nuestro sistema impositivo", **Control Fiscal y tecnificación administrativa**, N° 5, junio, Contraloría General de la República, Caracas, 1959.

Carrillo Batalla, Tomás Enrique, **Comisión de Estudio y Reforma Fiscal**, Caracas, 1983.

Casanova, Roberto, "Liberando al liberalismo de algunas falsas acusaciones", **La experiencia liberal en Venezuela**. *Contribuciones para interpretar y promover una sociedad liberal*, Edición aniversario, Compilador: Óscar Vallés, Centro de Divulgación del Conocimiento Económico(CEDICE), Caracas, 2020.

Castillo Carvajal, Juan C, "Disponibilidad de la Renta", **Manual Venezolano De Derecho Tributario**, coordinadores generales Jesús Sol Gil Leonardo Palacios Márquez Elvira Dupouy Mendoza Juan Carlos Fermín Fernández, AVDT, Caracas, 2013.

Castillo Carvajal, Juan C., "Apostillas respecto de las implicaciones tributarias derivadas de la adopción de las Normas Internacionales de Información Financiera (NIIF)", Revista De Derecho Tributario, Asociación Venezolana de Derecho Tributario N° 115 - Julio - Agosto - Septiembre 2007.

Castro Leiva, Luis, ***Obras, Lenguajes Republicanos***, Volumen II, Edición Carole Leal, Caracas, 2009.

Cooter, Robert y Ulen, Thomas, *Derecho y economía*, Primera edición electrónica, Traducción autorizada de la edición en inglés titulada Law and Economics, 6ª edición, de Robert Cooter y Thomas Ulen, Fondo de Cultura Económica, Ciudad de México, 2016.

Cordido-Freytes, José Antonio, ***La idea del desarrollo y la empresa contemporánea***, Colección Los Desarrollistas N° 3, Caracas, 1970.

Einaudi, Luigi, ***Políticos y Economistas***, Clásicos Contemporáneos N° 5, CEDICE Libertad, segunda reedición, Caracas, 2019.

Einaudi, Luigi, *Mitos y paradojas de la justicia tributaria,* prólogo de Enrique Fuentes Quintana, traducción de Gabriel Solé Villalonga, Editorial Ariel, Barcelona, 1963.

Faraco, Francisco", Poderosos caballeros: Don dinero y los banqueros", ***Venezuela siglo XX. Visiones y testimonios***. Libro 2. Compilación de ensayos de importantes personalidades de la Venezuela del siglo XX, Fundación Polar, Caracas.

Ferrajoli, Luigi. ***Poderes salvajes. La crisis de la democracia constitucional***, prólogo y traducción de Perfecto Andrés Ibáñez, Mínima Trotta, Madrid, 2011.

Gallo, Franco. ***Las razones del fisco <ética y justicia en los tributos>***, Marcial Pons, Madrid, 2011.

Gil-Contreras, Douglas, "La herencia de la libertad: Liberalismo y desobediencia civil en Venezuela", ***La experiencia liberal en Venezuela****. Contribuciones para interpretar y promover una sociedad liberal*, Edición aniversario, Compilador: Óscar Vallés, Centro de Divulgación del Conocimiento Económico (CEDICE), Caracas, 2020.

Griziotti, Benvenuto, ***Principios de política, derecho y ciencia de la hacienda***, Segunda Edición, traducción de Enrique. R Mata, con notas de Miguel Jiménez de Cisneros, Instituto Editorial Reus, S.A., Madrid, 1958

Gómez, Emeterio, La Constitución de 1961 y la creación de una economía competitiva, ***Revista de la Facultad de Ciencias Jurídicas y Políticas de la Universidad Central de Venezuela***, Universidad Central de Venezuela, Facultad de Ciencias Jurídicas y Políticas, N° 88, Caracas, 1993

Gómez, Emeterio, ***Venezuela: Dilemas de una economía petrolera***, CEDICE, Editorial Panapo, Caracas, 1991.

Guardia de Sanz, Amelia, *Historia de La Facultad De Ciencias Económicas Y Sociales De La Universidad Central De Venezuela 1938-1958*, Universidad Central de Venezuela, Facultad de Ciencias Económicas y

Sociales Escuela de Administración y Contaduría Ediciones FACES, UCV, CARACAS. 1988 (Versión digitalizada, Caracas, noviembre 2012), p.p.57-58.

Hayek, Friedrich, "El atavismo de la justicia social", *Procesos de mercado: revista europea de economía política*, ISSN 1697-6797, Vol. 9, N°. 2, 2012, págs. 415-430, Este ensayo, originalmente, correspondió a The 9th R.C. Mills Memorial Lecture dictada en la Universidad de Sydney el 6 de octubre de 1976. Una versión revisada de ella fue incluida en el libro de Hayek, New Studies in Philosophy, Politics, Economics and the History of Ideas (Chicago: University of Chicago Press, 1978).

Hazlitt, Henry, *Planificación Vs. Libremercado*, Caracas,Colección Clásicos Contemporáneos, Cedice Libertad, Segunda reedición, Caracas, 2019

Hernández Delfino, Carlos, *Economía y finanzas en la Venezuela democrática: la ruta del endeudamiento público*, Venezuela: República Democrática, Grupo Jirahara, Barquisimeto, 2011.

Hernández Delfino, Carlos, La creación del Banco Central de Venezuela, *Tiempo y Espacio*, Centro de Investigaciones Históricas Mario Briceño Iragorry, N° 74, Vol. XXXVIII. Julio-Diciembre, 2020.

Hernández Delfino, C., *Venezuela y la iniciativa Brady*, por Carlos Hernández Delfino, PERSPECTIVAS, 18/03/2021, Prodavinci, consultada en: https://prodavinci.com/venezuela-y-la-iniciativa-brady/

Koeneke, Herbert y Varnagy, Daniel, *La desconfianza interpersonal e institucional, los sentimientos de ineficacia política y el surgimiento de la antipolítica en Venezuela* , Revista Derecho y Democracia, número 4, Facultad de Estudios Jurídicos y Políticos, Universidad Metropolitana Cuadernos unimetanos 30 / Año VII, Julio 2012.

Koeneke Ramírez, Herbert, "El rentismo petrolero en la cultura política del venezolano ", *Venezuela y su tradición rentista: visiones, enfoques y evidencias*, Catalina Banko ... [et al.], compilado por Carlos Peña. - 1a ed . - Ciudad Autónoma de Buenos Aires: CLACSO ; Caracas :Universidad Central de Venezuela. Facultad de Ciencias Económicas y Sociales. Instituto de Investigaciones Económicas y Sociales Dr. Rodolfo Quintero, Buenos Aires, 2017.

Krauze, Enrique, "Prefacio: Arqueología del Populismo", *Geografía Del Populismo. Un Viaje por el universo del populismo desde sus orígenes hasta Trump* por Ángel Rivero, Javier Zarzalejos, Jorge Del Palacio (Coordinadores), 1.ª Edición en papel, Editorial Tecnos, (Grupo Anaya, S. A.) y FAES Fundación, 2017, Versión digital por gentileza de Editorial Tecnos, Madrid, 2018.

Lukacs, John, *El futuro de la historia*, traducción María Sierra, Título original: *The Future of History,*: Yale Universit y Press, Turner Publicaciones S.L., Madrid, 2011, p.97.

Luhmann, Niklas, *Teoría política en el Estado de Bienestar*, versión espanola e introducción de Fernando Vallespín, Alianza Editorial. Madrid, 1981

Márquez, Trino, "El árido camino del liberalismo económico en Venezuela: el estatismo de los partidos", *La experiencia liberal en Venezuela*. Contribuciones para interpretar y promover una sociedad liberal, Edición aniversario, Compilador: Óscar Vallés, Centro de Divulgación del Conocimiento Económico(CEDICE), Caracas, 2020.

Mehl, Lucien, *Elementos de Ciencia Fiscal*, Bosch, Barcelona,1964.

Meier García, Eduardo, "Tributación y libertad: a propósito del decreto constituyente de anticipo de impuestos", *Libro Homenaje a Los 50 Años de la Asociación Venezolana de Derecho Tributario*, Coordinadores: Leonardo Palacios Márquez y Serviliano Abache Carvajal, Asociación Venezolana de Derecho Tributario, Editorial Jurídica Venezolana, Caracas, 2019, p.p. 279-301.

Meier García, Eduardo, "Constitución fachada: a propósito de la tributación selectiva en el ISR", En: *El Impuesto sobre la renta. Aspectos de una necesaria reforma*, *XVII Jornadas Venezolanas de Derecho Tributario*, Asociación Venezolana de Derecho Tributario, Caracas, 2017, p.p. 181-182.

Meier García, Eduardo, "Teratologías tributarias y otras antinomias constitucionales", *Patologías del sistema tributario venezolano*, Memorias de las XVIII Jornadas Venezolanas de Derecho Tributario, Asociación Venezolana de Derecho Tributario, Caracas, 2019, p.p. 105-134.

Mejía Betancourt, José Amando, "El Sistema Tributario Venezolano ante un Estado Fallido", *Libro Homenaje a Los 50 Años de la Asociación Venezolana de Derecho Tributario*, Coordinadores: Leonardo Palacios Márquez y Serviliano Abache Carvajal, Asociación Venezolana de Derecho Tributario, Editorial Jurídica Venezolana, Caracas, 2019.

Mises, Ludwing Von, *La acción humana. Tratado de Economía*, Duodécima edición, Unión Editorial, Madrid, 2018.

Mudde, Cas y Rovira Kaltwasser, Cristóbal, *Populismo, Una breve introducción*, Edición en formato digital, Alianza Editorial, Madrid, 2019.

Muci-Abraham, José. Contratos Mercantiles (Cuenta Corriente y Participación). Ediciones Schnell 1985.

Nieto, Alejandro, *Crítica de la razón jurídica,* Editorial Trotta, Madrid, 2007.

Njaim, Humberto, "Excepcionalidad y personalismo", *Revista SIC, Nº 635*, junio 2001.

Octavio, José Andrés, *60 Años de Imposición a la Renta en Venezuela*, Asociación Venezolana de Derecho Tributario, Caracas, 2003

Octavio, José Andrés, "La primera ley de impuesto sobre la renta y las sucesivas reformas de su articulado", *60 Años de Imposición a la Renta en Venezuela*, Asociación Venezolana de Derecho Tributario, Caracas, 2003.

Palacios Márquez, Leonardo, "Democracia, libertad, propiedad y tributación", *Libro Homenaje a Los 50 Años de la Asociación Venezolana de Derecho Tributario*, Coordinadores: Leonardo Palacios Márquez y Serviliano Abache Carvajal, Asociación Venezolana de Derecho Tributario, Editorial Jurídica Venezolana, Caracas, 2019.

Palma, Pedro, "Riesgos y consecuencias de las economías rentistas: El caso de Venezuela", *Revista Problemas del Desarrollo*, 165 (42), abril-junio 2011, p.p.44-45.

Palma, Pedro, "La economía venezolana en el periodo (1974-1988): ¿últimos años de una economía rentista?", *separata del libro Venezuela Contemporánea (1974-1989)*, Fundación Eugenio Mendoza, Caracas, 1989

Paz, Octavio, *El laberinto de la soledad*, Edición de Enrico Mario Santí, Letras Hispánicas, Editorial Cátedra, Madrid, 2015, p.51.

Paz, Octavio, *Hombres en su siglo*, Biblioteca de bolsillo, Editorial Seix Barral, Bogotá.

Puente, José Manuel y Rodríguez, Jesús, "Venezuela: La peor economía del mundo en 2016", *Debates IESA*, Volumen XXI, Números 2, 3 y 4, abril-diciembre 2016, p.p.51-58.

Rand, Ayn, *La rebelión de Atlas*, edición sin censura (1957) obra completa, Editorial Grito Sagrado, 2005.

Rangel, Carlos, *Del buen salvaje al buen revolucionario*, Monte Avila Editores C. A, Caracas, 1982.

Rey, Juan Carlos, **"Apología y elogio de la Política"**(Palabras pronunciadas por el Profesor Juan Carlos Rey el 7 de mayo de 2009, en el Paraninfo de la Universidad Central de Venezuela, al recibir el "Doctorado Honoris Causa" que le fue conferido por esa casa de estudios), se puede consultar en: http://www.analitica.com/va/politica/opinion/1729969.asp

Rivas Leone, José Antonio, "La experiencia populista y militarista en la Venezuela contemporánea", *WP WORKING PAPERS, núm. 307* Institut de Ciències Polítiques i Socials , Universitat Autónoma de Barcelona, Barcelona, 2012.

Roche, Emilio, "Parte general del Impuesto sobre la Renta, Relatoría Tema I", *70 años del Impuesto sobre la renta en Venezuela*, Memorias de las XII Jornadas Venezolanas de Derecho Tributario, tomo I, Caracas, 2013.

Romero-Muci, Humberto, "(In)moralidad tributaria en Venezuela. entre la distopía y la anomia social", *Libro Homenaje a Los 50 Años de la Asociación Venezolana de Derecho Tributario*, Coordinadores: Leonardo Palacios Márquez y Serviliano Abache Carvajal, Asociación Venezolana de Derecho Tributario, Editorial Jurídica Venezolana, Caracas, 2019.

Romero-Muci, Humberto, *Los ajustes por inflación en la ley de impuesto sobre la renta*, con Prólogo de Tinoco, Pedro R. (h), 2da edición, Colección Estudios Jurídicos N° 56, Editorial Jurídica Venezolana, Caracas, 1993.

Romero-Muci, Humberto, *La racionalidad del sistema de corrección monetaria fiscal*, Editorial Jurídica Venezolana, Caracas, 2005.

Romero-Muci, Humberto «Aspectos protervos en la eliminación del ajuste integral por inflación fiscal a las entidades financieras y de seguros», en Castillo Carvajal, Juan Carlos (Coord.), *Tributación y regulación. Memorias de las XIV Jornadas Venezolanas de Derecho Tributario*, Asociación Venezolana de Derecho Tributario, Caracas, 2015.

Romero-Muci, Humberto, "Sobre la deducibilidad del resultado monetario deudor (pérdida monetaria) por inflación: el caso de las entidades financieras y de seguro", en Sánchez González, Salvador y Abache Carvajal, Serviliano (Coords.), *El impuesto sobre la renta. Aspectos de una necesaria reforma. Memorias de las XVI Jornadas Venezolanas de Derecho Tributario*, Asociación Venezolana de Derecho Tributario, Caracas, 2017.

Rothbard, Murray N., *La ética de la libertad*, Unión Editorial, Madrid, 1995.

Ruán Santos, Gabriel, (Presentación) *60 Años de Imposición a la Renta en Venezuela*, Asociación Venezolana de Derecho Tributario, Caracas, 2003.

Ruán Santos, Gabriel, "Génesis y desarrollo histórico del derecho tributario, Derecho Tributario Contemporáneo", *Libro Homenaje a Los 50 Años de la Asociación Venezolana de Derecho Tributario*, Coordinadores: Leonardo Palacios Márquez y Serviliano Abache Carvajal, Asociación Venezolana de Derecho Tributario, Editorial Jurídica Venezolana, Caracas, 2019.

Ruan Santos, Gabriel, "Deducibilidad de las provisiones contables relativas a los riesgos de la cartera de créditos de los bancos". *Revista de Derecho*

***Tributario***, Asociación Venezolana de Derecho Tributario Nº 133, enero - febrero - marzo 2012, Caracas, 2012.

Samuelson Paul A. Nordhaus, Paul A., ***Economía. con aplicaciones a latinoamérica*** Decimonovena edición, Mcgraw-Hill Interamericana Editores, S.A., México, D. F., 2010.

Sartori, Giovanni, ***¿Qué es la democracia?***, Traducción de Miguel Ángel González Rodríguez, María Cristina Pastellini Laparelli Salomon y Miguel Ángel Ruiz de Azúa, Taurus Pensamiento, Santillana Ediciones Generales, Madrid, 2007.

Sartori, Giovanni, ***Política: lógica y método en las ciencias sociales***, Fondo de Cultura Económica, México, 2007.

Sartori, Giovanni, ***Elementos de teoría política***, versión española de Mª Luz Morán, Alianza Editorial, Madrid, 1992.

Shoup, Carl S. "El impuesto sobre la renta en Venezuela y en Estados Unidos", ***Control Fiscal y tecnificación administrativa***, Nº 5, junio, Contraloría General de la República, Caracas, 1959.

Straka, Tomás, ***La historia como fuente de ciudadanía***, Discurso de incorporación como Individuo de Número de la Academia Nacional de la Historia para ocupar el Sillón Letra O de Tomás Straka, Contestación del Académico Don Elías Pino Iturrieta, Acto celebrado el día 21 de julio de 2016, caracas, 2016.

Straka, Tomás, *Presente y Pasado. Revista de Historia.* Universidad de Los Andes, Mérida. *El liberalismo venezolano y su historiografía...* Tomás Straka, Revista de Historia. Nº 46, Año 23, Julio-Diciembre, 2018, p.p. 125-159.

Tipke, Klause, ***Moral tributaria del Estado y de los contribuyentes (Besteuerungsmoral und Steurmoral)***, Marcial Pons, Madrid, 2002.

Torres, Ana Teresa, "La cuestión de la democracia en el imaginario venezolano" , Revista Derecho y Democracia, número 4, Facultad de Estudios Jurídicos y Políticos, Universidad Metropolitana Cuadernos unimetanos 30 / Año VII, Julio 2012.

Uslar Pietri, Arturo, Contestación de Arturo Uslar Pietri al discurso de incorporación a la Academia Nacional de la Historia de D. Luis Beltrán Guerrero («Las metáforas del positivismo»), 4 de febrero de 1964, consultado en http://anhvenezuela.org.ve/biblioteca/discursos-de-incorporacion

Vallenilla Tolosa, Moisés A, "El abono en cuenta en materia tributaria y su evolución jurisprudencial", ***Revista de Derecho Tributario***, Asociación Venezolana de Derecho Tributario Nº 106, Abril- Mayo- Junio, Caracas, 2005.

Vargas Llosa, Mario, *La llamada de la tribu*, Alfaguara, Madrid, 2017.

Vera, Leonardo, "La tributación en Venezuela: desafíos con sentido de equidad", *FES Tributación Análisis 2/201*, Friedrich-Ebert-Stiftung (FES), Bogotá, 2017.

Vera, Leonardo, "Tomás Enrique Carrillo Batalla: su temprana contribución al fortalecimiento del régimen democrático en Venezuela", *Homenaje de las Academias Nacionales al Dr. Tomás Enrique Carrillo Batalla (en el centenario de su natalicio)* / Academias Nacionales, Academia de Ciencias Políticas y Sociales; edición: Humberto Romero-Muci, Caracas, 2021.

Weffe H. Carlos E. Tributación y Regulación. Notas introductorias al debate sobre la función del tributo en el Estado social y democrático de Derecho, en Castillo Carvajal, Juan Carlos (Coord.), *Tributación y regulación. Memorias de las XIV Jornadas Venezolanas de Derecho Tributario*, Asociación Venezolana de Derecho Tributario, Caracas, 2015;

**Otros Documentos**

Carta Económica de Mérida, Tesis fundamental de los sectores empresariales para el desarrollo económico, XVIII Asamblea Anual de Fedecámaras, Mérida (Edo. Mérida), 1962.

COPEI (1948): "Programa del partido aprobado en la III Convención Nacional", en COPEI (1987): "Congreso Ideológico Nacional para la Democracia Nueva: Documentos fundamentales". Caracas, Secretaría Nacional de Formación y Doctrina.

Estatutos sancionados por el Comité Directivo Nacional, efectuado el 05 de Febrero de 1996, Secretaría Nacional de Organización, Acción Democrática.

Academia de Ciencias Políticas y Sociales, Consultado en: https://www.acienpol.org.ve/wp-content/uploads/2019/09/BolACPS_1991_67_123_291-306.pdf

Misión Shoup, Informe sobre el sistema fiscal de Venezuela, título original Commission to Study the Fiscal System of Venezuela (1960). Commission to Study the Fiscal System of Venezuela, Carl S. Shoup, Volumen I, publicado por República de Venezuela, Ministerio de Hacienda, Comisión de Estudios Financieros y Administrativos, Caracas, 1960.

Encuesta Nacional de Condiciones de Vida (ENCOVI) 2019-2020, realizada por un grupo de investi**gadores de la UCAB, la UCV y la USB, en torno a la necesidad de contar en el país con información pertinente**

**y oportuna para conocer la situación social de la población venezo-lana, consultada en** https://www.proyectoencovi.com/

ANCE, Ano-1994-No-19, FUNDACION PALACIO DE LAS ACADEMIAS, Intervención de: Guillermo Morón, Gustavo Gómez López y Armando Alarcón Fernández, p.p.14-25, Consultado en: https://ancevenezuela.org.ve/wp-content/uploads/2021/01/Ano-1994-No-19.pdf

VIII Plan de la Nación, El Gran Viraje, Presentación al Congreso, Cordiplan, 1990.

Emeterio Gómez y la "siembra del petróleo, por David Ruiz Chataing, Prodavinci, Perspectivas 25/05/2021, consultada en: https://prodavinci.com/emeterio-gomez-y-la-siembra-del-petroleo/

El 27f el día que nace la revolución", Consultado en: http://www.snc.gob.ve/noticias/27-de-febrero-de-1989-caracazo.

"El Nacional", edición del 01 de marzo de 1989, un reportaje de Roberto Giusti, cuyo título "El día en que bajaron los cerros".

"Foro" por Luis Serrano Reyes, "El Nacional", publicado en *Control Fiscal y tecnificación administrativa*, N° 47, enero, febrero, marzo, Contraloría General de la República, Caracas, 1968.